友之義楓山之記盡矣雖
[illegible]作者寧能有加乎補之
適復靳爲文字方爲詩文哉
又適南行蒙時泊舟投龍
與四君子於亭下而能爲補
之補之 陽明居士王守仁識

王阳明全集

王阳明◎著

中国文史出版社

图书在版编目（CIP）数据

王阳明全集：1－5/王阳明著．—北京：中国文史出版社，2014.8（2020.11 重印）

ISBN 978－7－5034－5084－6

Ⅰ.①王… Ⅱ.①王… Ⅲ.①王守仁（1472－1528）－文集 Ⅳ.①B248.2－53

中国版本图书馆 CIP 数据核字（2020）第 202130 号

责任编辑：殷　旭
封面设计：周　飞

出版发行：**中国文史出版社**
社　　址：北京市海淀区西八里庄路 69 号 邮编：100036
电　　话：010－81136606 81136602 81136603（发行部）
传　　真：010－81136655
印　　装：三河市华晨印务有限公司
经　　销：全国新华书店
开　　本：880×1230 毫米　1/32
印　　张：51.25　　　字数：1150 千字
版　　次：2014 年 8 月北京第 1 版
印　　次：2020 年 11 月第 4 次印刷
定　　价：198.00 元（全五册）

目录

卷六　奏疏［下］

卷七　传记

卷八　年谱

卷六　奏疏

［下］

三征公移逸稿

德洪昔哀次师文，尝先刻奏疏、公移凡二十卷，名曰《别录》，为师征濠之功未明于天下也。既后刻《文录》，志在删繁，取公移三之二而去其一。沈子启原冲年即有志师学，搜猎遗文若干篇，录公移所遗者类为四卷，名曰《三征公移逸稿》，将增刻《文录续编》，用以补其所未备也。出以示余。余读而叹曰："吾师学敦大源，故发诸政事，澜涌川决，千态万状，时出而无穷。是稿皆据案批答，平常说去，殊不经意，而仁爱自足以沦人心髓，思虑自足以彻人机智，文章又足以鼓舞天下之人心，若金沙玉屑散落人世，人自不能弃之，又奚病于繁耶？"乃为条揭其纲以遗之，使读者即吾师应感之陈迹，可以推见性道之渊微云。隆庆庚午八月朔日，德洪百拜识。

南赣公移 凡三十三条

批漳南道教练民兵呈 正德十一年十一月二十五日

据兵备佥事胡琏呈："将各县民快，操练教习颇成。"看得事苟庇民，岂吝小费；功有实效，何恤浮言。参据呈词，区画允当，仰该道依拟施行。再照，兵不在多，惟贵精练。事欲可久，尤须简严。所募打手等项，更宜逐一校阅。必皆技艺绝伦，骁勇出众，因能别队，量材分等，使将有余勇，兵有余资，庶平居不致于冗食，临难可免于败师。批呈缴。

批漳南道进剿呈 十一月二十六日

据兵备佥事胡琏呈："卢溪等洞贼首詹师富等，势甚猖獗，备将画图贴说，待期攻剿。"看得兵难遥度，事贵乘时。今打手民快等兵既已募集，仰该道上紧密切，相机剿扑。惟在歼取渠魁，毋致横加平善。其大举夹攻行详议。呈缴。

教习骑射牌 十二年五月十六日

看得五兵之用，弓矢为先；南方之技，骑射所短；最宜习演，以修长技。今南赣诸处军兵所操弓矢，类皆脆弱。十步之外，不穿鲁缟，以是御敌，真同儿戏。访得福建省城弓矢，颇胜他处，合行选取。为此牌仰福建漳南道转行福建都司，选取精巧惯习弓兵四名，该道量给口粮、脚夫，送赴军门，成造弓矢事完，仍发原伍着役。

批南安府请兵策应呈 六月初十日

据知府季敩呈："各巢贼党众多，本府兵力寡弱，乞添兵协剿。"该岭北道议，将南康二班赖养介兵，拨补县丞舒富；兴国谢庄兵、雩都张英才兵，拨补冯廷瑞统领。其本府仍用添兵营策应。及行该府起立军营二处，听候官兵到彼安插。其南康、上犹二县，俱该一体起立回报。

看得赖养介、谢庄、张英才所统，准令与峰山、双秀等兵更补，预建营房，议尤适当。即行该府议行，务要地势雄壮，沟堑深高，虽系一时之谋，亦为可久之计。

看得南安、上犹所聚兵众，每处不下二千，防遏剿袭，略已足用。各官犹以兵少为辞，不能运谋出奇，亦已可见。今可行令各官，分部原领各兵，一意防遏。另调坎字营一千二百人，令指挥来春统领，往屯南安。又调艮字营一千二百人，令指挥姚玺统领，往屯上犹。二营人马专以相机剿袭为事，声东击西，务使踪迹靡定，条聚复散。每念变态无常，该道即将该去各兵查给口粮，二十四日巳时起营前去。仍行该府县官，务要协力同心，相为犄角之势，共成夹剿之功。呈缴。

批岭北道攻守机宜呈 六月二十六日

批兵备副使杨璋呈称："访得前项贼徒，俱被逃往横水、桶冈大巢屯聚，所平巢穴，未免复来营给。合行知府季敩统领异字营兵一千二百名，防遏大庾县贼巢。县丞舒富仍统震字营兵一千二百名，防遏上犹、南康二县贼巢。"

看得各巢贼党，虽已溃散，计其势穷食绝，必将复出剽虏。所议防遏事理，照议施行。仍行县丞舒富，务要在于贼巢总会处所屯扎，多遣乖觉乡导，分路爪缉，探知贼徒将出，即便设伏擒剿，务竭忠诚，以副委任，毋得虚文粉饰。此后但有推托坐视，定行治以军法。再照前项贼徒，今皆聚于横水、桶冈，若遣重兵直捣其地，示以必攻之势，彼将团结自守不暇，势必不敢分众出掠，不过旬余，两巢之贼可以坐取。仍仰该道密议直捣方略，呈来定夺。呈缴。

批漳南道给由呈 十三年六月二十八日

据佥事胡琏呈给由事。看得本官才器充达，执履坚方，始因军机重务，以致考满过期。今盗贼既靖，合准给由。但久安之图，尚切资于经理，招抚之众，方有待于缉绥。仰本官给由事毕，即便作急回任，勿为桑梓之迟，有孤闾阎之望。呈缴。

批兵备道奖励官兵呈 七月初一日

据副使杨璋呈，据知府季敩等依奉本院方略，攻破禾沙、石路坑等巢一十九处，擒斩首从贼人陈曰能、钟明贵、唐洪众，及杀烧死贼从，俘获贼属，夺获马牛骡羊器械等项。为照各贼肆毒无厌，名号不轨，若使遂其奸谋，得以乘虚入广，其为患害，何可胜言。副使杨璋乃能先事运谋，潜行剿袭，一夕之间，攻破巢穴，扑燎原之火于方燃，障溃岸之波于已决。知府季敩、指挥冯翔等亲领兵众，屡挫贼锋，相应奖励，以旌功能。其各营将士，俱能用命效力，奋勇擒斩，亦合一体赏劳。为此仰赣州府官吏，即便支给商税银两，买办后开礼物，及将发去银牌羊酒，就委府卫掌印官备用彩亭鼓乐，迎送各官，用旌剿袭之功，以明奖励之典。仍将发去赏功银两，照名给赏。其阵亡射伤兵夫，亦各查给优恤。各官务要益竭忠贞，协谋并勇，大作三军之气，共收万全之功。

调用三省夹攻官兵 七月十五日

准兵部咨，该湖广巡抚都御史秦题云云。已经开陈两端，具本上请去后。今准前因，除南赣二府兵粮事宜另行外，所据领兵等官，俱在得人，必须先委。访得九江府知府汪𨻶、吉安府知府伍文定、汀州府知府唐淳，久习军旅，惠州府知府陈祥，器度深沉，俱各才识练达。程乡县知县张戬，近征大伞等处，独统率新民，奋勇当先，功劳尤著。抚州府东乡县知县黄堂、建昌府新城县知县黄文鷔、袁州府萍乡县知县高桂、吉安府龙泉县知县陈允谐，素有才名，堪以领兵。但事干各府，各官之中，或有违抗推托，临期必致误事。除具本题请，但有不遵约束，许以军法从事，合就通行知会。为此仰抄案回府，即行本官，密切整备衣装。及将上杭县义官李福英名下打手，再行拣选，务要骁勇精悍者一千名，给与资装器械，听候命下。另有公文至日，即便不分星夜，兼程前进军门，以凭调用施行。

夹攻防守咨 十月

准湖广巡抚都御史秦咨云云。看得龙泉一县，与上犹县诸巢接境。将来三省夹攻，使龙泉所守不固，则吉安属县俱被骚扰。必须大兵一哨，就从此路进剿，方可止贼奔冲。已行吉安府知府伍文定，备行所属龙泉、万安、太和等县，永新、安福等所，精选民间打手，或在官机兵，共二千名，编成队伍，督同知县陈允谐等分统，俱赴龙泉县屯扎。该县乡夫，即日起集，守把隘口，听候刻期夹剿外。今准前因，合就咨报。为此备由移咨前去，烦为查照施行。

行岭北道催督进剿牌 十月初十日

案照先经行仰该道守巡官，分投先往上犹、大庾等处住扎，听候各哨官兵至日，即便催督进剿去后。今照领兵等官，已该本院坐委，合行分投催督。为此仰抄案回道，即便催督各哨官兵，遵照方略，依期星夜直抵巢穴，务将前贼扫荡扑灭，以靖地方，毋遗芽蘖，致贻后患。本官仍行各官，详察地里险易，相度机宜，慎重行事，毋得轻率寡谋。及逗遛退缩，致误事机，定行军法从事。军中未尽事宜，亦听随机应变施行，仍呈本院知会，俱毋违错。

刻期会剿咨 十月二十一日

准巡抚湖广都御史秦咨："议照会剿事情，已该兵部议奉钦依，刻期于九月中进兵。职等督理兵粮，粗有次第。近因杨总兵病故，又为两广路远，约会颇难，只得改期十月初旬，衡州取齐，听候分哨会兵具题，及差官约会进剿。即今所调汉土官兵，不旬日间俱集。若令住扎候至闰十二月方行会剿，非惟粮饷不敷，亦恐地方骚扰，况贼情狡诈，必致乘虚奔逸。除移文两广总镇军门查照，作急会议，一面严督布守官兵，谨把贼路，防其奔逸；一面督发兵粮，委官分哨，相机策应剿杀外。备咨贵职，查照事理，至期督发各哨夹剿，仍希由咨报。"等因。案照先为紧急军务事。本职看得，进攻次第，江西惟桶冈一处，该与湖广之兵会合。其长流左溪、横水等处，皆深入南安府所属三县腹心之内。见今不次，拥众奔冲，势难止遏。欲将前项贼巢，以次相机剿扑。候贵治之兵齐集，夹攻桶冈，又经移咨贵职外。

续据县丞舒富等呈称，各畲贼首，闻知湖广士兵将到，欲奔桶冈，集众拒战，战而不胜，奔入范阳大山。乞急为区处等因到院。随将领兵知府邢珣等，指受方略，刻期于十月十二日子时发兵进兵。本院即日进屯，亲临南康督战，遂破横水、左溪等巢。但贼首未获，方行各哨追袭。今准前因，照得江西兵粮粗已齐集。及照十一月初一日之期，亦已不远。除行兵备等官监督各哨，一面分投追袭未获贼徒，一面行令，务在十一月初一日移兵径趋桶冈等处，分布夹攻，不许后期误事。及行兵备副使杨璋、移文参将史春知会外。为此合咨前去，烦请贵院查照，早为督发，切勿后时。

横水建立营场牌 十月二十七日

照得本院亲督诸军，进破横水等巢，贼徒已就诛戮。但山高林密，诚恐漏殄之徒，大军撤后，仍复啸聚，必须建立营场，委官防守。为此牌仰典史梁仪，协同千户林节统领宁都机兵四百名，信丰机兵六百名，就在横水大村，砍伐木植，相视地势雄阜去处，建立营场一所，周围先竖木栅，逐旋修筑土城，听候本院回军住扎，以凭委官留兵防守。各官务要同力协谋，精勤干理，工完之日，照依军功论赏。所领兵众，如有不听约束，许以军令责治。其合用夫匠等项，听于南安所属上犹、南康等县取用。该县俱要即时应付，毋得迟违误事。

搜扒残寇咨 十一月十一日

据知府邢珣、唐淳会呈："各职近奉本院调发，于本年十一月初一日，依湖广刻期夹攻桶冈峒诸巢，遵依攻破茶寮等处，擒斩贼党已尽。见今各兵四散搜扒，无贼可捕。访得官兵未进之先，各贼带领家属逃往桂东县连界大山藏躲，及将捕获贼人黄顺等备细研审相同。但今彼处官兵未见前来，若不移文催督，诚恐先遁各贼，乘虚在彼奔窜，各营官兵，难于过境搜扒。呈乞照详。"等因。到院。查卷，先为前事，已经通行湖广、江西、广东三省该道兵备、守巡等官，调集官军，把截夹攻；及严省、府、卫、所、州、县等官，起集兵快乡夫，各于贼行要路，昼夜把截；若贼奔遁，就便相机擒捕去后。今据前因，照得桶冈贼徒，陆续潜逃，所据守隘等官，未暇参究。但今各贼久在彼处藏躲，若不速行搜扒，将来大兵既撤，诸贼必将复归桶冈，重贻后患。为此合咨贵院，烦将原调官兵，量摘三四千前来桂东连界大山，逐一搜扒，必使果无噍类，然后班师，庶几一劳永逸，而彼此两无遗憾。及请戒令各兵，止于连界大山搜扒，不得过境深入，尤为地方之幸。

批准惠州府给由呈 正德十三年二月二十四日

据知府陈祥申给由事。看得知府陈祥，政著循良，才堪统驭，近因兴师之举，且迟考绩之行。今本官亲从本院征剿叛贼，效劳备至，斩获居多，巢穴悉皆扫平，地方已就宁靖，既喜奏功于露布，允宜上最于天曹，除赏功之典另行外，仰该府即便照例起送给由。申缴。

批攻取河源贼巢呈 三月二十三日

据佥事王天用呈："河源朱峒、吴天王、曹总兵、邓都督等一十三围，并上下二山，共有先锋三千余兵，五府六部俱全，声言起城立殿，势诚猖獗。"看得所呈各贼聚众三千，设官僭号，即其事势，亦岂一朝一夕之故？而各该府、县等官，前此曾无一言申报，据法即合拿究。但称所呈亦据传闻，未委虚的；又虑万一果如所呈，各该官吏正在紧关剿截之际，姑且俱未参提。仰该道再行查勘的实，果如前情，即便一面严督各该官司，加谨防遏，一面议处机宜，或移夹剿之回师，或促候调之狼卒，度量缓急，相机而行。如其事未猖扬，情犹可抚，亦要周防安插，区处得宜。俱仰火速具由呈来，以凭议奏。仍呈总督巡按等衙门，公同计议施行。呈缴。

批赣州府赈济呈 四月二十八日

据赣州府呈："本府赣县等七县，将在仓稻谷粜银赈济。"看得兵革之余，民困未苏，加以雨水为灾，农务多废，虽将来之患，固宜撙节预防，而目前之急，亦须酌量赈济。据该府所申，计处得宜，合行各县照议施行。仍仰各掌印官，务须严禁富豪之规利，痛革奸吏之夤缘，庶官府不为虚文之应，而贫民果沾实惠之及。各具由回报。申缴。

批岭北道修筑城垣呈 五月十五日

据副使杨璋呈："所属府、卫、县城垣倒塌数多，而石城一县尤甚，应该估计修理。合委知府季斆、邢珣，不妨府事，督修本府城垣。龙南县署印推官危寿、兴国县知县黄泗、瑞金县知县鲍珉，各委督修本县城垣。惟石城县知县林顺，柔懦无为，合行同知夏克义，估计督修。”看得城垣倒塌，地方急务。幸兹盗贼荡平，正可及时修筑。若患至而备，则事已无及。该道即行各该承委官员查照，估算工程，措置物料，一应事宜，各自从长议处呈夺。各官务要视官事如家事，惜民财如己财；因地任力，计日验功；役不逾时而成坚久之绩，费不扰民而有节省之美；庶称保障之职，以副才能之举。呈缴。

查访各属贤否牌 六月十九日

节该钦奉敕谕：“军卫有司官员中政务修举者，量加奖劝；其有贪残畏缩误事者，文职五品以下，武职三品以下，径自拿问发落。钦此。”钦遵。切照当职抚临赣州等处，向因亲剿群贼，多在军前，所据大小衙门官员中间，志行之贤否，政务之修废，类皆未暇采访，拟合通行查报。为此除布按二司，本院自行询访外，牌仰本道官吏，即便从公查访所属军卫有司官员。要见某官廉勤公谨，某官贪婪畏缩，某官罢软无为，某官峻刑酷暴，备细开造小册，就于前件下填注，印封密切，马上差人赍报，以凭复奏，黜陟拿问施行，毋得循情。查报不公，致有物议，自取参究。仍行本道各将掌印佐贰等官年甲籍贯，到任年月日期，亦开前件，揭帖一本，印信各令，差人赍报，不得稽迟。

一仰广东守巡岭东、岭南道，福建守巡漳南道，湖广守巡上湖南道同。

行漳南道禁支税牌 六月二十八日

照得上杭河税，原系本院钦奉敕谕，军马钱粮，径自便宜区画事理，专为军饷而设，自来非奉本院明文，分毫不许擅自动支，与该省各衙门原无干预。牌仰该道官吏，今后凡有相应动支，止许具由呈禀本院，听候批允，不得一概申请，有乖事体，渐开多门之弊，反生侵渔之奸。具依准。缴牌。

禁约驿递牌 七月初一日

照得水西驿递旧例，每遇公差，验有真正关文，随即送赴军门挂号，此乃防奸革弊定规。本院抚临赣州未几，即因盗贼猖獗，屡出剿平，尚未清查。访得近来多有奸诈之徒，起一关文，辄就洗改。或改一名为二三名者，或改红船为站舡者，或改口粮为廪给者，或改下等马为中等上等马者，或该有司支应而夤缘驿递应付者。又有或看望亲朋，或经过买卖，因与驿递官吏相识，求买关文，诈伪百端。若不挂号清查，非惟奸人得计，抑且有乖事体。为此牌仰本驿所官吏，即便印钤厚白申纸，装钉方尺文簿，一样二本，送赴军门。每遇公差关文，验无前项奸弊，就与眷换，随送军门挂号给付。如或本院出巡，就赴该道兵备挂号。中间若有交通，私与关文，或不经本院挂号，潜行应付者，定行拿问赃罪，决不轻贷。仍仰今后差拨舡只迎送，止许各至交界驿递倒换，立限回还。敢有贪图过关米粮，或权要逼勒过界者，就便指实申来，以凭拿问。仍行岭北道一体查照施行。

申明便宜敕谕 七月二十一日

节该钦奉敕："广东清远、从化、后山等处，与尔所辖南韶等府，壤地相接，事体互相有关。近该彼处镇巡官奏称，盗贼生发，师行有日，如遇彼处行文征兵协剿，亦要随即发兵前去防剿应援，以收全功。毋得自分彼此，致失事机，钦此。”钦遵。照得南府界连南赣大庾、信丰、龙南等县，而惠州、河源、兴宁亦各逼近贼巢，俱系紧关，奔遁潜匿之处，进攻防截之路。访得前贼为患日久，虽奉成命征兵协剿，诚恐贼计狡猾诈变，东追则西窜，南捕则北奔，若不早为查处，未免有误军机。为此仰抄案回司，会同三司掌印，及各该守巡、兵备等官，上紧调集兵粮，听候克期防剿，并将应剿贼巢，通行查出。行拘熟知地利险易乡导，责令画图贴说。要见某处贼巢，连近某处乡落；某巢界抵某处，系是良善村寨，某处系是善恶相兼；某处平坦，可以直捣；某处险阻，可以把截；某处系贼必遁之路，可以设伏邀击；某处贼所不备，可以间道掩扑；何处官军可以起调，何官可以委用，可以监统；粮饷何处措办，住扎何处；听候各要查处停当，备由马上差人飞报本院，以凭遵照钦奉敕谕，与各该镇巡官计议而行。其有军中一应进止机宜，亦要明白呈报，毋分彼此，致有疏虞。国典具存，罪难容恕。仍呈总督、镇守、巡按衙门知会。

犒赏新民牌 七月二十八日

据招抚新民张仲全、陈顺珠等呈，解擒斩贼首池满仔、屠天佑等八名颗到院。为照张仲全等，始能脱离恶党，诚心向善，已为可取；又能擒斩叛贼，立功报效，即其忠勇，尤足嘉尚。所据张仲全合升授以百长，陈顺珠合升为总甲，各给银牌，以酬其功。其兵众三百余人，皆能齐心协力，擒捕叛贼，俱合犒赏。为此牌差百户周芳前去龙南县，着落当该官吏，即将赍去银牌给与张仲全、陈顺珠，牛酒及赏功银两，照数给与部下有功兵众。仍仰督同张仲全等，整束部下兵众，会同王受、郑志高等并力夹剿残贼，务要尽数搜擒，照例从重给赏。其屠天佑手下走散兵夫，原由牵引哄诱，皆可免死。仍仰张仲全遣人告谕，但能悔恶来归，仍与安插。或能擒斩同伙归投者，准其赎罪，仍与给赏。各役俱听推官危寿等节制调度，务要竭忠尽力，愈加奋勇，期收全功，以图报称。

行岭北等道议处兵饷 八月十四日

节该钦奉敕谕:“一应军马钱粮事宜，俱听便宜区画，以足军饷，钦此。”钦遵。照得，近因夹剿上犹、桶冈等贼，粮饷无措。当时仰赖朝廷威德，两月之间，偶速克捷，不然，必致缺乏。今各巢虽已扫定，而遗党窜伏，难保必无。况广东后山等处，方议征剿，万一奔决过境，调兵遏剿，粮饷为先。查得见行措置军饷，以防民患事例。今后江西南、赣等府有兵备去处，各该军卫有司所问囚犯，审有家道颇可者，不拘笞杖徒流并杂犯死罪。各照做工年月，每日折收工价银一分，送府收贮，以备巡抚衙门军情缓急之用。虽有别项公务，不得擅支，仍要按季申报，合干上司，以凭稽考，等因。照得近来官吏因循不行，查照概将问追工价等银，俱称类解买谷，遂致军饷无备，甚属故违。具访前项银两，埋没侵渔甚众。今姑未查究，再行申明，仰抄案回道，着落当该官吏，并行南、赣二府卫、所、县。今后奉到问理等项，笞杖徒流杂犯斩绞罪，除有力纳米照旧外，其家道颇可者，俱要查照先行事例，折纳工价，俱收贮该府，以备本院军情缓急。敢有故违者，定行参以赃罪，决不轻贷。仍仰各置文簿二扇，按季循环开报查考，毋致隐匿。仍呈抚按衙门知会。

再批攻剿河源贼巢呈 八月二十一日

据广东岭东道佥事朱昂等会呈："河源县贼巢一十三处，势相联络，互为应援。贼首吴何俊等，并帽子峰贼首谭广护等，招亡纳叛，不止二千余众，累岁荼毒生灵。况又僭称天王、总兵、都督等号，罪恶滔天，人神共怒，必须请调大兵，剿绝根由，庶足以雪军民之冤。但此黠贼，性尤凶强。必藉狼兵，可以捣巢攻寨。大约以军兵二万有余，方克济事。"合行布政司查议粮饷，并赏功银两等项。又据惠州府云云。看得贼众兵寡，委难集事。但动调狼兵，亦利害相伴。况开报贼巢，前后不同。合用粮赏，俱合预行查处。为此仰抄案回道，会同各守巡、兵备等官，将各巢穴再行备细查访。若果贼巢众多，官兵分哨不敷，必须添调狼兵，仰即径自呈请该省总督等衙门，上紧起调。若见在官兵略以足用，可以不调狼兵，亦免骚扰地方，就仰选委谋勇官，督同府、卫、县、所等官，将各汉达官军、兵快、乡夫，预先起集选练，于该府及近贼县分，密切屯扎，勿令张扬，候克期已定，然后昼伏夜行，出其不意，并击合剿。合用粮饷赏功等银，备行广东布政司查照上年大征事体，及时措备，毋致临期误事。如是兵粮措置，俱已齐备，仰即马上差人飞报军门，以凭亲临督战。或差官赍报令旗令牌，分督进剿。其各贼奔遁关隘，相应江西防截者，亦要上紧查报，以凭调发，各毋稽违，致有失误。国典具存，决难轻贷。先选熟知贼情三四人，赴军门听用。军中一应进止，或未尽机宜，应呈报者，亦就上紧呈报。仍呈总镇、镇守、巡按等衙门查照知会。

优礼谪官牌 十一月二十七日

照得本院奉命提督军务，征剿四省盗贼，深虑才微责重，惧无以仰称任使，合求贤能，以资谋略。访得潮州府三河驿驿丞王思，志行高古，学问渊源，直道不能趋时，长才足以济用。惠州府通衢马驿驿丞李中，坚忍之操，笃实之学，身困而道益亨，志屈而才未展，合就延引，以匡不及。为此牌仰该府，照牌事理，措办羊酒礼币，差委该县教官赍送本官处，用见本院优礼之意，仍照例起关应付。以礼起送前赴军门，以凭谘访，该驿印记，别行委官署掌。先具依准及礼过缘由。缴牌。

批漳南道设立军堡呈 十二月初三日

据兵备佥事周期雍呈:“深田、半砂等处，负山滨海，地僻人稀，以致贼徒诱结，势渐猖獗。今虽议立军堡，一时未得完工，合行署都指挥佥事侯汴，暂且住扎南韶，设法擒捕。候军堡已完，行令遵照钦奉敕谕，前往武平县驻扎。”看得所呈深田等处，盗贼日渐猖炽，各该巡捕等官因循坐视，致令滋蔓，俱合拿赴军门。但当用人之际，姑且记罪。仰该道严加督捕，在目下靖绝，以功赎罪。及照该道原议，设立军堡十处。每堡军兵不过二三十人，势分力弱，恐亦不足以振军威，而扼贼势。仰该道会同守备官，再加酌量。如果军堡工费浩大，且可停止，将各堡该戍军兵分作两营，选委勇官二员分统，于各该盗贼出没地方，络绎搜捕，每月限定往来次数。就仰经过县分，按月开报兵备官处，不时考较督责。其该设军堡，止于每日程途所到去处，建立一所，以备宿歇。非独省费易举，亦且势并力合，地方可恃以无恐，盗贼闻风而自息矣。但事难遥度，该道仍须计审详议，一面呈报，务求至当，亦无苟从。再照前项地方，盗贼日盛，备御未立，准议暂委守备侯汴前往南韶住扎，严剿捕以靖地方。稍候武备既设，施行有次，仍旧还归武平住扎。该道照议批呈事理，即便备行本官查照施行，俱毋违错。

再申明三省敕谕 十二月十二日

节该钦奉敕："该兵科给事中周文熙奏，湖广郴、衡地方瑶贼，不乘时处置，抑恐遗孽复滋，重贻后患。乞要推举抚治宪臣一员前去，会同湖广、广东、江西镇巡三司等官，相度事宜。或设添卫所县治，或置立屯戍屯堡，或仍敕尔每年春夏在南、赣等处，秋冬在郴、衡等处，住扎整理。庶几委任专一，有备无患等因，该部议谓宜如所奏施行。今特敕尔亲诣郴、衡等处地方，照依周文熙所奏，并查照御史王度、唐濂及佥事顾英等建言事理，从长议处，定立长治久安之法。应施行者，径自会同各该镇巡等官，从长施行。事体重大者，奏请定夺。尔为风宪大臣，受兹委托，尤宜广询博访，择善而行。务使盗息民安，地方有赖，钦此。"钦遵。卷查先准兵部咨为图议边方后患事。该兵科给事中周文熙奏，该本部覆题，已经案仰湖广都、布、按三司，即行该道守巡、兵备等官，一体钦遵。各诣郴、桂、衡州等处，督同各该掌印等官，相度山川险易之势，谘访贼情起伏之由，查照各官建言事理，从长议处方略。要见某处可以开建县治，某处相应添设卫所，某处营堡宜修，某处道路宜开，备询高年有识，务宜土俗民情。如或开建添设等项，有劳于民，无补于事，亦要明白声说，毋拘成议，附和雷同。别有防奸御患长策，俱要备细呈夺，毋惮改作。仰惟朝廷采纳群策，非徒苟为文具。谅在各官，协心承委，决无了塞公移，务竭保民安土之谋，共图久安长治之策。应施行者，就便具由呈来，以凭会议施行。若有事体重大，该具奏者，亦即呈来，奏请定夺去后。今奉前因，拟合通行。为此仰抄案回司，即行掌印，并各该道守巡、兵备、守备等官，一体查照钦遵。作急议报施行，毋得稽违。仍行镇守、巡抚、总督、总镇、巡按衙门知会。

批赣州府给由呈 十二月二十五日

据知府邢珣申给由事。照得知府邢珣久劳郡政，屡立战功，合有赏功之典，出于报最之外。今三年之考，既因事久稽，而六载之期，亦计日非远。况地方盗贼虽平，疮痍未起。仰行本官照旧支俸，益弘永图。苟有善可及民，何厌久于其道。微疾已痊，即起视事，给由一节，六年并考。申缴。

行岭北道裁革军职巡捕牌 十四年五月初五日

访得南、赣巡捕军职官员，有名无实。每遇火盗生发，坐视观望，曾不以时策应。中间更有不守法律，在于私宅接受词讼，吓取财贿纸米。或捕获一贼，则招攀无干之人，乘机诈骗。佥充总小甲，则需索拜见；更换铺夫，则索要年例；稍或不从，百般罗织。又如前往所属巡逻，则索要折干，刻取酒食。甚至容隐贼徒，窃分赃贿。欲便拿究，缘无指实查行间。为此仰抄案回道，即将巡捕军职官员，就便裁革。一应地方事宜，俱令府、县捕盗等官管理。中间倘有未尽事宜，该道再行议处呈夺。仍候考选之日，备呈镇巡等衙门查照知会。

遵奉钦依行福建三司清查钱粮 五月二十七日

准兵部咨云云。查得先准本部咨题，奉钦依备行前来，已经案仰福建都、布、按三司，并行所属一体钦遵。

仍查各该府、县、卫、所每年额征各项秋屯粮米各计若干。中间起运，每石折银若干，鱼课折银若干。存留数内，应否输纳本色，折收银两。见今小民拖欠者已征若干，未征若干，有无已征捏作未征。其各卫、所军士该支月粮，某卫、所若干石，见今某卫、所已缺支若干，月共该补给米若干石。起运秋屯粮米，要查是何年月，奉何事例。分派某府、卫、所解京，今经几年，是否已为定例。设若存留，必须先查各属官吏、师生、旗军人等，岁用钱粮，大约共计若干，有无足勾。及查该司并各府、州、县见贮库内银两，某项共计若干。中间可以借支，俟后追补，如是扣算不敷，应否将前起运存留。并查汀、漳二府用兵之时，所用粮饷，系何项钱粮，曾否将官军月粮借辏。

务要备查明白，具由差人马上赍报。一面会同三司、掌印、守巡各官，将一应利弊，相应兴革者，逐一查议停当，俟本院抚临之日呈夺去后。今准前因，合再通行查处。为此仰抄案回司，即行掌印并各道守巡等官，公同本院委官，速将前项事情，再加用心查议，务要事体稳当，以便经久；明白具由开呈，以凭会处。中间若有未尽事宜，亦就查议呈夺，毋得虚应故事。苟且目前，复遗后患，罪有所归。

议处添设县所城堡巡司咨 五月三十日

准兵部咨云云。续据湖广按察司呈，奉巡抚湖广都御史秦案验，为计处地方，以弭盗贼事。准兵部咨："该本院题，备由呈报，及移咨到院案候间。今准前因，为照添设县所，查处更夫，并设屯堡置巡司等项事宜，俱奉有成命。况皆经巡抚衙门悉心区画，各已虑无遗策，岂能别有议处。惟称分割乳源、乐昌二县，里分节行广东，该道会勘未报，尚恐两省各官，未免互分彼此，不肯协和成事，必须贵院不惮一行，亲临其地，约会总督两广军务都御史杨，面会一处，庶几两省之事，可以一言而决。"及照建立三屯，摘发湖广各卫所官军，协同巡检弓兵守把一节，以今事势而论，亦为久长之防。但访得各卫所官军，皆有安土重迁之怀，无故摘拨，必致奏告推搪，非惟无补于防御，兼且徒益于纷扰，似须更为一处，必使人情乐从，庶几事功易集。本职见奉朝令，前往福建巡视地方，处置军人作乱事情，不日启行，必须遵照敕旨，候事完回日，方可亲诣郴衡地方，面会贵院议处。但恐旷日弥久，行事益迟，为此合咨贵院，烦请先为查处施行。

督责哨官牌 六月初七日

照得本院见往福建公干，所有调来赣州教场操备宁都等县兵快，虽分四哨，管领已有定规。惟恐本院远出，因而懈怠废弛，头目人等亦或受财放逃，必须委官管领整肃，武艺精通。中间若有拒顽不听约束者，轻则量情责治，重则论以军法断处。其各兵快义官百长人等口粮，各照近日减去五分则例。每月人各二钱，义官百长各三钱五分，总小甲各二钱五分，俱仰前去赣州府支给，亦不许冒名顶替关支，查访得出，定行追给还官，仍问重罪发落。承委各官务称委托，不得假此生奸扰害未便。

委分巡岭北道暂管地方事 六月初八日

据副使杨璋呈："奉兵部札付题称：'福建军人作乱事情，请教提督南、赣等处军务都御史王前去处置。其南、赣等处地方事情，合行兵备副使杨璋暂且代替管理，一应紧急贼情，悉听杨璋径自从宜施行，不许失误。候处置福建事宁之日照旧'等因。题奉钦依，备由札仰钦遵外。今照本职升任本司按察使，启行在迩，缺官管理，合就通行呈详"等因。看得本官既已升任，本院不日又往福建公干，南、赣贼情，及该道印信，必须得人经理。已经案仰江西按察司速委风力老成堂上官一员，毋分星夜，前赴该道，暂且管理去后。今照前因，为照本院已奉敕书的于本月初九日启行。但分巡该道官员未至，所有各处递报一应公文，多系地方事务。若待议置停当前去，未免顾此失彼，愈加积滞，合行处置。为此仰仰差人送赴分巡该道议处，径自施行，仍呈本院知会。其余地方盗息民安缴报批申呈词招由不急之务，就便收候，类赍本院。仍仰作急备行该道查照施行，俱毋违错。

思田公移 凡四十九条

行广西统领军兵各官剿抚事宜牌 嘉靖六年十一月初五日

先据领兵、参政等官龙诰等禀称：湖兵已至，已经行令相机行事去后，近访得各兵已入深地，利在速战，若旷日持久，未免师老气衰，且临敌易将进退之间呼吸成败。是以本院沿途且行且访，而传闻不一，未有的报。为此牌仰统兵各官，公同计议。若已在进兵之际，则宜遵照旧任提督军门约束，齐心并力，务在了事，方许旋回军门参谒。若犹在迟疑观望之地，而王受、卢苏等尚有可生之道，朝廷亦岂以必杀为心，则宜旋军左次，开其自新之路，听候本院督临审处。俱毋违错。仍行提督、总镇、总兵及巡按等衙门知会，务在进退合宜，不得轻忽误事。

行南韶二府招集民兵牌 十一月十二日

牌仰韶州、南雄府当该官吏，即于该府地方及所属各县。不拘机兵打手各色人内，访求武艺骁勇，胆力之士，超群出众，以一当百者。每府三名或四名，每县二名或三名，无者于别县通融取补。务要年齿少壮，三十岁以下者。每月给与工食八钱，就于机快工食内顶贴，仍与办衣装器械。各名备开年貌亲族邻里，限一月之内送赴军门应用，毋得迟违。

奖留佥事顾溱批呈 十一月二十三日

看得士大夫志行无惭，不因毁誉而有荣辱。君子出处有义，岂以人言而为去留？况公论自明，物情已睹。本官素有学术涵养，正宜动心忍性，以增益其所不能。岂可托疾辞归，以求申其愤激？此缴。

批岭西道议处兵屯事宜呈 十一月二十三日

据佥事李香呈。看得财匮于兵冗，力分干备多，此是近日大弊，相应议处。所呈打手，且不必添募。仰将该道屯哨，分布打手，通行查出，大约共有若干。再加精选，去其劣弱，大约共得骁勇若干。及查某处屯堡可裁，某处关隘可革，大约共用打手若干。某哨堪备操演，分聚开阖，若何而力不分，若何而财不费？若何而免于屯兵坐食，若何而可以运谋出奇？该道会同分守道，通融斟酌，务求简易可久之道，呈来施行。

批广州卫议处哨守官兵呈 十一月二十五日

据指挥赵璇呈。看得军门哨守官军，两班共该一千余名。类皆脆弱，不堪征调。兼亦远离乡土，往往多称疾故逃亡，非徒无益于公家之用，而抑未便于军士之情。仰苍梧守巡道，公同会议，酌量利害之多寡，审察人情之顺逆，务求公私两便，经久可行之策，呈来定夺施行。

批都指挥李翱操演哨守官兵呈 十一月二十七日

看得都指挥李翱所呈，足见留心职任，不肯偷情苟安，有足嘉尚。仰分巡苍梧道，公同坐营官张锐，将见在哨守军兵打手人等，分立班次，发与李翱，在于教场轮班操演。使兵识将意，将识士情，庶职任不虚，缓急可用，仰行各官查照施行。

行两广都布按三司选用武职官员 十二月初七日

准兵部咨云云。为照两广地方广阔，武职官员数多，当爵镇临之初，贤否一时未能备知，拟合通行询访。为此仰抄案回司，备云该部题奉钦依内事理，合行掌印、守巡等官钦遵，严加询访。不拘已用未用，曾否减革武职官员，但有谋勇素著，雄才大略，堪任将领者，从公举保，以凭具奏推用。不许徇情滥举，赃犯人员，自贻玷累，毋得违错。都司仍转行总兵等官，一体钦遵，查照施行。

行两广按察司稽查冒滥关文 十二月十二日

准兵部咨云云，拟合通行。为此仰抄捧回司，照依案验备奉钦依内事理，即行都布二司一体钦遵。仍转行镇守、主副参将等官，今后除地方机密重情，应该会奏者，各具本共差一人，于批文列会奏职衔。其余常行事务，各自行奏报者，必须积至二三起以上，方许差人，亦于批文开坐朱语，以便稽考，毋得泛填公务字样。若是专为己私，假借公干，擅便分给符验关文挂号，并承委人等，越例索要应付，定行从公参究治罪，俱毋违错。

给思明州官孙黄永宁冠带札付牌

据左江兵备佥事吴天挺呈："据思明府族目王瑙等状告：'先蒙军门行取思明州官孙黄永宁领兵听调，乞给冠带，管辖夷民'等情。勘得官孙黄永宁被占年久，今奉断明，若非宠异，无以示信。合请照依黄泽冠带事理，使地方知为定主，实心归向。"呈详到院，相应给与。为此牌仰官孙黄永宁遵照本院钦奉敕谕内便宜事理，就彼暂行冠带，望阙谢恩。该袭之时，具告抚按衙门，另行具奏施行。本官孙黄务要持身律下，谦以睦邻，修复州治，保安境土。凡遇征调，竭忠效命，以报国恩。毋得因此辄兴越分之思，自取侵凌之祸。苟违法制，罚罪难逃。戒之，敬之。

省发土官罗廷凤等牌 十二月十七日

看得那地等州土官罗廷凤、泗城州土舍岑施东、兰州知州韦虎林、南丹州土舍莫振亨等，带领兵夫，屯守日久，劳苦良多。即今岁暮天寒，岂无室家之念。牌至，仰本官径自前来军门，面听发放。

给迁隆寨巡检黄添贵冠带牌 嘉靖七年正月初八日

据广西左江道佥事吴天挺呈称："查得方舆胜境内开，思明路下有迁隆州，缘无志书案卷可考沿革。但查递年黄册，及审各目老，皆称迁隆洞黄添贵果系官户宗枝。凡有征调，黄添贵亦果领兵立功。其地界广有百里，虽止征粮四十石，而烟爨多逾二千；虽额属思明，而征兵则各自行管束。委因失其衙门印信，以致地方怀疑生奸。合无准行暂立为思明府迁隆寨巡检司，就授黄添贵职事，听其以后立功积效，渐次升改。庶人心知劝，地方可定"等因。到院查得先该前巡抚都御史张，累经案仰广西都布按三司，及该道兵备、守巡等官，查勘相同，设立巡司，似亦相应，除另行具题外。缘黄添贵正在统兵行事，合无遵照钦奉敕谕便宜事理，先与冠带，以便行事。为此牌仰黄添贵就彼冠带，望阙谢恩，暂署土巡检司事，候命下之日，方许实授。本官务要奉法，严束下人，辑和邻境，保守疆土。每遇调遣，即便出兵报效，立有功劳，赏升不吝。如或贪残恣肆，国典具存，罪亦难逃。

批左州分俸养亲申 正月十八日

据左州申："知州周墨分俸回太仓州养亲。"看得本官发身科甲，久困下僚，虽艰苦备尝，而贫淡如故。虽折挫屡及，而儒朴犹存。凡所施为，多不合于时尚。而原其处心，终不失为善人。即其分俸一事，亦岂今之仕宦于外者所汲汲，而本官申乞不已。虽屡遭厌抑之言，而愈申恳切之请，固流俗共指以为迂，而君子反有取焉者也。案照先任军门，盖已屡经批发，而公文至今未到，想亦道途修阻，不易通达之故。本官近该给由，道经原籍，合就批仰亲自赍递。仰苏州府太仓州当该官吏，查照军门先今批行事理，即将本官分回俸给，照数查考，以慰其一念孝亲之诚。具由缴报。仍行太平府及该州知会。批缴。

批右江道断复向武州地土呈 正月二十六日

据参议邹轵、佥事张邦信呈："勘处都康、向武二州争占安宝峒地土，合断还向武州管业缘由。"看据所呈，官男冯一执称："安宝峒地方深入都康界内，远隔向武六十余里。以近就近，应该都康管业。"其言于人情似亦为便。王仲金又执称："国初设立郡州，原要犬牙相制。今安宝地方深入都康，正是祖宗法制。"其言于国典又为有据。况博访民间物论，亦多是向武而疑都康。今该道又审得王仲金旧藏吏部勘合，奉有圣旨，安宝峒村庄，还著向武州管是实。先年都康州又曾有印信吐退文书。今以此地断还向武，其于天理人心，公论国法，悉已允当。事在不疑，不必再行后湖查册，往复劳扰。该道又审得王仲金先年混将都康州村峒人畜杀虏，要依土俗，责令赔偿，亦于事理相应。悉照所议，取具王仲金、冯一情愿赔偿吐退归一亲笔供词，备写札付用印钤连送赴军门，重加批判，给付各州永为执照，以杜后争。此缴。

批左江道推立土官呈 二月初一日

据参议汪必东呈称："武靖州缺官管事，乞推相应土官子孙一员，仍授该州职事，理办兵粮。"仰布政林富会同各守巡、兵备、副参等官，再行从公酌量计议。采诸物论，度诸人情。务要推选素有为该州人民信服爱戴者，坐名呈来，以凭上请。不得苟避一时之嫌疑，不顾百年之祸患，轻忽妄举，异时事有乖缪，追咎始谋，责亦难辞。此缴。

批遣还夷人归国申 二月十四日

据兵备副使范嵩呈称："番人奈邦等不系番贼，又无别项为非重情。合行琼州府查支官银，买办船只，量给米饭，送回该国。若有便船搭附随宜。其原搜获葫芦五个，给还收领，枪镖等物入官，以防在海劫夺之患。"看得各夷既审进贡是实，又无别项诈伪。相应听其回还本国，却淹留日久，致令死亡数多。而郡县徒增供馈之扰，处置失宜，贻累不少。仰该道即如所议，行令琼州府查支官银，买办船只，及措与粮米等项，趁此北风未尽，上紧送发回国。若再会议往复，则愈加迟误，备行合干衙门知会施行。此缴。

批苍梧道修理梧州府城呈 三月十一日

据佥事李杰呈："梧州府城垣修复串楼等项，合用木石砖瓦，于府库抽收竹木银两动支。"看得城上串楼虽有风雨崩塌之备，亦有兵火焚毁之防。得失相半，诚有如该道所虑者。今议修复，虽亦旧贯之仍，若损多益少，则亦终为浪费。该道再行计处，或将见在串楼间节拆卸，每隔二三十丈则存留三四间，或四五间，以居防守之兵夫，而拓其空地，以绝延烧之患。一以便人马往来之奔突，旗鼓刀枪之运用。以其拆卸之材料，修补焚烧之空缺，当亦绰然有余，而更楼火铺之类，亦可藉此以修理矣。但地利土宜，随处各异，未可以本院一时之见悬断遥度。仰该道广询博访，如果有益无损，即查本院所议斟酌施行。若是得失相半，准如该道所呈，一面动支银两修理，一面会同各官再加量度计议，具由呈报。缴。

批永安州知州乞休呈 三月十四日

据佥事申惠呈："永安州知州陈克恩立心持己，举无可议。委因感岚瘴，心气不时举发。仍称母老在家，久缺奉侍，情甚恳切。"看得知州陈克恩虽患前病是实，然其年力尚强，才器可用，非可准令休致之时。但以母老多病，固求归养，情词恳迫，志已难夺。其恬退之节，孝母之心，诚有可尚。合照所议，准令致仕还乡。仰该道仍备行本官原籍官司，务要以礼相待，以崇奖恬退孝行之风。

行参将沈希仪守八寨牌 三月二十三日

为照八寨巢穴，及断藤峡等贼，素与柳、庆所割地方瑶、僮村寨连络交通，诚恐乘机奔突，亦合督兵防捕。为此牌仰参将沈希仪照牌事理，即便督率官兵人等，于贼冲要路，严加把截，如遇奔突，相机擒捕，毋容逃遁。仍要严禁下人，惟在殄除真正贼徒，不得妄杀无辜，及侵扰良善一草一木；敢有违犯者，即照军法斩首示众。所获功次，解送该道分巡官纪验，听候记功，御史覆验造报。军中事宜，牌内该载不尽者，亦听本官径自酌量而行。一面禀报，俱毋违错。

行左江道剿抚仙台白竹诸瑶牌 三月二十四日

照得白竹、古陶、罗凤、仙台、花相、石马等巢诸贼，皆稔恶多年，在所必诛，已经牌仰各官督兵进剿。近据参将张经续禀："仙台、花相、石马等瑶，一月之前，皆各出投抚，愿给告示，从此不敢为恶。"看得各瑶投抚，诚伪虽未可料，但既许其改恶，若复进兵袭剿，未免亏失信义，无以心服蛮夷。亦合暂且宽宥，容其舍旧图新。其白竹、古陶、罗凤等贼，负险桀骜，略无忌惮，若不加剿，何以分别善恶，明示劝惩。为此牌仰左江道守巡守备等官，参议汪必东、佥事吴天挺、参将张经，会同湖广督兵佥事汪溱、都指挥谢珮、督同各宣慰等官，俟牛肠等处事完之日，即便移兵进剿白竹、古陶、罗凤诸贼。其领哨官员，及引路向导人等，俱听参将张经督同指挥周胤宗等，分俵停当，照例逐一讲明，然后分投速进。纵使诸贼先已闻风逃避，亦要严兵深入，捣其巢穴，以宣明本院声罪致讨之义。一剿不获，至于再；再剿不获，至于三；至四，至五，至绝终祸根。不得以今次斩获之少，或遂滥及已招贼巢，亏失信义，所损反多。经过良善村分，尤要严禁官士军兵，不得侵犯一草一木；有犯令者，即以军法斩首示众。

委土目蔡德政统率各土目牌 四月初一日

为照前项城头兵粮等项，虽经行令各目暂行管理，但在流官知府处，必须通晓事体土目一人，专一在府听候传布政令，通达土情，不然，未免上下之情，亦有捍格。查得土目蔡德政，平日颇能通晓事情，相应选委。为此牌仰本目统率各土目供应人役，专一在府听候答应，凡遇差遣及催督公事等项，就便遵照传布督催各管城头土目人等。或有未便情由，亦与申达本府，务通上下之情，以成一府之治。就将七处一城头拨与本目，永远食用，流传子孙。本目务要奉公守法，尽心答应。其或违犯节制，轻则该府官量行究治，重则具由三府军门治以军法。

批左江道查给狼田呈 四月十一日

据佥事吴天挺呈称："遵奉军门方略，剿平牛肠、六寺、磨刀等贼，所有贼田，合行清查，免致纷争。宜选委府卫贤能官亲查，酌量应给还狼民者，明立界至；给还原主耕种系贼开恳者，丈量顷亩，均给各里十名，招狼佃种，俱候成业一年，方行起科纳粮免差。"本院之意，正欲如此区处。据呈，足见该道各官用心之勤，悉准照依所议。就仰行委该府卫贤能官各一员，亲临踏勘，清查明白，酌量给派招佃，具由呈报。

行浔州府抚恤新民牌

照得浔州等处稔恶瑶贼，既已明正讨伐，其奔窜残党，亦合抚处。但其惊惧之余，未能遽信，必须先将附近良善厚加抚恤，使为善者益知劝勉，然后各贼渐知归向，方可以渐招抚。除行守巡该道施行外，牌仰知府程云鹏等，即行会同指挥等官周胤宗等，及各县知县等官，分投亲至良善各寨，照依案验内开谕事情，谆复晓谕。就将发去告示，鱼盐量行分给，务使向善之心愈加坚定，毋为残贼所扇诱。则良民日多，而恶党日消，又因而使之劝谕各贼，令各改过自新，果有诚心来投者，即与招抚。就便清查侵占田土，以绝后争。推选众所信服之人，立为头目，使各统领，毋令散乱，以渐化导。务使日益亲附，庶几地方可安，而后患可息。各官务要诚爱恻怛，视下民如己子，处民事如家事，使德泽垂于一方，名实施于四远，身荣功显，何所不可。如其苟且目前，虚文抵塞，欺上罔下，假公营私，非但明有人非，幽有鬼责，抑且物议不容。

批兴安县请发粮饷申 四月十三日

据兴安县申称，本县库内并无军饷银两，亦无堪以动支官钱，诚恐湖兵猝至，不无误事。合无请给发军饷银两下县。先顾船马，参看湖兵归途，合用廪给口粮下程犒劳等项，已经各有成议。自南宁府至梧州止，又自梧州至桂林府止，又自桂林至全州止，各经过几县几驿，每县驿扣算该银若干，各于该府军饷银内照数一并支给。各州县止是应付人夫数十名，再不许别项科派劳扰，已行该道守巡等官，通行各该府县查照施行。去后，今已两月有余，而各州县尚罔闻知，不知该道各官所理何事，似此紧急军务，尚尔迟慢，其余抑又可知。姑记未究外。仰按察司将该吏先行提问，仍备行各道守巡官，今后该行职务，各要自任其责，可行即行，可止即止，悉心计处，事体重大，自难裁决者，即为定议呈禀，必使政无多门之弊，人有画一之守，毋得虚文委下，推避傍观。州县小官，无所遵承，纷然申扰，奔走道路，延误日月，旷职废事，积弊滋奸，推厥所由，罪归该道，各具不违，依准回报查考。缴。

行廉州府清查十家牌法 四月十六日

案照本院先行十家牌谕，专为息盗安民。访得各该官员，因循怠惰，不行经心干理，虽有委官遍历城市乡村查编，亦止取具地方开报，代为造缴，其实未曾编行。且承委人员，反有假此科取纸张供给，或乘机清查流民，分外骚扰，是本院之意务要安民，而各官反以扰民也。本欲拿究，缘出传闻，姑候另行，所有前项牌谕，必须专委贤能官员督查清理。为此牌仰廉州府推官胡松，先将该府及所属州县原编牌谕，不论军民在城在乡，逐一挨查，务著实举行，仍须责令勤加操演。若各官仍前虚文搪塞者，指实参究。果有科罚骚扰等项，仰即拿问究治。仍行各官务将牌谕讲究明白，必使胸中洞彻，沛然若出己意，然后施行，庶几事有条理，而功可责成。各府、州、县以次清理，非独因事以别勤惰，且将施罚以示劝惩，各具讲究过依准缴报查考。又访得各处军民杂居之地，多有桀骜军职，及顽梗军旗，不服有司清查约束，妨碍行事者，仰行重加惩治。应参职官，指名申来，以凭拿究，断不轻恕。

行右江道招回新民牌 五月初六日

仰右江道副使翁素，即便选委的当官员，带同上林县知因晓事之人，将一十八村搬移上山者，通行招回复业，给与良民旗榜，使各安村寨。仍谕以其间有与贼交通结亲往来者，但能搜捕贼徒立功自赎，即不追论既往，一体给赏。仍要催督分差各官，上紧搜捕，毋令各贼奔逃渐远。晓谕各该地方良善，向化村寨，务将逃躲各贼，尽数擒斩，以泄军民之愤，获功解报，一体给赏。若是与贼通谋，容留隐蔽，访究得出，国宪难逃。如是各贼果有诚心悔罪，愿来投抚立功报效者，亦准免其一死，带来军门，抚谕安插。各官务要尽心竭力，上报国恩，下除民患，副军门之委托，立自己之功名。仍督平日与贼交通之人，令其向导追捕，痛加惩改，及此机会，立功自赎。果能奋不顾身，多获真正恶贼，非但免其既往之罪，抑且同受维新之赏。若犹疑贰观望，意图苟免，定行斩首示众，断不虚言。各官舍目兵人等，若有解到功次，即与纪验明白，以凭照例给赏，事完之日，通送纪功御史衙门覆验奏报。一应机宜，牌谕所不能尽者，就与副总兵张祐计议施行，一面呈报。本院不久亦且亲临各该地方，躬行赏罚，仰各上紧立功，毋自贻悔。

委官赞画牌 五月初七日

今差知州林宽赍文前往宾州、思恩等处公干，就仰本官在右江道守巡官处，随军赞画，一应机宜，不时差人前赴军门禀报，其领兵头目卢苏等，亦要遣人催促上紧剿捕，立功报效，毋得怠惰放纵，玩废日月，徒劳无功。本官务要尽心竭虑，以副委托。

行参将沈希仪计剿八寨牌 五月初九日

近因八寨瑶贼稔恶，已经调发思、田目兵攻破贼巢，方在分投搜捕。访得八寨后路，潜通柳州，又有一路与韦召假贼巢相通，皆未委虚的，合行密切查处。为此牌仰参将沈希仪即行密访，若果有潜通贼路，就仰本官从宜相机行事。或从彼地掩袭韦召假贼巢，就从彼巢径趋八寨后路。或以迎候本院为名，径来宾州督调别项军兵，就从八寨取道。然须将勇兵精，又得知因向导，可以必胜。本院亦无意必之心，俱听本官相机行事，量力可行即行，可止即止。牌至，务在慎密，毋令一人轻泄。

调发土官岑瓛牌 五月初十日

牌仰归顺州官男岑瓛，挑选部下骁勇惯战精兵二千名，各备锋利器械，亲自统领，前赴军门，面授约束，有事差委。所带兵夫，但在精勇，不许徒多。军门不差旗牌官员，正恐张扬事势，骚扰地方，故今止差参随百户扈濂前去，密切督调。前月官男赴军门参见，已曾当面分付。牌至，限三日内即便起程，星夜前来，毋得循常迟慢。违误刻期，定行究治，决无虚言。

分调土官韦虎林进剿事宜牌 五月十五日

除行守备参将沈希仪相机行事，及差南宁镇抚朱钰赍捧令旗令牌前去督调外。牌仰东兰州知州韦虎林，挑选骁勇惯战精兵三四千名，亲自统领，就于该州附近三旺、德合等处，取道密切进兵，扑剿下邕中寨，寻令东乡、马拦、南岭、新村、莫村、落村等寨，贼首韦召蛮、召旷、召假、召僚、召号、召旺、天腊公、线仲、言转周、韦马、覃广、覃文祥等，务要尽数擒斩，以靖地方。所获功次，通行解赴军门，以凭纪验给赏。如遇参将沈希仪已到地方，仍听节制行事。若是尚未来到，仰即火速进剿，不必等候，以致张扬泄漏，失误事机，罪有所归。

行通判陈志敬查禁田州府私征商税牌 五月十五日

据委官通判陈志敬呈称："查得田州府旧例，盐每百斤税银一分，本府河埠税银四分半，经纪税银三分，槟榔每百斤税银一钱，本府税课并经纪各税银二钱，其杂货亦各税不一，除买办应用，年终俱归本府，此岑猛之余烈也，今尚因之而未除。要行照依南宁府事例，止容一税”等因。到院，参看得思、田二府，近该本院会议，设立流官知府，控制土官，各以土俗自治。其官吏合用柴薪马匹，及春秋祭祀等项，仍许商课设于河下，薄取其税，以资给用。而本院明文尚未有行，乃敢辄先私立抽分，巧取民利，甚属违法，合当拿问，缘无指实，合行查究。为此牌仰本官，即查前项抽分，奉何衙门明文，惟复积年奸猾，私立巧取，侵骗税银肥己，务要从实查明，具由星驰呈报。一面密切差人访拿，解赴军门究治，以军法论，毋得容情回护，自取罪戾。

批南宁卫给发土官银两申 五月十八日

据南宁卫申：“原收王仲金赔偿都康州银二百两，令官男冯一差头目黄淰等四人来领。”看得王仲金赔偿银两，既该冯一差有的当头目黄淰，赍有该州印信领状前来关领，仰卫审验是实，即将银两照数给与黄淰等带领回州，付与冯一收受，取收过日期回报。仍行该道守巡官备行冯一、王仲金，务要洗涤旧嫌，讲信修睦，各保土地人民，安分守己，同为奉法循礼之官，共享太平无事之乐。如其不能自为主张，听信小民扇惑，规图近利，怀挟前仇，徒使利分下人，恶归一己，贯满罪极，灭身亡家，前车可鉴，后悔何及，各遵照奉行。此缴。

批左江道纪验首级呈 五月二十八日

据佥事吴天挺呈:“获过牛肠、六寺、古陶、罗凤等处山巢贼级，中间无小功者，应否纪验？”看得各处用兵，多因贪获首级，不肯奋勇破敌，往往多致失事。是以前月发兵之日，本院分付督兵各官，务以破巢诛恶为事，不以多获首级为功。今若以无小功之故，不与纪验，即与前日号令自相矛盾矣。其湖兵破巢首级，虽无小功，仰该道仍与纪验。至于官军人等剿捕所获，仍照常规施行。缴。

行左江道犒赏湖兵牌 六月初十日

照得湖广永、保二州官舍头目土兵，先该本院撤放回还，道经浔州等处，已经行仰该道守巡等官，督押前进，乘便剿除稔恶瑶贼，随已破荡巢穴，擒斩数多，回报前来，就经牌仰各官，仍押各兵，直抵桂林地方交替。及行参议汪必东，就于梧州府库，量支军饷银一二千两带去省城，听候本院亲行犒赏。今照本院因地方有事，兼患肿毒，未能亲往，行委该道佥事吴天挺前去省城，代行赏劳。为此牌仰本官，即查前项银两，若未动支，就于该府军饷银内照数动支二千两，委官管领，随带广西省城，听候支给犒赏湖兵等项应用，完日，开数查考。

奖劳督兵官牌 六月初十日

照得先因广西思、田等处土酋倡乱，征调湖广永、保二司宣慰舍目人等，坐委佥事汪溱、都指挥谢珮统领前来，听调剿杀。后因各酋自缚投顺，班师回还，又该军门行委各官统领，乘便征剿浔州、牛肠、六寺，及平南、仙台、花相等山积年稔恶贼寇，遂能攻破坚巢，多有斩获。虽各宣慰素抱报国之心，舍目人等，并心协力，奋勇效命，亦由监督各官，设策运谋，用能致有成功。今师旋有日，所据宴劳之礼，相应举行。但本院见征八寨瑶贼，未能亲至省城，大享军士，合就先行奖劳。为此仰本官即便亲诣省城，公同布按二司、掌印等官，将军门发去彩段银花等物，照数备用鼓乐导送佥事汪溱等收领，用见本院嘉奖宴劳之意。仍行镇巡衙门知会。

计开：

佥事汪溱：

盘盏一副十两。　　段二疋十两。

银花二枝二两。　　席面一桌银十两。

都指挥谢珮：

盘盏一副十两。　　段二疋十两。

银花二枝二两。　　席面一桌银十两。

部押指挥二员：

每员银牌五两。　　银花一枝五钱。

席面银二两。

分押千户八员：

每员银牌三两。　　银花一枝五钱。

席面银一两。

土舍彭荩臣军前冠带札付 六月初十日

据湖广上湖南佥事汪溱呈："据辰州卫部押指挥张恩呈'据舍目彭九皋等告称：嘉靖五年，奉调征剿田州，有荫袭官男彭虎臣同弟彭良臣自备衣粮报效，蒙授彭虎臣冠带杀贼。后因阵亡，蒙军门奏奉钦依勘合内开，彭虎臣殁于王事，情可矜怜，赠指挥佥事，移恩弟彭良臣，就彼冠带，袭替宣慰使职事，免其赴京。伊父彭九霄仍升湖广布政司右参政，准令致仕。除遵依外，近奉军门复调征剿，行令致仕宣慰彭九霄亲统启行。不意宣慰使彭良臣在任病故，有彭荩臣系宣慰的亲次男，见年一十四岁，与故兄彭良臣同母冉氏所生，应该承袭，别无违碍。乞比照永顺土舍彭宗舜事例，赐给冠带，抚管地方’等情。为照土官袭替，必经原籍该管衙门委官重复查勘。今彭荩臣不在随征之列，未经结勘，但伊父彭九霄见在统兵，本舍又称选带家丁三千名前往报效，似应俯从。”

呈详到院，为照彭荩臣本以章一，早著英风，自选家丁，随父报效，即其一念报国之诚，已有可嘉；况有查系应袭次男，近日报效家丁于浔州、平南诸处，又能奋勇破贼，斩获数多，则荩臣身虽不出户庭，而功已著于异省。除别行具题外，合就遵照钦奉敕谕内便宜事理，给与冠带。为此札仰官舍彭荩臣先行冠带，就彼望阙谢恩。抚管地方，仍须立志持身，正己律物；顾章服之在躬，思成人之有道；念传世之既远，期绍述于无穷；益竭忠贞，以图报称。先具冠带日期，依准缴报。仍径行本省镇巡衙门知会，毋得违错。

奖劳永保二司官舍土目牌 六月初十日

照得先因思、田等处土酋倡乱，复调永、保二司宣慰彭明辅、彭九霄各统领舍目，听调剿贼。后因各酋自缚投顺，班师回还。又该军门行委各官统领，乘便征剿浔州、牛肠、六寺，及平南、仙台、花相等山稔恶贼寇，遂能攻破坚巢，多有斩获。是皆各宣慰及伊官男平日素抱忠诚报国之心，故能身督各舍目人等，并心协力，奋勇效命，致有成功。今师旋有日，所据宴劳之礼，相应举行。但本院见征八寨瑶贼，未能亲至省城，大享军士，合就先行奖劳。为此牌仰本官，即便亲诣省城，公同布按二司、掌印等官，将军门发去礼物，照依后开数目，各用鼓乐送发宣慰彭明辅、彭九霄等收领，用见本院嘉奖宴劳之意。各宣慰官舍目兵人等，查照单开等项，逐一支出赏犒，就彼督发各兵回还休息。支过数目，开单查考，俱仍行镇巡衙门知会。

计开：

保靖宣慰司：

宣慰彭九霄：

盘盏一副十两。　　段二疋。

一两重金花一枝。　　一两重银花一枝。

席面银五十两。

官男彭荩臣：

银花二枝各一两。　段二疋。

席面银二十两。

永顺宣慰司：

宣慰彭明辅：

盘盏一副十两。　　段二疋。

一两重金花一枝。　　一两重银花一枝。

席面银五十两。

官男彭宗舜：

银花二枝各一两。　段二疋。

席面银二十两。

冠带把总头目每名三两重银牌一面。

领征管队冠带头目每名二两重银牌一面。

旗甲小头目洞老每名一两重银牌一面。

随征土兵每名银二钱。　　家丁银一钱。

病故头目每名银四两。

病故土兵每名银二两。

首级每颗银一两。　　贼首银三两。

生擒每名银二两。

调发武缘乡兵搜剿八寨残贼牌 六月十八日

先该本院进剿八寨，贼巢已破，但余党逃遁，尚须追捕。访得各处乡民素被前贼劫害，多有自愿出力杀贼报仇。及访得武缘县地方，婴墟等处乡兵，素称骁勇惯战，皆肯为民除害。已经牌差经历罗珍等前去起调，诚恐各官因循，姑未究治。看得通判陈志敬莅官日久，前项婴墟等处乡兵，曾经训缉，颇得其心，合委催督。为此牌仰本官速往婴墟等处，即将前项乡兵，量行选调，多或一千五百名，少或八九百名，各备锋利器械，仍督经历罗珍等分统前赴宾州，照名关支行粮等项，就彼相机搜剿前贼，仍听参将沈希仪调度节制，获有功次，一体重加旌赏。仍谕以当此农忙暑月，本院亦不忍动劳尔民，但欲为尔民除去地方之害，不得已而为此。尔等宜仰体此情，务要尽心效力，以报尔仇。是亦一劳永逸之事，先将调过名数并起程日期，随牌回报查考。

行右江道犒赏卢苏王受牌 七月初三日

看得思、田头目卢苏、王受等率领部下兵夫，征剿八寨，搜屯日久，劳苦实多，合行量加犒劳。为此牌仰右江道分巡官，即行宾州，起拨夫役人等，将见贮军饷粮米，照依后开数目，运赴三里地方，各目扎营去处，分给各兵，以见本院犒赏之意。开数缴报查考。

计开：

卢苏二百石。　　王受一百五十石。

给土目行粮牌 七月初八日

照得本院见在进兵征剿八寨瑶贼，而镇安头目岑瑜等率领目兵四百五十名前赴军门，自愿随军杀贼报效，意有可嘉。除量行犒赏外，仰分巡右江道官，将各目兵即行照名给与行粮一月，就发都指挥高崧哨内，听凭督调杀贼。获有功次，一体解验，以凭给赏施行。

批右江道移置凤化县南丹卫事宜呈 八月初十日

据副使翁素呈："议得南丹卫城垣，并凤化县城垣合用银两。"看得，该道议于八寨地方，移立南丹卫；三里地方，移设凤化县；俱各查访相应，人心乐从。其筑立城垣，起造公廨等项，料价工食，一应合用银两，既经该道守巡官公同计议停当。南丹卫该银三千六百四十五两，凤化县该银三千一百七十六两，其食米南丹卫一万石，凤化县八千石，每石价银三钱，共该银五千四百两。见今各处仓廒，贮有粮米，尚够支给。候缺米之日，照数给价；先各量支一半，收贮听用，南丹卫一千五百两，凤化县一千二百两，准议于南宁府库贮军饷银内支给。

该道各官仍要推选力量廉能官各一员，委同该卫指挥孙纲及该县掌印哨守官，亲至南宁府照数支出，三面秤对，匣收领，付宾州库寄贮。置立支销文簿，该道用印钤记，各付一本收执，每用银两，即同该州官开封动支，照数登记，务在实用，不得花费分毫，工完之日，开数缴报，通将各支销簿会合查考。

该道守巡官仍要不时亲诣调度督促，工程务在精致坚牢，永久无坏，当兹盗贼荡灭之余，况又秋冬天气，正可及时工作。各官务在上紧催督，昼夜鸠工，不日而成；一则可以速屯防守之官兵，二则可以不防来岁之农作。城完之日，本院自行旌保擢用，决不虚言。

各官视官事须如家事，刻刻尽心，仰称朝廷之官职，中副上司之委任；内以建自己之功劳，外以垂一方之事业；岂不事立身劳，功成名显，垂誉无穷者哉？若其因循玩愓，绩废事，非独自取败坏，抑且罪现难逃。仰该道备行各官查照施行，期务体勤勤嘱付之意，毋负毋负。此缴。

行左江道赈济牌 八月初十日

案照先因南宁府军民困苦骚扰二年有余，况天道干旱，青黄不接，已经行仰同知史立诚将停歇湖兵之家，量行赈给。然各色军民人等同被骚扰，均合行赈。为此牌仰本道官吏，会同分巡道，即行南宁府，备查府城内外大小人户，照依后开等第，就于军饷米内照数通行赈给。务使各沾实惠，毋容奸吏斗级人等作弊克减，有名无实。事完开报查考。

计开：

乡官、举人、监生之家，每家三石。

生员每家二石。

大小人户每家一石。贫难小官，通行查出，量分差等，呈来给赈。

批右江道议筑思恩府城垣呈 八月十五日

据副使翁素呈："估计起造思恩府城池等项，通用银八千五百七十七两零。"看得思恩府城垣，仰行知府桂鳌自行督工起筑，合用料价工食等项银两，准照议于南宁府军饷银内动支。就仰桂鳌公同该府掌印官，当堂秤明，匣锁领回，寄贮宾州库内，查明前批南丹卫事理，置立文簿支销。该道守巡官，仍要不时亲至地方料理催督，务要修筑坚固，工程早完。事毕，开报查考。缴。

奖劳剿贼各官牌 八月十九日

照得八寨积为民患，今克剿灭，罢兵息民，此实地方各官与远近百姓之所同幸。昨支库贮军饷银两，照依后开则例，买办彩币羊酒，分送各官，用见本院嘉劳之意。开报查考。

计开：

副总兵张祐。副使翁素。

各花二枝二两。段四疋十两。

羊四只二两。酒四埕一两。

参政沈良佐。佥事吴天挺。

副总兵李璋。参将张经、冯勋。

各花二枝二两。段二疋六两。

羊二只。酒二埕共二两。

知府桂鳌。同知陈志敬。林宽。推官冯衡。同上。

行福建漳州府取回岑邦佐牌

照得田州府土官岑猛稔恶不悛，构祸邻境。该前军门奏奉调兵征剿，并将伊妾子女岑邦相等及各目家属，解京给付功臣之家为奴。及将出继武靖州次男岑邦佐迁徙，已将岑邦佐及母妻人口家当，差委指挥周胤宗等解发福建漳州府安置为民，及将岑邦相等押发南雄府监候听解去后。续照本爵钦奉敕谕："特命尔提督两广及江西、湖广等处地方军务，星驰前去彼处，即查前项夷情，可抚则抚，当剿即剿，公同计议，应设土官流官，何者经久利便，奏闻区处，钦此。"钦遵。随据头目卢苏等率众自缚来降军门，仰体朝廷好生之德，俯顺其情，安插复业，及因其告乞怜悯岑猛原无反叛情罪，存其一脉等因。已该本爵议将该府四十八甲内，割八甲降立田州，立其子一人，以承其后云云。合将岑邦佐仍为武靖州知州，保障地方。而立邦相于田州，以安守其宗祀，庶为两得其宜，已经具题外。今照前项地方，抚处宁靖，所据各男，应合取回议处。为此牌仰福建漳州府官吏，即将发去安置为民岑邦佐并母妻人口家当，通取到官，照例起关，沿途给与脚力口粮，差委的当人员，押送军门，以凭面审施行。仍行本省镇巡衙门及布政司知会，俱毋违错。

批参将沈良佐经理军伍呈 八月二十四日

看得五屯系远年贼巢要害之处，而备御废驰若此，正宜及此平荡之余，经理修复。今该道各官公同议处，要将城垣展拓，建置守备等衙门，及将该所分调各处哨守旗军，尽数取回调用，广东协守官军发回原卫，缺伍僮军，清查足数，每年贴赆藤县甲首银一百两，通行除免，查编甲军，务足千名之数。议处悉当，除本院已经依议具奏外，仰该道各官照议施行。仍行总镇、总兵及镇巡等衙门知会，该府县、卫、所等官俱仰查照施行。缴。

告谕新民 八月

告谕各该地方十冬里老人等，今后各要守法安分，务以宁靖地方为心，不得乘机挟势，侵迫新旧投抚僮、瑶等人，因而胁取财物，报复旧仇，以至惊疑远近，阻抑向善之心。有违犯者，官府体访得出，或被人告发，定行拿赴军门，处以军法，决不轻恕。

批佥事吴天挺乞休呈 八月二十五日

据佥事吴天挺呈："乞要致仕。"看得本官识见练达，才行老成，且于左江一道，夷情土俗，熟谙久习。今地方又在紧急用人之际，本院方切倚任，况精力未衰，偶有疾患，不妨就医调理，岂得邃尔恳辞求归。近因征剿浔州诸处贼巢，冒暑督兵，备历艰阻，功劳茂著，不日朝廷必有施擢之典。仰本官且行安心管理该道印信，勉进药饵，暂辍归图，以慰上下之望，毋再固辞，有孤重委。此缴。

批苍梧道创建敷文书院呈 九月初六日

据佥事李杰呈："据梧州府并苍梧县学生员黎瓛、严肃等连名呈，欲于县之侧，照依南宁书院规制，鼎建书院一所。"看得崇正学以淑人心者，是固该道与有司各官作与人才之盛心，亦足以见该学师生之有志，举而行之，夫岂不可？但谓本院能讲明是学，而后人心兴起，则吾岂敢当哉？该学师生既称号房缺少，不足以为讲论游息之地，合准于旧书院之傍，开拓地基，增建学舍。该道仍为相度经理，合用银两，亦准于该府库内照数动支，务速成功，以底实效，毋徒浪费，以饰虚文。完日，缴报。

改委南丹卫监督指挥牌

先该本院分道进剿八寨，及于八寨周安堡，移设南丹卫以控制要害。查将迁江等所通贼指挥王禄等明正典刑，斩首示众，及将各该目兵通发烟瘴地方哨守。后因王禄等哀求免死，容令各领目兵杀贼赎罪。该道守巡兵备等官亦为恳请，遂遵照钦奉敕谕，便宜事理，容令报效赎罪。就委南丹卫指挥孙纲、监督王禄等各头土目兵夫人等，与同该卫所官军前去八寨周安堡，相兼屯扎搜剿，及将移设卫所，估算合用木石砖瓦匠作人夫工食等项，一面择日兴工，先筑土城，设立营房，以居民众。又委南宁府同知陈志敬支领官饷银两，前去协同督理，俱具奏行事外。今访得王禄等与孙纲旧连姻娅，而该卫各官又皆亲旧，拜恩恃爱，不听约束，所据违梗各官，俱合从重究治，姑且记罪，合行改委。

看得指挥李楠，年力富强，才识通敏，颇有操持，能行纪律。为此牌仰本官即便前去守备宾州及新改南丹卫地方，遵照本院钦奉敕谕，便宜事理，暂以都指挥体统行事，仍听副总兵及该道守巡兵备官节制。该卫各官及土官王禄等，敢有违犯约束者，当即治以军令。本官务要殚忠竭力，展布才猷，与同南宁府同知陈志敬上紧起筑城垣，相机抚剿余贼，务建奇功，以靖地方，以副委任，事完之日，奏功推用，决不相负。若玩愒日月，苟且因仍，事无成效，罪亦难逃。一应机宜，牌内该载不尽者，俱听从宜区处，就近于该道守巡等官处计议施行。事体重大者，一面申禀军门。本官合用廪给等项，听于宾州军饷银内支给。指挥孙纲仍照旧掌管卫印。通行总镇、总兵及镇巡衙门知会。

征藩公移上 凡二十九条

行吉安府收囤兑粮牌 正德十四年六月二十日

据赣县、兴国、永新等县县丞等官李富、雷鸣岳等呈称："各蒙差押粮里装运，正德十三年兑淮米到于吉安水次听候交兑，经今数月，未见粮船回还。况今省城变乱，被将各处兑米尽行搬用，恐被奸人乘机越来搬抢"等因，到院。为照所呈，系于兑淮钱粮，合行处置。为此抄案仰回府，即便处置空间仓廒，或宽敞寺观去处，令各粮里暂将运来兑淮粮米收囤，候官军回日，听其交兑，毋得迟误，致有他虞。仍行管粮官知会。

行吉安府禁止镇守贡献牌 六月二十日

据吉安府御千户所旗甲马思禀称："蒙所批差，领解镇守江西太监王发买葛布银三封，及本所出备葛布折银并贡礼银三千两，前赴本镇。今因途阻，不敢前去"等情。参照该所掌印官，既该镇守衙门发银买布，若势不容已，只合照价两平收买为当。乃敢不动原封，分外备办礼银馈送，若非设计巧取，必是科克旗军，事属违法，本当参拿究问。但今江西变乱，姑行从轻查理。为此牌仰吉安府，即查前项布价并贡献礼银，务见的确。如称各军名下粮银，就仰会同该所，唱名给散，取领备照。若是各官自行出备，合仰收入官库，听候军饷支用，毋得纵容侵收入已。及查报不实，未便。

行福建布政司调兵勤王

及照福建、浙江系江西邻省，今宁府逆谋既著，彼若北趋不遂，必将还取闽、浙，若不先行发兵，乘间捣虚，将来之噬脐何及。除行湖广、广东及行漳南道，即将见在上杭教场操练兵快，并取漳州铳手李栋等，责委谋勇官员统领，直抵本院住扎吉安府，随兵进剿外。仰抄案回司，会行都按二司转行各道，并行镇巡等衙门，各一体查照知会，选调兵马，选委忠勇胆略堂上官，督领各项交界地方，加谨防截，相机夹剿。仍知会浙江都、布、按三司一体遵照施行，俱毋违错。

预行南京各衙门勤王咨

为照前事，系天下非常之变，宗社安危之机，虽今备行江西吉安等府，及湖广、福建、广东等处，调集军兵，合势征剿外。但彼声言，欲遂顺流东下，窃据南都。看得长江天险，南北之限，留都根本，咽喉所关，虽以朝廷威德，人心效顺，逆谋断无有成。但其诡奸阴图，已非一日，兼闻潜伏奸细于京城，期为内应，万一预备无素，为彼所掩，震惊远迩，噬脐何及。为此合咨贵部，烦为通行在京及大小衙门，会谋集议，作急缮完城守。简练舟师，设伏沿江，以防不虞之袭；传檄傍郡，以张必讨之威；先发操江之兵，声义而西；约会湖湘，互为犄角。本职亦砥钝策驽，牵蹑其后，以义取暴，以直加曲，不过两月之间，断然一鼓可缚，惟高明速图之。

抚安百姓告示 六月二十二日

示仰远近城郭乡村军民人等，近日倡乱之徒，上逆天道，下失人心，本院驻军于此，已有定计，勤王之师，四面已集。仰各安居乐业，毋得惊疑，敢有擅自搬移，因而扇惑扰攘者，地方里甲人等绑赴军门，治以军法。其有忠义豪杰，能献计效力，愿从义师击反叛者，俱赴军门投见。

差官调发梅花等峒义兵牌 六月二十七日

近因省城遭变，戕害守臣，正人心思奋，忠议效用之时。访得永新县梅花峒及龙田、上乡、樟枧、关北诸处，人民精悍，见义能勇，拟合起调。为此今差千户高睿赍牌前去该县，著落知县柯相，即便起集梅花峒等乡精勇民兵，大约一千名，各备便用坚利器械，选差该乡义官良民部领，就委该县谋勇胆略官一员总领。其合用行粮或募役之费，就于本县在官钱粮查支，不分雨夜，兼程前进军门，听候调遣。此系紧急事理，毋比寻常贼情，敢有故违，定以军法从事。

行吉安府踏勘灾伤 七月初五日

照得本院驻兵吉安，节据庐陵等县人民告称：“自五月以来，天时亢旱，田禾枯死，衣食无所仰给，税粮难以措办，近蒙佥点民兵，保守把截，农业既妨，天时不利，人心惶惶，莫知所依”等因，到院。参照迩者省城反叛，煽动军民，各属调发官军，佥点民壮，保障城池，把绝要隘，围结保甲，随同征进，人皆为兵，不暇耕种，况兼三月不雨，四郊赤地，民之危急，莫甚于此。本院除具题外。为此仰抄案回府，著落掌印正官，即便亲临踏看灾伤，轻重分数，复查相同，取具乡都里老及官吏，不致扶同重甘结状，申报本院，火速径自差人具奏。本年各项钱粮，暂且停征，候命下之日，另行区处，毋得迁延坐视，重贻民患，取究不便。

行吉安府知会纪功御史牌 七月初八日

照得江西宁府据城谋叛云云。仰抄案回府，即便备行巡按两广监察谢御史、伍御史查照知会。凡军中一应事宜，悉要本官赞理区画，以匡本院之不逮。各哨官兵，俱听监督。获有功次，俱凭本院送发，本官验实纪录。官兵人等但有骚扰所过地方，及军前逗遛观望，畏避退缩者，就行照依本院钦奉敕谕事理，治以军法。抄案官吏，具行过日期，同依准申缴。

行知县刘守绪等袭剿坟厂牌 七月十三日

为照本院亲督诸军，刻期于本月二十日进攻南昌府省城，以破逆党巢穴。探得逆党行曾伏兵三千于老坟厂、新坟厂诸处，以为省城应援，若不先行密为扑剿，诚恐攻城之日，或从间道掩袭我师，未免亦为牵制。为此牌仰奉新县知县刘守绪，靖安县知县万士贤，各统精兵三千，密于西山地界约会刻期分哨设伏运奇，并力夹剿。各官务要详察险易，相度机宜，不得尔先我后，力散势分，致有疏失。仍一面差人爪探声息，飞报军门，擒斩功次，审验解院，转发纪录，照例具奏升赏。兵快人等敢有临阵退缩者，许照本院钦奉敕谕事理，就以军法从事。各官务竭忠贞，以勤国难，苟或观望逗遛，违误事机，军令具存，罪亦难逭。

督责知府伍文定等同心剿贼牌 七月二十五日

切照天下之事，成于同而败于异。本院选调吉安、赣州、临江、袁州等府、卫、所军民兵快，委各该文武等官知府伍文定、邢珣等统领，分立哨分，授以方略，令其并力进剿，互相策应。今访得各官各持己见，自为异同，累有事机可乘，坐视辄致违错，本当拿究，治以军法，但以用人之际，姑且容恕。及照逆贼归援声息已逼，虑恐各官仍蹈覆辙，临期或致偾事，拟合申饬通行。为此牌仰本官，即便督率原领军兵，在于见驻扎处所，务要遵依方略，与各哨领兵官同心而行，誓竭并力进死之志，毋为观望苟生之谋。敢有仍前人怀一心，互有异同，以致误事，定行罪坐所由，断依军法斩首，的不食言。先具不致异同重甘结状，并不违依准，随牌缴来。

行南昌府清查占夺民产 八月十六日

照得宁王自正德二年以来，图为不轨，诛求财货，强占田土池塘屋基，立表所至，敢怒而不敢言。税粮在户，而租利尽入王府；家眷在室，而房屋已属他人，流移困苦，无所赴诉。见今天厌其虐，自速灭亡，一应侵占等项，合行改正，以苏民困。为此案仰南昌府，即便清查宁王并内官校尉倚势强占，不问省城内外，查系黄册军民，该载税粮明白，即与清复管业，收租住坐，不许邻佑佃民仍前倚势争夺。其曾经奏请如阳春书院等处，虽有侵占，难以擅动，俟另行处治外，仍行官吏务要尽心清查，以副委用，毋得偏私执拗，致生弊端，通毋违错。

批江西按察司优恤孙许死事 八月二十五日

据按察司呈:"副使许逵家眷，日食久缺，并孙都御史未曾殡殓"等情。参看得各官被贼杀害，委可矜怜，合于本司库内各支银三十两，以礼殡殓，候装回日，盘费水手，另行呈夺。许副使家眷缺食，亦听支银五十两，给付应用。取具各该领状，并殡殓过由，同批呈缴。

行南昌府礼送孙公归榇牌 八月二十九日

照得江西巡抚都御史孙燧被宁贼杀害，续该本院统兵攻复省城，当给银两买棺装殓。间随据伊男孙庆带领家人前来扶柩还乡，所据护送人员，拟合行委。为此牌仰府官吏，即于见在府卫官内，定委一员，送至原籍浙江绍兴府余姚县河下交割，并行沿途经过军卫、有司、驿递、巡司等衙门，各拨人夫，程程护送。仍仰照例从厚佥拨长行水手，起关应付，人夫脚力，验口给与行粮，毋得稽迟，未便。

讨叛敕旨通行各属 九月初二日

节该钦奉圣旨敕："近该南京内外守备参赞等官，太监黄伟等先后奏报，江西宁王杀害巡抚等官，烧毁府县，肆行反逆等项事情，已下兵部会官议处停当，朕当亲率六师，奉天征讨。先差安边伯朱泰为前哨，统领各边官军前去南京，相机剿杀。太监张忠、左都督朱晖，统领各边官军前去江西，捣其巢穴。又命南和伯方寿祥及南直隶、江西、湖广各该镇巡等官，各照拟定要路，住扎把截。今特命尔照依该部会奏事理，会同镇守太监王宏，选调堪用官军民快，亲自督领，在于所属紧要地方，分布防御。仍委浙江布政司左布政闵楷，选募处州民快，定拟住扎地方，听候调用。军中事务，俱要互相传报，彼此通知，一遇有警，勿误策应，或就会合各路人马，设法剿捕。仍出给榜文告示，遍发江西及各该地方张挂晓谕：但有能聚集义兵，擒杀反逆贼犯者，量其功绩大小，封拜侯伯，及升授都指挥指挥千百户等官世袭。贼伙内有能自相擒斩首官者，与免本罪，仍量加恩典。不许乘机挟仇，妄杀平人。一应军中事宜，敕内该载未尽者，俱听尔随宜区处。尔为风宪大臣，受兹重托，宜罄竭忠诚，扫除叛贼，尤要详审慎重，计出万全，务俾地方宁靖，军民安堵，以纾朕南顾之忧，庶称委任，钦此。”钦遵，拟合就行，为此仰都、布、按三司照依案验备奉敕内事理，通行所属，一体钦遵施行。

咨南京兵部议处献俘船只 九月初二日

照得属者宁王宸濠杀害守臣，举兵谋逆，云云。拟于九月十一日亲自督解赴阙，但应赴解人犯，并护解官兵数多，本地驿递残破，红站座船，俱被虏毁无存，议雇民船，自浙取道而北，须烦兵部于南京济州、江淮二卫马快船内，各拨十只，中途接载，庶克有济。为此移咨，特差千户林节、主簿于旺前去，烦请选拨马快船二十只，点齐撑驾人役，差委的当官员，与差去官预先押至镇江河下，候本职到彼，替换装载而行，实为两便。谅宁藩之叛逆，固天下臣民之所共愤，则今日之献俘于京，以彰天讨，必亦忠臣义士之所共欲，当不吝于烦劳也。仍希先示之。

行江西三司清查被劫府库起运钱粮 九月初四日

照得本年六月十四日宁王谋反，尽将江西都、布、按三司及附郭南昌等府、县库，盘检去讫。中间多系各府、州、县解到起运等项钱粮，未经转解，若不严加查考，恐滋侵欺。为此仰抄案回司，即便吊取原行卷簿到官，责令该库官攒并经手人役，从公清查，要见某项原收某府、州、县，解到某色起运钱粮若干；某项原系贮库纸米赃罚，金银器物等件各若干，宁王盘检若干，中间有无官吏库役人等，乘机侵骗情弊，即今见在若干；务要通行查明，备造印信手本，火速缴报，以凭查考施行。仍行南昌等府、州、县一体遵照，将起解赴库钱粮查报，俱毋违错。

行江西布按二司看守宁府库藏 九月十一日

照得宁府库藏，已经本院督同戴罪三司官员并各府知府公同封识完固，合就委官监督看守。为此仰抄案回司，即行该司掌印官，督同南昌府同知何继周，及南、新二县掌印官，定委老成晓事官二员，分领佥定大户人等，每夜上宿看守东西二库；仍令兵快把守宁府南东西三门，昼夜巡逻，不许移动一草一砖。二司掌印并该道分巡官，不时巡视闸点，毋得视常虚应故事，倘致疏失，责有所归。

委按察使伍文定纪验残孽 九月二十日

照得节该钦奉敕谕："但有生擒盗贼，鞫审明白，亦听就行斩首示众。贼级行令，各该兵备守巡官，即时纪验明白，备行江西按察司，造册奏缴，查照事例，升赏激劝，钦此。"钦遵。为照宁王谋反，随本院调兵，已将宁王俘执，谋党李士实、刘养正、王春等，并贼首凌十一、闵念四等，亦就擒获。即今见该本院不日亲自督解赴阙，式昭圣武，及幻功御史谢源、伍希儒亦各赴京复命。所有各哨官兵，尚在搜剿残孽，惟恐解报前来，不无缺官纪录。为此仰抄案回司，即行新任按察使伍文定，如遇各哨官兵解到叛贼并赃仗等项，务要从实审验。应处决者，照依本院敕谕事理，就行斩首，贼级枭挂，明白纪录，备造印钤文册，差人径自奏缴。仍造清册一本，缴报本院查考，毋得违错，不便。

委知府伍文定邢珣防守省城牌 九月十二日

照得江西大乱剿平，地方幸已稍靖。但巡抚官员被杀，巡按及三司府、州、县、卫、所等官，俱各戴罪听参，本院即今又督官兵押解宁王并其党与赴京。省城居民久遭荼苦，疮痍未起，惊疑未息，虽经抚谕，诚恐本院去后或有意外之虞，拟合委官留兵防守。为此牌仰领兵知府伍文定、邢珣等，即便照依后开班次，轮流各行量带官兵，昼夜固守城池，保障地方，抚安居民，禁革骚扰。候抚按官员及三司等官到任事定之日，方许回还，照旧管事。毋得违错。

计开：

一班知府伍文定、邢珣。二班徐琏、戴德孺。

三班曾玙。四班周朝佐、林城。

行江西布按二司厘革抚绥条件 九月十二日

照得江西未乱之前，民伪颇滋，吏政多弊，抚治之责，已号烦难。况大乱之后，钱粮有侵克之费，军伍有缺乏之虞；奸恶伪兴，灾旱荐作；法度申明之未至，官吏怠玩之或生。本院讨贼平乱，功虽告成；厘革抚绥，力尚未遍；若不条析处分，深为未便。为此仰抄案回司，照依案验内事理，逐一遵照施行。务使事各举行，民沾实惠，毋得虚应故事，取罪不便。

计开：

一，省城大乱，固已剿平，地方守备，难便废驰。除南、新二县机兵令分巡该道分拨守门外，仰布、按二司常印官，会同于所属邻近府州，酌量原编机兵多寡，量取辏二千名，各委相应人员，带领来省操练，以备不虞。仍行南昌道分巡官较视点闸。其各兵口粮，就令各该县分动支预备仓米谷，计日分给，候事完之日停止。

一，十四年起运兑淮，间有被贼虏掠。其未兑及未到水次并偏僻去处未经贼掠者尚多，诚恐官吏粮里人等，乘机隐匿，捏故侵欺。合先行查，仰布、按二司掌印官，即行各该府、州、县，将已兑粮数通查，要见见在若干，果被贼虏若干，取具重甘结状。造册缴报，以凭议处。其见在粮米，就于所在地方暂且囤贮看守。如有未兑捏作已兑，不曾被贼捏作贼劫者，照例问发充军，官吏坐拟赃罪，不恕。

一，南昌、九江、南康三府被贼残害，尤宜矜恤。仰布按二司掌印官，作急查勘，呈来，以凭议处。

一，南昌左卫旗军多因从逆擒斩，以致缺伍。仰布、按二司官即便出给告示，许令在逃旗军并余丁投首，黑依榜例，免其罪名，著令顶补军役，暂委官员管领，以备操守。

一，建昌、安义二县贼首虽已擒获，遗漏余党尚多，今既奉有牓例，合与更新。仰布、按二司转行该县出给告示，许各自新，痛改前恶，即为良民，有司照常抚恤，团保粮里，不得挟私陷害。如有不悛，仍旧为非者，擒捕施行。

一，宁王庄田基屋湖地，并宁府官员人役，及投入用事从逆等项人犯田产，例应籍没，合先查理。除将内官黄瑞基屋改作东湖书院，以便学者讲习外，其余仰布按二司掌印官，会同南昌道分巡官行委的当官员，逐一清查，如田庄要见坐落地名何处，田亩若干，山场树木若干，湖地广阔若干，房屋几间。今年见在花利，即便收贮所在地方，责人看守，通造手册缴报。其有原系占夺民间物业，相应给还，及估价发卖仍佃者，俱候查明之日，从容呈议审处。敢有隐匿，及指以原业捏称借贷，辄行据占者，先行拿问，不恕。

一，省城各衙门并公廨，有残圮应合修理者，仰布、按二司掌印官会同该道官，参酌缓急，行令府县，移拆无用房屋，量加修旦，毋得虚费财物。

一，省城湖地，仰布、按二司行南昌府县：其城濠，行都司，各委人看守。鱼利公同变收入官，以备公用，不许私取及致人偷盗。

一，今年乡试，因乱废格，除应否补试，另行议奏外，其未乱之前，已经举行未毕事件，合先查究。仰布政司将原发修理贡院席舍，并发买物料等项银两若干，委何人管，即今已修完，并已买到物料若干，见存银两若干，查明造报，毋得因循，致令吏胥乘机隐匿作弊。其已买物料，有不堪贮者，姑令变价还官，以俟再买。以后未举事件，有应合预处者，会同按察司并该道官，一面议处施行。按察司仍行提学官，转行所属知悉。

行江西按察司知会逆党宫眷姓名

仰抄案回司，着落当该官吏，即便查照施行。仍呈钦差提督军务御马监太监张，钦差提督军务充总兵官安边伯朱知会，俱毋违错。

计开：宁王郡王将军世子共十六名。

见在十四名：宸濠　拱㮵　觐𨰹　拱栟　宸湋　宸瀛　觐櫟　宸汲　宸汤　宸浐　宸沨　宸澜　大世子一哥

已故二名：拱樤　二世子二哥

谋党重犯六十七名：

见在五十九名：刘吉　涂钦　乐平　黄瑞　傅明　陈贤　尹秀　梁伟　沈鏊　熊绶　周瑞　吴松　张嵩　李蕃　于全　秦荣　萧奇　徐辂　贺俊　李琳　丁贵　王储　甘桂　王琪　杨升　张隆　刘勋　葛江　杨允　徐锐　丁纲　夏振　唐玉　何受　朱煜　冯旻　周勇　周鼎　于琦　张凤　袁贵　闻凤　顾正　顾雄　徐纪　倪六　王凤　唐全　闵念八　李世英　徐淦凤　张宣　闵念四　凌十一　万贤一　朱会介　万贤二　熊十四　熊十七

已故八名：万锐　陆程　刘养正　余祥　甘楷　王信　卢铺　刘子达

宫眷四十三口：赵氏　万氏　钟氏　徐氏　宣氏　张氏　张氏　陆氏　蒋氏　陆氏　赵氏　王氏　王氏　李氏　朱氏　郑氏　陈氏　徐氏　刘氏　何氏　张氏　祥瑞　王氏　锦英　王氏　徐氏　周氏　周氏　桂祥　陈氏　春受　刘氏　顾氏　陈氏　婆氏　王氏　艾儿　碧云　刘氏　串香　异兰　爱莲　彭氏

小火者二口：乐秋　乐萱

马八区。金册十二副，计二十四叶。

行江西按察司编审九姓渔户牌 九月二十四日

为照贼首吴十三、凌十一、闵念四、念八等俱已擒获，党类亦多诛剿。虽有胁从之徒，皆非得已，节该本院备奉钦降黄榜，通行给发晓谕，许其自首，改过自新，安插讫。数内杨子桥等九姓渔户，又该知县王轼引赴军门投首，审各执称被胁，情有可矜，当该本院量行责治，仍发本官带回安抚外。今访得前项渔户，尚有隐匿未报及已报在官而乘势为非者；况查沿江湖港等处，亦有渔户，以打鱼为由，因而劫杀人财；虽尝缉捕禁约，而官吏因循，禁防废弛，合就通行查处。为此仰抄案回司，即便选委能干官员，会同安义等县掌印、捕盗等官，拘集杨子桥等九姓渔户到官，从公查审，要见户计若干，丁计若干，已报在官若干，未报在官若干，各驾大小渔船若干，原在某处地方打鱼生理，著定年貌籍贯，编成牌甲，每十名为一牌，内佥众所畏服一名为小甲；地方多寡，每五牌或六牌为一甲，内佥众所信服一名为总甲，责令不时管束戒谕。仍于原驾船梢，粉饰方尺，官为开写姓名、年甲、籍贯、住址，及注定打鱼所在，用铁打字号，火烙印记，开造印信手册在官，每月朔望各具不致为非结状，亲自赴县投递，用凭稽考点闸。中间如有隐匿不报者，俱许投首免罪，亦就照前行。若有已报在官，仍前乘机为非，抗顽不行到官，就仰从长计议，应抚应捕，遵照本院钦奉敕谕随宜处置事理，径自施行。今后但有上户官民客商人等被害，就于本处追究，务在得获，明正典刑。仍即通行南昌等一十三府及各州、县一体查处，编立牌甲，严加禁约施行，造册缴报查考。如或故违，定将首领官吏拿问，决不轻贷。

献俘揭贴 九月二十六日

准钦差提督赞画机密军务御用监太监张揭帖开称，今照圣驾亲率六师，奉天征讨，已临山东、南直隶境界，所据前项人犯，宜合比常加谨防守调摄，待候驾临江西省下之日，查勘起谋根由明白，应否起解斩首枭挂等项，就彼处分定夺。若不再行移文知会，诚恐地方官员不知事理，不行奏请明旨，挪移他处，或擅自起解，致使临难对证，有误事机，难以悔罪等因，准此。卷查先为飞报地方谋反重情事云云。本职已将宁王并逆党，亲自量带官兵，径从水路，照依原拟日期，启行解赴京师，已至广信地方外。今又准前因，及该差官留本职并宁王及各党类回省。为照前项人犯，先监按察司责委官员人等，昼夜严加关防；有病随即拨医调治，数内谋党李士实、王春、刘养正等，已多医治不痊，俱各身故。随差官吏仵作人等前去相验，责付浅殡，拨人看守。其宁王及谋党刘吉等，俱系恶焰久张之人，设若淹禁不行解报，纵有官兵加谨防守，恐或扇诱别生他奸。今若留回省城，中途疏虞，尤为可虑。兼且人犯多生疟痢，沿途亦即拨医调治。又有数内，镇国将军拱槭并世子二哥，各行身故；又经差官相明，买棺装殓，责仰贵溪县拨人看守。其余尚未痊可，若更往返跋涉，未免各犯性命愈加狼狈，相继死亡，终无解京人犯，抑恐惊摇远近，变起不测。本职亲解宁王，先已奏闻朝廷，定有起程日期，岂敢久滞因循，不即解献，违慢疏虞，罪将焉逭？及照库藏册籍等项，示准揭帖之先，已会多官封贮在库，待命定夺。况新任按察使伍文定，及戴罪三司官、领兵知府等官，俱各见在，封识明白，别无可疑。除将宁王宸濠等，各另差官分押。宫眷妇女，行各将军府取有内使管伴，俱照旧亲自解京外，所有库藏等项，奉有明旨，自应查盘起解，就请公同三司并各府等官，眼同径自区处，为此合用揭帖前去，烦请查照施行。

行袁州等府查处军中备用钱粮牌 十月初六日

据吉安府申："奉本院钧牌，查得本府在库止有赃罚纸米银一万五千四百三十一两零，其各县寄库银四万六千一百五十九两零，俱系转解之数，似难支动。见今动调各处军快人等数多，诚恐支用不敷，及查庐陵等九县贮库钱粮，亦多称乏，合行邻近府分帮助支用"缘由到院。为照江西宁府变乱，虽经本院起调广东、福建二省汉土狼达官军，江西南、赣等处兵快，计有二十余万，合用粮饷大约且计三四月之费。今该府所申，堪支纸米等银止有一万五千四百有零，其余俱系解京之数，就便从权支用，亦有未敷，必须于各府、县见贮钱粮数内查支接济，庶不误事，拟合通行。为此牌仰本府，即将收贮在库不拘何项钱粮，作急通行查出，三分为率，内将二分称封明白，就委相应官员，不分雨夜，领解军门，以凭接支应用。此系征讨叛逆军机重务，毋得稽迟时刻，定以军法论处，决不轻贷。

行江西布按二司清查军前取用钱粮

案照先因宁王变乱，该本部备行南、赣等府，起调各项军兵追剿，合作粮饷等项，就仰听将在官钱粮支给间。随据吉安府申称，动调兵快数万，本府钱粮数少，乞为急处等情。已经通行各府，速将见贮不拘何项钱粮，以三分为率，内将二分解赴军前接济外。

续看前项事情，系国家大难，存亡所关，诚恐兵力不敷。又牌行各该官司，即选父子乡兵，在官操练，听将官钱支作口粮，候本院另有明文一至，启行去后。

今照前项首恶并其谋党，俱已擒斩，原调各处军兵，久已散归，所据用过粮饷等项，合行查造。为此仰抄案回司，即查各府、州、县自用兵日起，至掣兵日止，要见某项钱粮，差何人役解赴军前，应用若干，有无获奉批回在卷；又将某项钱粮，差何人役解赴某官处，支给官兵口粮等项若干，自某月日期起，至某月日止，各支若干；或系那借，惟复措置之数，务要清查明白，类造文册，星驰差人送院查考。中间如有官吏人等通同作弊，重支冒领；或以少作多，侵欺捏报者，就便拿问，照例发遣，毋得违错。

防制省城奸恶牌 十二月十一日

照得江西省城，近遭宁王之变，巡逻无官，非但军门凋弊，禁防疏阔；兼又军马充斥街巷，难辨真伪；有等无籍小民，因而售奸为恶，恐致日久酿成大患，必须预防早戒，庶使地方有赖。

查得江西都司都指挥马骥素有干材，军民畏服，合就行委。为此牌仰抄案回司，即行本官，不妨原任，严督府、卫、所、县军民兵快，并地方总小甲人等，于省城内外昼夜巡逻。固守城池，保障地方，洁静街道，禁缉喧争。但有盗贼，即便设法擒捕 务在得获解官 问招呈详，不许妄拿平人，攀诬无干良善，及纵令积年刁徒，吓诈财物扰害无辜。仍要严加省谕远近乡村居民，各安生理，毋得非为，及容隐面生可疑之人在家，通诱贼情，坐地分赃。敢有故违，仰即拿赴军门，治以军法。承委官员，务在地方为事，用心管要，以称委用，不得因循怠忽，取究未便。

行江西按察司查禁因公科索民财 十二月十一日

照得圣驾南征，所有供应军马粮草并合用器皿等项，已该江西布、按二司分派各府、州、县支给在库官钱，均派经过府、县应用。近访得各该官吏，多有不遵法度，或将官库钱粮，通同侵欺入已，乘机科派民间出办；或取金银器皿银两，或要牛马猪羊等物，辄差多人下乡，狐假虎威，扰害殆遍。中间积年刁徒，又行百般需索，稍有不遂，辄称殴打抗拒，耸信官府，添人捉拿，加以刑辱，重行追索。若不查禁处置，深为民患。为此仰抄案回司，即便会同布政司掌印官，速行计处，先将各应支银两，查解应用；若有不足，就将在库不拘何项银两，给支接济。俱要造册开报，以凭查考，事毕之日，再行议处，作正支销，或设法追补。其各府、州、县科取民间财物，即行查究禁革，未到官者，毋再追并；已在官者，照数给还。中间敢有隐瞒纤毫不发，体访得出，或被人首告，定行拿问赃罪，决不轻贷。仍先出给告示，发仰所属张挂晓谕，务使知悉，俱毋违错。

禁省词论告谕 十二月十七日

近据南昌等府、州、县人等诉告各项情词到院，看得中间多系户婚田土等事，虽有一二地方重情，又多繁琐牵扯，不干己事，在状除情可矜疑者，亦量轻重准理，其余不行外。为照江西地方，近因宁王变乱，比来官军见省城空虚，况闻圣驾将临，有司官员，俱各公占委用，分理不暇；远近居民，又有差役答应，奔走无休；本院志在抚安地方，休息军民，当此多事之时，岂暇受理词讼？必待地方宁靖，兵众既还，官府稍暇，方从容听断。为此合行出给告示，晓谕各府、州、县军民人等，暂且各回生理，保尔家室，毋轻忿争，一应小事，各宜含忍。不得辄兴词讼，不思一朝之忿，锱铢之利，遂致丧身亡家；始谋不臧，后悔何及。中间果有赃官酷吏，豪奸巨贼，虐众殃民，患害激切者，务要简切直言，字多不过一二行，陈告亦须自下而上，毋致蓦越。其余一切事情，俱候地方宁谧，官军班还之日，各赴该管官司告理。若剖断不公，或有亏枉，方许申诉。敢有故违，仍前告扰者，定行痛责，仍照例枷号问发，决不轻贷。

再禁词讼告谕 十二月

照得本院屡出告示，晓谕军民人等，令其含忍宁耐，止息争讼。而军民人等全不体息，纷纷告扰不已。及看所告情词，多系小事忿争，全是繁文牵扯，细字叠书，殊可厌恶。当此多事，日不暇给，词状动以千百，徒费精神，何由遍览。除已前情词，俱已不行外。为此再行晓谕，敢有仍前不遵告谕，故违告扰者，定行照例枷号，从重问发，的不虚示。

计开：

一、本院系风宪大臣，职当秉持大体，正肃百僚，非琐屑听理词讼之官。今后军民人等，一应户婚、田土、门争、债负、钱粮、差役等事，俱要自下而上，府、州、县问断不公，方许告守巡按察衙门。守巡按察问断不公，方许赴本院陈告。敢有越诉渎冒宪体者，痛责。

征藩公移下 凡二十七条

开报征藩功次赃仗咨 正德十五年三月初四日

准钦差整理兵马粮草等项兵部左侍郎兼都察院左佥都御史王咨内开:“烦为查照，将征剿防守有功官军人等，俱照功次，分别明白，造册咨送，以凭查议”等因。

卷查先为飞报地方谋叛重情事，本职奉命前往福建公干，中途遭遇宁府反叛，谋危宗祀，系国家大难，义不容舍之而往。当即保吉安，随具本奏闻，及星夜行文各府，起调兵快，召募四方报效义勇。适遇巡按两广御史谢源、伍希儒回京复命，又行具本奏留军前，协谋行事，各哨官兵，俱听监督，获有功次，俱凭本职送发各官审验纪录去后。续督官兵，前后攻复省城，俘执宸濠，并其党与剧贼起解间，随准南京兵部咨开称前事云云。

照得江西逆贼，既已擒获。逆党已经剪平，所获功次，合行纪验。除原差科道官前来外，烦将征剿逆贼官军民兵，召募义勇，及乡官人等所获功次，分别奇功、头功、次功，造册覆验等因，案经备行江西按察司查照施行去后。

今准前因，看得征剿宸濠之时，止是分布哨道，设伏运谋，以攻城破敌为重，擒斩贼徒为轻；且攻城破敌，虽系本职督领各哨官兵协谋并力，缘任非一人，事非一日，各官俱系同功一体，难以分别等第。其擒斩贼徒，虽有等级，自有下手兵夫，难以加于各官之上。止将各哨擒斩贼犯送发御史谢源、伍希儒审验明白，从实直纪；

缘各官不曾奉有纪功之命，但照本职钦奉敕谕便宜事理，从权审验纪录，难以分别奇功、头功、次功等项名目。止于造册内开写某人擒斩某贼首、某贼从；重轻多寡，据实造册，中间等第，亦自可见。除行各官再行查照造册径缴外，所据擒获功次总数，及官军兵快报效人等员名数目，合行开造咨报施行。

计开：

一、提督领兵官一员：

钦差提督南、赣、汀、漳等处军务都察院右副都御史王。

一、协谋讨贼审验功次官二员：

钦差巡按两广监察御史谢源、伍希儒。

一、领哨官十员：

冲锋破敌：

吉安府知府伍文定、赣州府知府邢珣、袁州府知府徐琏、临江府知府戴德孺。

邀伏截杀：

赣州卫署都指挥佥事余恩、抚州府知府陈槐、建昌府知府曾玙、饶州府知府林瑊、广信府知府周朝佐、瑞州府通判胡尧元。

一、分哨官十一员：

邀伏截杀：

吉安府泰和县知县李楫、临江府新淦县知县李美、吉安府万安县知县王冕、南康府安义县知县王轼、瑞州府通判童琦。

守把截杀：

吉安府通判谈储、吉安府推官王昕、南昌府进贤县知县刘源清、南昌府奉新县知县刘守绪、南昌府推官徐文英、抚州府临川县知县传南乔。

一、随哨官四十六员：

邀伏截杀：

吉安府通判杨昉、吉安守御千户所指挥同知麻玺、赣州府同知夏克义、赣州卫指挥佥事孟俊、永新守御千户所指挥同知高睿、南昌府通判陈旦、南昌府丰城县知县顾佖、袁州府推官陈辂、南昌府宁州知州汪宪、饶州府余干县知县马津、瑞州府上高县知县张淮、瑞州府高安县知县应恩、吉安府永新县知县柯相、南昌府建昌县知县方泽、南昌府靖安县知县万士贤。

守把截杀：

广信府沿山县知县杜民表、广信府永丰县知县谭缙、瑞州府同知杨臣、瑞州府新昌县知县王廷、饶州府安仁县知县杨材、广信府通判俞良贵、广信府通判安节、广信府推官严铠、临江府同知奚钺、临江府通判张郁、广信府同知桂鏊、瑞州府推官金鼎、赣州府赣县知县宋瑢、赣州卫正千户刘镗、赣州卫正千户杨基、广信守御千户所千户秦逊、永新县孺学训导艾圭、瑞州府高安县县丞卢孔光、饶州府余干县县丞梅霖、南昌府靖安县县丞彭龄、吉安府万安县县丞李通、南昌府武宁县县丞张翱、赣州府兴国县主簿于旺、瑞州府高安县主簿胡鉴、饶州府余干县龙津驿驿丞孙天裕、南昌府南昌县市义驿驿丞陈文瑞、吉安府吉水县致仕县丞龙光、赣州府赣县选官雷济、南昌府丰城县省察官文栋材、赣州府赣县义官萧庚、南安府上犹县义官尹志爵。

一、协谋讨贼乡官十二员：

致仕都御史王懋中、养病痊可编修邹守益、丁忧御史张鳌山、养病郎中曾直、养病评事罗侨、调用佥事刘蓝，致仕按察使刘逊、致仕参政黄绣、闲住知府刘昭、依亲进士郭持平、参谋驿丞王思、参谋驿丞李中。

一、戴罪杀贼官一十七员：

九江兵备副使曹雷、九江府知府汪颖、九江府德化县知县何士凤、九江府彭泽县知县潘琨。九江府湖口县知县章玄梅、南康府知府陈霖、南康府同知张禄、南康府通判蔡让、南康府通判俞椿、南康府推官王诩、南康府星子县主簿杨永禄、南康府星子县典史叶昌、南昌府知府郑瓛、南昌府同知何继周、南昌府通判张元澄、南昌府南昌县知县陈大道、南昌府新建县知县郑公奇。

一、提调各哨官军兵快人等，除分布把守外，临阵共一万四千二百四十三员名。

一、擒斩首从贼人贼级，并俘获官人贼属，夺回被胁被虏，招抚畏服官民男妇等项，共一万一千五百九十六名颗口；生擒六千二百七十九名：首贼一百零四名，从贼六千一百七十五名，内审放一千一百九十二名；斩获贼级四千四百五十九颗；俘获宫人四十三名，贼属男妇二百三十八名口；夺回被胁被虏官民人等三百八十四员名口；招抚畏服投首一百九十三位名。

一、夺获诰命、符验，并各衙门印信关防，金银赃仗等物：

诰命一道，符验一道，印信关防一百零六颗，金并首饰六百二十三两一钱二分，银首饰、器皿八万三千八百九十七两一钱五分八厘五毫，赃仗一千八百九十件，器械一千一百九十九件，牛三十头，马一百零八匹，驴骡一十三头，鹿三只。

一、追获金玺二颗，金册二付。

一、烧毁贼船七百四十六只。

一、阵亡兵六十八名。

进缴征藩钧帖 四月十七日

卷查先奉钦差总督军务威武大将军总兵官后军都督府太师镇国公朱钧贴：“节该钦奉制谕：‘江西宸濠悖逆天道，谋为不轨，欲图社稷，得罪祖宗。兹特命尔统率六师，往正其罪，殄除叛逆，以安地方。其随军内外提督及各处镇巡等官，悉听节制。钦此。’钦遵，合行钧帖，仰提督南、赣、汀、漳兼巡抚江西等处右副都御史王守仁，照依制谕内事理，即便转行所属司、府、卫、所、州、县、驿递衙门，一体钦遵施行”等因，已经依奉备行各属钦遵，及具不违依准，备由呈缴去后。

本职遵奉总督军门节制方略，领部下官军，克复南昌府城，擒获叛党宜春王拱樤，及将军仪宾，从逆守城人等一千有余。随于鄱阳湖等处连日大战，擒获叛首宁王宸濠，并其谋主李士实、刘养正、王春等，大贼首吴十三、凌十一等，及其党与胁从人等共一万一千有奇。除将擒斩缘由先后具奏外，窃照宸濠谋危宗社，阴蓄异图，十有余年；及其称兵倡乱，远近忧危，海内震动。仰赖总督军门，统领六师，奉天征讨，督率内外提督等官，及运谋设策分布，前来南京、江西等处，相继进剿，故旬月之间，扫平逆党，奠安宗社。此皆总督军门神武英略，奇谋妙算，一振不杀之威，遂收平定之绩；而内外提督等官，协谋赞成，并力效命之所致也。职等仰仗德威，遵奉方略，不过奔走驱逐，少效犬马之劳而已，何功之有？所有原奉钧贴，今已事完，理合进缴。除部下获功官兵人等，备行纪功官径自查审缴报外，缘系十分紧急军情，及奏缴钧贴事理，合行具由呈乞施行。

行江西三司搜剿鄱阳余贼牌 五月十一日

照得江西鄱阳湖等处盗贼，节行告示晓谕，各安生理，而稔恶不悛者尚多；又有应捕人等，相率同盗；或名虽投首，实阴怀反侧。近因本院住扎省城月余，节据官民赴告，盗贼纵横，随行巡捕等官，上紧缉捕，未见以时获报。各官平素怠玩，本当参拿究治，姑且记罪。另行所据前贼，若不速剿，未免酿成大患。为此仰抄案回司，即便备行督捕都指挥佥事冯勋，分守该道，分巡该道，密切赍文，分投近湖各府县该司等衙门著落掌印捕盗等官，各选骁勇机快人等，各备锋利刀、枪、弓箭、火铳等项，雇惯经风浪船只，及能谙水势水撑驾；查将在库官钱给作口粮；选委胆略官员管领，俱听都指挥佥事冯勋总统约束；分布哨道，多差知因人役，探贼向往，就便刻期剿杀。务限一月之内尽获，无留芽孽遗患。若违限不获，先将各官住俸杀贼，若怠玩两月之外，通行解赴军门，治以军法。其兵快人等若有违限逗遛，畏缩误事者，就仰总统官于军前查照本院钦奉敕谕事理，量以军法罚治。仍要戒约应捕，不许妄拿平人，及容贼妄攀，吓诈财物，并卖放真盗，滥及无辜。敢有故违，一体治以军法。承委各官，务要慎重行事，不得轻率寡谋，中贼奸计，所获功次，俱仰解赴该道，从实纪录造报，以凭查考功罪，轻重罚赏，如违节制，国典具存，罪不轻贷。其军中未尽机宜，该道径自处置施行。仍一面先督所属府县，查照本院先颁十家牌式，上紧编举，以为弭盗安民之本，俱毋违错。

追剿入湖贼党牌 十五年

据南康府通判林宽呈称："后港逆犯杨本荣等百十余人，据船逃入鄱阳湖等处，乞行南昌、饶州等府县，及沿湖巡司居民人等截捕。"看得贼既入湖，良善已分，正可乘机合兵捕剿。为此牌仰守巡南昌道，即行点选戎勇军快六七百名，各执备锋利器械，给与口粮一月，就行督捕都指挥佥事冯勋统领，星夜蹑贼向往，用心缉捕，获功人役，一体重赏。如有违令退缩者，遵照钦奉敕谕事理，听以军法从事。本官务要贻患地方，军法具存，罪亦难逭。

行岭北道清查赣州钱粮牌 十月二十三日

照得本院及岭北守巡该道并赣州府卫、所、县问完批申呈词，囚犯、纸米、工价、赃罚等项，及官厂日逐收到商税银两，俱经该官府追收贮库，以备军饷。年久未经清查，该府官吏更换不常，中间恐有那移、侵渔、隐漏等情。为此仰抄案回道，即便亲诣赣州府库，督同该府官，先将正德十二年二月起至正德十五年九月终止，各项纸米、工价、赃罚、商税等项银两卷簿，逐一清查盘理。要见军前用过若干，即今见在若干，有无侵渔、隐漏若干，及有衣物等项，年久朽坏，相应变贸若干，备查开册，缴报本院查考。如有奸弊，就便拿究追问，具招呈详，毋得故纵，未便。

申行十家牌法

凡立十家牌，专为止息盗贼；若使每甲各自纠察，甲内之人，不得容留贼盗；右甲如此，左甲复如此，城郭乡村无不如此；以至此县如此，彼县复如此，远近州县无不如此；则盗贼亦何自而生？

夫以一甲之人，而各自纠察十家之内，为力甚易。使一甲而容一贼，十甲即容十贼，百甲即容百贼，千甲即容千贼矣。聚贼至于千百，虽起一县之兵而剿除之，为力固已甚难。今有司往往不严十家之法，及至盗贼充斥，却乃兴师动众，欲于某处屯兵，某处截捕，不治其本，而治其末，不为其易，而为其难，皆由平日怠忽因循，未尝思念及此也。自今务令各甲各自纠举，甲内但有平日习为盗贼者，即行捕送官司，明正典刑；其或过恶未稔，尚可教戒者，照依牌谕，报名在官，令其改化自新，官府时加点名省谕，又逐日督令各家，输流沿门晓谕觉察，如此，则奸伪无所容，而盗贼自可息矣。

大抵法立弊生，必须人存政举，若十家牌式，徒尔编置张挂；督劝考较之法，虽或暂行，终归废弛。仰各该县官，务于坊里乡都之内，推选年高有德，众所信服之人，或三四十人，或一二十人，厚其礼貌，特示优崇，使之分投巡访劝谕，深山穷谷必至，教其不能，督其不率，面命耳提，多方化导。或素习顽梗之区，亦可间行乡约，进见之时，咨询民瘼，以通下情，其于邑政，必有裨补。若巡访劝谕著有成效者，县官备礼亲造其庐，重加奖励，如此，庶几教化兴行，风俗可美。后之守令，不知教化为先，徒恃刑驱势迫，由其无爱民之实心。若使果然视民如己子，亦安忍不施教诲劝勉，而辄加棰楚鞭挞？孟子云："善政不如善教之得民也。"况非善政乎？守令之有志于爱民者，其盍思之。

行江西布政司清查没官房产 十一月二十日

照得逆党没官房屋、田产等项，近经司府出佃与人暂管，候命下之日定夺。近访得官民之家，不论告佃年月先后，地里远近，应否一概混争，若不预为查处，立定规则，将来必致大兴告扰，渐起衅端。为此仰抄案回司，即查前项没官房屋田产，实计若干处所，某月日期经由某衙门与某人，务以年月先后为次，先尽本县人户，然后及于异县；先尽本府人户，然后及于异府。中间多有势豪之徒，不遵则例，妄起争讼，或不由官府，私擅占管占住者，该司通行查出呈来，以凭拿问参究施行，毋得容隐及查报不清，未便。

批再申十家牌法呈 十一月二十九日

据江西按察司呈，看得盗贼之纵横，由于有司之玩弛；沿流推本，实如所呈，失事各官，俱合提究，以警将来。但地方多事未完，缺人管理，除该府县掌印官，姑且记罪，责令惩创奋励，修败补隙，务收桑榆之功，以赎东隅之失；其巡捕等官，即行提问，以戒怠弛。仍备行各府县掌印巡捕等官，自兹申戒之后，悉要遵照本院近行《十家牌谕》，及于各街巷乡村建置锣鼓等项事理，上紧著实举行，严督查考，务鉴前车之覆，预为曲突之徒，毋得仍前玩忽怠弛，但有疏虞，定行从重拿究，断不轻贷。此缴。

批各道巡历地方呈 十一月二十六日

据江西按察司呈，看得南昌、湖西、湖东、九江各道地方，兵荒之余，民穷财尽，盗贼蜂起，劫库掠乡，无月无警；府县各官，事无纲纪，申请旁午，文移日繁，政务日废。仰各分巡官，不时往来，该道临督所属，设法调度，用其所长，而不责其备；教其不及，而勿挠其权；兴廉激懦，祛弊惩奸，务以息讼弭盗，康宁小民；毋惮一身之劳，终岁逸居省城，坐视民患，藐不经心，俱仰备行各官查照施行。缴。

禁约释罪自新军民告示 正德十六年正月初五日

告示：一应平日随从逆府舍余军校人等，论罪俱在必诛，虽经自首，奉有诏宥，据法亦当迁徙边远烟瘴之地，但念其各已诚心悔罪，故今务在委曲安全，仰各洗心涤虑，改恶从善，本分生理，保守身家，毋得仍蹈前非。或又投入各王府及镇守抚按三司等衙门，充作军牢、伴当、皂隶、防夫等项名目挟持复仇，定行擒拿，追坐从逆重刑。知情容留，官司参究，论以窝藏逆党。同甲邻佑不举首者，连坐以罪。除已奏请外，仰各遵照，毋违。

某县某坊第几甲释罪自新一户某人

左邻某人　右邻某人

仰各邻毋念旧恶，务要与之和睦相处。早晚仍须劝化钤束，毋令投入各府及镇守、抚按、三司等衙门，充当军牢、伴当、皂隶、防夫等项名目，挟势害人，定行坐以知情容隐逆党重罪，决不轻贷。

批湖广兵备道设县呈 十六年

据整饬郴、桂、衡、永等处兵备湖广按察司副使汪玉呈称：“本道接管，看得议奏计处地方，以弭盗贼事件内一件，审处贼遗田地，俱经查勘明白：属宜章者，拨与该图领种；属临武者，各归原主；属桂阳者，原议候设立大堰三堡，拨给各堡军兵顶种。续奉巡抚衙门批委同知鲁玘，再行踏勘计处一件，添设屯堡，以严防御。见奉提督衙门案验区处，其第一件设县，所以便抚御，最为紧要重大。县所既设，则更夫有所归著，哨营可以掣散，至于添屯堡、处巡司、并县堡、审田地四事，可以次第兴行。但先因广东守巡兵备等官，所见或异，致蒙该部请命提督大臣亲诣勘处；又缘别有机务，未即临勘，至于今日。本职窃意广东各官，决无不肯协和成事之心，盖因比时多事，未暇细阅文书，及查原经委官，止有同知鲁玘。见在原奉提督衙门行令，径自约会广东各官，速将设县事情及添设屯所事宜查议。除行同知鲁玘前去约会广东该道委官议处，本职仍亲诣适中地方约会外，理合呈详施行”等因，到院。卷查先为图议边方后患事，准兵部咨云云。续据湖广按察司呈，奉巡抚湖广都御史秦案验云云。候本院抚临至日，会行议处，具奏定夺施行，各无苟且搪塞去后。

今呈前因，参照前项立县等事，关系地方安危，远近人心悬望，恨不一日而成。本院虽奉敕旨，别有机务，不暇亲诣，而该道前任守巡各官，皆有地方重责，自当遵照昼夜经营；却乃因循二年之上，尚未完报，纵使国法可以幸免，不知此心亦何以自安？今照接管副使汪玉，久负体用之学，素有爱民之心，据所呈报，既已深明事机，洞知缓急，遂使举而行之，固当易于反掌，合再督催，以速成绩。为此仰抄案回道，即往彼地约会各该道守巡等官，速将设县等项事情，议处定当，具由呈夺。应施行者，一面施行，务为群策毕举之图，以收一劳永逸之绩。毋再因循，仍蹈前辙，未便。仍行都布按三司一体查照会议施行。

督剿安义逆贼牌 二月十一日

牌仰典史徐诚，既行调选罗坊等处骁勇惯战兵夫四百名，各备锋利器械，就仰该县官于堪动银两内先行给与口粮二月，统领星夜前赴安义县，听凭通判林宽调度追剿，获功人员，一体从重给赏。但有不遵号令及逗遛退缩，扰害平人者，仰即遵照本院钦奉敕谕事理，听以军法从事。本官务要申严纪律，整束行伍，必使所过之地，秋毫无犯；所捕之贼，噍类不遗；庶称委任。如或纵弛怠忽，致有疏虞，军令具存，罪亦难贷。

截剿安义逃贼牌 二月十三日

看得安义逆贼，已经本院严督官兵，四路邀截，诚恐无所逃窜，或归冲县治。除行知县熊价，专一防守县治，以守为战；通判林宽，专一追剿逃贼，以战为守；及行都指挥冯勋，选领南昌府卫军快，督兵截剿外，牌仰饶州、南康、九江府掌印官，知府张愈严、王念等，各行起集兵快，身自督领，于沿湖要害，邀截迎击；仍督令余干、乐平、都昌、建昌、湖口、彭泽等县掌印官，领兵把截沿湖紧关隘路江口，毋令此贼得以出境远遁。一面多差知因乡导，探贼向往，互相传报，合势黏纵追剿，一应机宜，俱听从宜区处。各官务要竭力殚智，杀贼立功，以靖地方；毋得畏缩因循，轻忽疏略，至贼滋漫，军法具存，罪难轻贷。

批议赏获功阵亡等次呈 三月初十日

据江西按察司呈，看得获功阵亡等员役，俱查照赣州事例，获贼首者，赏银十两；次贼首七两，从贼三两，老弱二两。奋勇对敌阵亡者十两；杀伤死者七两五钱，被伤者三两。其有军民人等，各于贼势未败之先，自行帅众擒获送官者，仍照出给告示，贼首赏二十两，次贼首十两，从贼首五两。务查的实，一例给赏，毋吝小费，致失大信。俱仰行南昌府，于本县支剩军饷银内公同赏功官照数支给，开数缴报查考。

复应天巡抚派取船只咨 三月二十四日

据江西布政司呈："据应天府呈开：'江西、九江等府原派船五十只，装运营建宫室物料，乞查处督发，奉批查处呈夺。'议照江西南康、南昌等府，并无马快船只，虽有额造红船，为因宸濠谋反，被贼烧毁；往来使客及粮运，尚且无船装送，疲困已极，委果无从区处。"呈详到院，为照江西各府，师旅饥馑，疲困已极；况兼本职气昏多病，坐视民痍，莫措一筹，前项船只，果难措置。南京素称富庶，今虽亦有供馈之烦，然得贵院抚缉有方，兼以长才区画，何事不济。且江西之疲弊，亦贵院所备知，尝蒙轸念，为之奏蠲租税，江西之民无不感激。独此数十艘，乃不蒙一为分处乎？为此合咨贵院，烦请查照，悯念疲残之区，终始得惠，别为处拨装运施行。

批东乡叛民投顺状词 四月初九日

据东乡县民陈和等连名诉，看得朝廷添设县治，本图以便地方而顺民情，但割小益大，安仁之民既称偏损，亦宜为之处分。在官府自有通融裁制，各民惟官听顺，果有未当，又可从容告理；而乃辄称背抗，稔恶屡年，愈抚愈甚，不得已而有擒捕之举，亦惟彰国法，禁顽梗，小惩大戒，期在安缉抚定，非必杀为快也。今各民既来投顺，官府岂欲过求，但未审诚伪，恐因擒捕势迫，暂来投顺，以求延缓，亦未可知。仰按察司会同都、布二司，将各情词备加详审，及查立县始末缘由，其各都图，应否归附某县？各县粮差，应否作何区处？各民违抗逃叛之罪，应否作何理断？通行议处呈夺。

批江西布政司清查造册呈 四月十六日

据江西布政司呈，看得造册清查之法，既已详悉备具，但人存政举，使奉行不至，则革弊之法，反为流弊之源。仰布政司照议上紧施行，仍备行总理及各守巡官，同以此事为固本安民之首，各至分地，临督各该府、州、县正官。且将别项职事，牒委佐贰官分理，俱要专心致志，身亲棕核，照式依期清量查造，务使积弊顿除，后患永绝，以苏民困。中间但有不行尽心查理，止凭吏胥苟且了事者，即行拿治问发；提调等官，一体参究。其各官分定地方，该司具名开报，缴。

行丰城县督造浅船牌 十六年

仰抄案回县，即行知县顾佖速差能干官前来樟树，接驾浅船到县，照依该道估价，于官库支给各船旗军收领。就便择日催督县丞沈廷用，遵照本院面授水帘桅等法，兴工修筑。务将前船衔结匀连，多用串关扇束缚坚牢；足障水势，以便施工，毋为摧荡，虚费财力。

行江西按察司审问通贼罪犯牌 六月十五日

照得本院于正德十四年六月内，因宁王谋反，起兵征剿，具本奏闻，当差赣州卫舍人王鼐赍奏，却乃设计诈病，推托不前，显有通贼情弊。及至擒获逆贼，差赍紧关题本，赴京奏报，却又迂道私赴太监张忠处捏报军中事情，几至酿成大变。及将原领题本，通同邀截回还，所据本犯，罪难轻贷。为此牌仰本司，即将发去犯人王鼐从公审问明白，依律议拟，具招呈详。毋得轻从，未便。

行江西按察司清查军前解回粮赏等物 六月十九日

卷查先该本院督解宸濠中途奉旨仍解回省，随将前项赏功银牌花红彩段及粮饷等项，牌差县丞等官龙光等，解发江西按察司查收贮库，仍候本院明文施行去后。今照前项粮赏等银，已支未支，清查应该起解者，未审曾否尽数解京，拟合查报。为此牌仰本司，即查原发粮赏等银，各计若干。要见于何年月日奉本院批呈或纸牌，支取某项若干，给与某起官军人等行粮或犒劳兵快应用，其应解金册一十二付，上高、新昌玉印二颗，银盆六面，及衣服等件，曾否尽数解京，中间有无遗漏等情，备查明白，具数回报，以凭查对稽考，毋得迟延，未便。

批广东按察司立县呈 七月二十八日

据副使汪玉呈称云云。卷查先为图议边方后患事，准兵部咨云云。续据湖广按察司呈，奉湖广巡抚都御史秦案验，候本院抚临至日，会行议处具奏定夺施行。随据副使汪玉呈云云。看得立县之举，今且三年，而两省会议，犹是道傍之谈，似此往复不已，毕竟何时定计。自昔举事，须顺人情；凡今立县，专为弭乱；若使两地人心未协，遂尔执己见而行，则是今日定乱之图，反为异时起争之本，今江西安仁、东乡各县，纷纭奏告，连年不息，即今征矣。除行该道兵备官，上紧约会广东各官，亲诣地方，拘集里老年高有识者，备询舆论；务在众议调停，两情和协，就行相度地势，会计财力，监追起工，然后各自回任。若使议终不合，必欲各自立县，亦须酌裁适均。要见广东于高宿立县，都图若干；湖广于笆篱立县，都图若干；城池高广若干；官员裁减若干；异时赋役，两地逃躲，若何区处；盗贼彼时出没，若何缉捕；一应事宜，逐条开议。须于不同之中，务求通融之术；不得徒事空言，彼此推托，苟延目前，不顾后患，异时追论致祸之因，罪亦终有不免。除批行湖广该道兵备官查照外，仰抄案回司，会同布政司各行该道守巡兵备等官，约会湖广各官，面议停当。一面会计工料，委官及时兴工；一面备由开详，以凭覆奏；毋再推延执拗，致有他虞，断行参究不恕。仍行两广提督并巡按衙门查照催督施行。

补遗

自劾不职以明圣治事疏

臣闻之，主圣则臣直，上易知而下易治。今圣主在上，泽壅而未宣，怨积而不闻。臣等曾无一言，是甘为容悦，而上无以张主之圣，下无以解于百姓之惑也。伏惟陛下神明英武，自居春宫，万姓仰德。及登大宝，四夷向风。不幸贼臣刘瑾，窃弄威柄，流毒生灵，潜谋僭逆，几危郊社。赖祖宗上天之灵，俾张永等早发其奸，陛下奋雷霆之断，诛灭党与，划涤凶秽；复祖宗之旧章，吊黎元之疾苦；任贤修政，与民更始。天下莫不欢欣鼓舞，谓陛下固爱民之主，而前此皆贼瑾之荼毒；知陛下固有为之君，而前此皆贼瑾之蒙蔽。日早跂足延颈，以望太平。奈何积暴所加，民痍未复，余烈所煽，妖孽连兴，几及二年，愈肆愈横。兵屯不解，民困日深。贼势相连殆遍，财匮粮竭，旦夕汹汹。臣等备位大臣，不能展一筹以纾患害，宽一缚以苏倒悬。抚心反己，自知之罪，莫可究言。至其暴扬于天下，訾詈于道途，而尤难掩饰者，大罪有三，请自陈其略，以伏厥辜。

夫朝以出政，政以成事。陛下每月视朝，朔望之外，不过一二。岂不以臣等分职于下，事苟无废，不朝奚损乎？然群臣百司，愿时一睹圣颜而不获，则忧思徬徨，渐以懈驰。远近之民，遂疑陛下不复念其困苦，而日兴怨怼；四方盗贼，亦谓陛下未尝有意剪除，而益猖獗。夫昧爽临朝，不过顷刻间，不何惮而不为？

陛下日于后苑训练兵事，鼓噪之声，震骇城域。岂不以寇盗未平，思欲奋威讲武乎？然此本亦将卒之事，兼非宫禁所宜。况今前星未耀，震位犹虚，而乃劳力于掣肘，耗气于驰逐，群臣惶惑，两宫忧危，宗社大本，无急于是。而臣等不能力劝陛下蓄精养神，以衍皇储之庆，思患预防。以为燕翼之谋，是其大罪二也。

夫日近儒臣，讲论道德，涵泳义理，以培养本原，开发志意。则耳目日以聪明，血气日以和畅，穷天地之化，尽万物之情，优游泮涣，以与古先神圣为伍，此亦天下之至乐矣。陛下苟知此，则将乐之终身而不能以须臾舍，奚暇游戏之娱乎？今陛下自即位以来，经筵之御，未能四五，而悦心于骑射疲劳之事，皆由臣等不能备陈至乐，以易陛下之所好，是其大罪三也。

陛下有尧舜之资，臣等不能导陛下于三代，而使天下之民疾首蹙额相告，归咎怀愤，若汉、唐之季，臣等死有余罪矣。伏愿陛下继自今昧爽以视朝，励精而图治。端拱玄默以养天和，正《关雎》之风，毓《麟趾》之祥。日御经筵，讲求治道，务理义之悦心，去游宴之败度。正臣等不职之罪，罢归田里，举耆德宿望之贤，与共天职。使天下晓然皆知陛下忧悯元元之本心，由臣等不能极言切谏，以至于斯。自兹以往，务在休养生息，无复有所骚扰。躬修圣政，以弭天下之艰；屯广圣嗣，以定天下之危；疑勤圣学，以立天下之大本。其余习染，以次洗刷。则民生自遂，若阳气至而万物春；寇盗自消，若白日出而魍魉灭。上以承祖宗之鸿休，下以垂子孙之统绪；近以慰臣庶之忧惶，远以答四方之观向。臣等虽死之日，犹生之年。不胜激切颠陨待罪之至，具疏上闻。

乞恩表扬先德疏

窃照臣父致仕南京吏部尚书王华，以今年二月十二日病故。臣时初丧荼苦，气息奄奄，不省人事。有司以臣父忝在大臣之列，特为奏闻，兼乞葬祭赠谥。事下，该部以臣父为礼部侍郎时，尝为言官所论，谓臣父于暮夜受金而自首，清议难明；承朝廷遣告而乞归，诚意安在。又为南京吏部尚书时，因礼部尚书李杰乞恩认罪回话事，奉钦依李杰、王华彼时共同商议，如何独言张升，显是饰词。本当重治，姑从轻，都著致仕。伏遇圣慈，覆载宽容，不轻绝物。然犹赐之葬祭，感激浩荡之恩，阖门粉骨，无以为报。窃念臣父始得暗投之金，若使其时秘而不宣，人谁知者。而必以自首，其于心迹，可谓清矣。乞便道省母，于既行祭告之后，其于遣祀之诚，自无妨矣。当时论者不察其详，而辄以为言。臣父盖尝具本六乞退休，请究其事。当时朝廷特为暴白，屡赐温旨，慰论勉留，其事固已明白久矣。乃不意身没之后，而尚以此为罪也，臣切痛之。

正德初年，逆瑾肇乱，威行中外。其时臣为兵部主事，因瑾绑拿科道官员，臣不胜义愤，斥瑾罪恶。瑾怒臣，因而怒及臣父。既而使人讽臣父，令出其门。臣父不往，瑾益怒。然臣父乃无可加之罪，后遂推寻礼部旧事，与臣父无干者，因传旨并令臣父致仕，以泄其怒。此则臣父以守正不阿，触忤权奸，而为所摈抑，人皆知之，人皆冤之。乃不知身没之后，而反以此为咎也，臣尤痛之。

臣父以一甲进士，授官翰林院修撰，历升春坊论德，翰林院学士，詹事府少詹事，礼部侍郎，南京吏部尚书。其间充经筵官，经筵讲官，日讲官，又选充东宫辅导官，东宫讲读官，与修《宪庙实录》及《大明会典》、《通监纂要》等书。积劳久而被遇深矣。故事，侍从日讲辅导等官身没之后，类得优以殊恩，荣以美谥。而臣父独以无实之谤，不附权奸之义，生被诬抑，而没有余耻，此臣之所以割心痛骨，不得不从陛下而求一表暴者也。

夫人子之孝，莫大于显亲；其不孝亦莫大于辱亲。臣以犬马微劳，躐致卿位。故事在卿佐之列者，亲没之后，皆得为之乞请恩典。臣今未敢有所陈乞以求显其亲，而反以无实之诟辱其亲于身没之后，不孝之罪，复何以自立于天地间乎。此臣之所尤割心痛骨，不得不从陛下而求一表暴者也。

臣自去岁乞恩便道归省，陛下垂悯乌鸟，且念臣父系侍从旧臣，特推非常之恩，赐之存问。臣父先于正德九年尝蒙朝廷推恩进阶，臣伏睹制词有云：“直道见沮于权奸，晚节遂安于静退。”则当时先帝固已洞知臣父之枉矣。臣又伏睹陛下即位诏书，内开：“自弘治十八年五月十八日以后，大小官员有因忠直谏诤，及守正被害去任等项，各该衙门备查奏请，大臣量进阶级，并与应得恩荫。”臣父以守正触怒逆瑾，无故被害去任，此固恩诏之所悯录，正在量进阶级之列。臣父既耻于自陈，而有司又未为奏请，乃今身没之后，而反犹以为诟，臣窃自伤痛其无以自明也。臣父中遭屈抑，晚遇圣明，庶几沐浴恩泽，以一雪其拂郁。而忽复逝矣，岂不痛哉。今又反以为辱，岂不冤哉。

臣又查得先年吏部尚书马文升、屠滽等，皆尝屡被论劾，其后朝廷推原其事，卒赐之以赠谥。臣父才猷虽或不逮于二臣，而无故被诬，实有深于二臣者。惟陛下矜而察之。臣以功微赏重，深忧覆败，方尔冒死辞免封爵，前后恩典，已惧不克胜荷。故于臣父之没，断已不敢更有乞请。乃不意蒙此诬辱，臣又安能含羞饮泣，不为臣父一致其辩乎？

夫人臣之于国也，主辱则臣死；子之于父也，亦然。今臣父辱矣，臣何以生为哉。

夫朝廷恩典，所以报有功而彰有德，岂下臣所敢幸乞。顾臣父被无实之耻于身后，陛下不为一明其事，自此播之天下，传之后代，孝子慈孙，将有所不能改，而臣父之目不瞑于地下矣，岂不冤哉。

夫饰非以欺其上者，不忠；矫辞以诬于世者，无耻；不忠无耻，亦所以为不孝。若使臣父果有纤毫可愧于心，而臣乃为之文饰矫诬以欺陛下，以罔天下后世，纵幸逃于国宪，天地鬼神实临殛之。臣虽庸劣之甚，不忠无耻之事，义不忍为也。惟陛下哀而察之。臣不胜含哀抱痛，战慄惶惧，激切控吁之至，谨具本令舍人王宗海代赍奏闻，伏候敕旨。

辩诛遗奸正大法以清朝列疏

丁忧南京兵部尚书臣王某谨奏，为诛遗奸，正大法，以清朝列事。

嘉靖元年十月初十等日，准南京兵部咨，准都察院咨，该巡按广西监察御史张钺奏，为前事，题奉圣旨是：“这所劾张子麟事情，还著王守仁、伍希儒、伍文定看了，上紧开具明白，奏来定夺，钦此。”又准该部咨，准都察院咨，该丁忧刑部尚书张子麟奏，为辨污枉，清名节，以雪大冤事，题奉圣旨：是“张子麟所奏事情，著王守仁等一并看了来说，钦此。”俱钦遵外，方在衰绖之中，忧病哀苦，神思荒愦，一切世务，悉已昏迷恍惚，奉命震悚。旋复追惟，臣先正德十四年六月初六日，奉敕前往福建查处聚众谋反等事。本月十五日，行至丰城地方，适遇宁藩之变，仓卒脱身，誓死讨贼。十八日回至吉安，督同知府伍文定等起兵。七月二十日，引兵收复南昌。二十三日，宸濠还救。二十六日，宸濠就擒。其时余党尚有未尽，百务业集，臣因先令各官分兵守视王府各门。至月初五六间，始克率同御史伍希儒、知府伍文定等入府，按视宫殿库藏诸处。其间未经烧毁者，重加封识，以俟朝命。已被残坏者，分令各官逐一整检。有刑部尚书张子麟启本一封，众共开视，云是胡世宁招词。臣当与各官商说，此等公文书启之类，皆在宸濠未反数年前事。虽私与交往，不为无罪，而反逆之举，未必曾与通谋。况此交通之人，今或多居禁近，分布联络，若存此等形迹，恐彼心怀疑惧，将生意外不测之变。且虑憸人因而点缀掇拾，异时根究牵引，奸党未必能惩，而忠良或反被害。昔人有焚吏民交关文书数千章以安反侧之心者，今亦宜从其处，以息祸端。遂议与各官公同烧毁。后奉刑部题奉钦依：“原搜簿籍，既未送官封记收掌，又事发日久，别生事端，委的真伪难辨，无凭查考。著原搜获之人尽行烧毁，钦此。”钦遵外，臣等莫不仰叹圣主包含覆帱之量，范围曲成之仁，可谓思深而虑远也已。以是臣等不复为言，且谓朝廷于此等事既已一概宥略，与天下洗涤更始矣。

今御史张钺风闻其事，复有论列，是亦防闲为臣之大义，效忠于陛下之心也。尚书张子麟力辩其事，而都察院覆奏，以为世宁之狱，悉由该院，与张子麟无干，则诚亦暧昧难明之迹。今臣等亦不过据事直言其实耳，岂能别有所查访。然以臣愚度之，尝闻昔年宸濠奸党，为之经营布置于外，往往亦有诈为他人书启，归以欺濠而罔利者。则此子麟之启，无乃亦是类欤？不然，子麟身为执法大臣，非一日矣，纵使与濠交通，岂略不知有畏忌，而数年之前，辄以肆然称臣于濠耶？

夫人臣而怀二心，此岂可以轻贷？然亦加人以不忠之罪，则亦非细故矣。此在朝廷必有明断。臣偶有所见，亦不敢不一言之。缘奉钦：依“这所劾张子麟事情，还著王守仁、伍希儒、伍文定看了，上紧开具明白奏来定夺”；及“张子麟所奏事情，著王守仁等一并看了来说”事理，为此具本差舍人李升亲赍奏闻，伏候敕旨。

庐陵县公移

庐陵县为乞蠲免以苏民困事，准本县知县王关查得正德四年十一月二十六日，本县抄蒙本府纸牌，抄奉钦差镇守江西等处太监王钧牌，差吏龚彰赍原发银一百两到县，备仰掌印官督同主簿宋海拘集通县粮里，收买葛纱。比因知县员缺，主簿宋海官征钱粮，典史林嵩郭粮，止有县丞杨融署印。又蒙上司络绎行委，催提勘合人犯印信，更替不一。

正德五年三月十八日，本职方才到任，随蒙府差该吏郭孔茂到县守，并当拘粮里陈江等，著令领价收买。据各称本县地方，自来不产葛布，原派岁额，亦不曾开有葛布名色，惟于正德二年，蒙钦差镇守太监姚案行本布政司，备查出产葛布县分，行令依时采办，无产县分，量地方大小，出银解送收买。本县奉派折银一百五两。当时百姓嗷嗷，众口腾沸。江等迫于征催，一时无由控诉，只得各自出办赔赔。正德四年，仍前一百五两，又复忍苦赔解。今来复蒙催督买办，又在前项加派一百五两之外。百姓愈加惊惶，恐自此永为定额，遗累无穷。兼之岁办料杉、楠木、炭、牲口等项，旧额三千四百九十八两，今年增至一万余两，比之原派，几于三倍。其余公差往来，骚扰刻剥，日甚一日。江等自去年以来，前后赔赔七十余两，皆有实数可查。民产已穷，征求未息。况有旱灾相仍，疾疫大作，比巷连村，多至阖门而死，骨肉奔散，不相顾疗。幸而生者，又为征求所迫，弱者逃窜流离，强者群聚为盗，攻劫乡村，日无虚夕。今来若不呈乞宽免，切恐众情忿怨，一旦激成大变。为此连名具呈，乞为转申祈免等情。

据此欲为备由申请间，蓦有乡民千数拥入县门，号呼动地，一时不辨所言。大意欲求宽贷。仓卒诚恐变生，只得权辞慰解，谕以知县自当为尔等申诸上司，悉行蠲免。众始退听，徐徐散归。

本月初七日，复蒙镇守府纸牌催督前事，并提当该官吏，看得前项事件，既已与民相约，岂容复肆科敛？非惟心所不忍，兼亦势有难行。参照本职自到任以来，即以多病不出，未免有妨职务。坐视民困而不能救，心切时弊而不敢言，至于物情忿激，拥众呼号，始以权辞慰谕，又复擅行蠲免，论情虽亦纾一时之急，据理则亦非万全之谋。既不能善事上官，又何以安处下位？苟欲全信于民，其能免祸于己。除将原发银两解府转解外，合关本县当道垂怜小民之穷苦，俯念时势之难为，特赐宽容，悉与蠲免。其有迟违等罪，止坐本职一人，即行罢归田里，以为不职之戒。中心所甘，死且不朽等因。备关到县，准此，理合就行。

卷七　传记

明史王守仁传

张廷玉

王守仁，字伯安，余姚人。父华，字德辉，成化十七年进士第一。授修撰。弘治中，累官学士、少詹事。华有器度，在讲幄最久，孝宗甚眷之。李广贵幸，华讲大学衍义，至唐李辅国与张后表里用事，指陈甚切。帝命中官赐食劳焉，正德初，进礼部左侍郎。以守仁忤刘瑾，出为南京吏部尚书，坐事罢。旋以会典小误，降右侍郎。瑾败，乃复故，无何，卒。华性孝，母岑年逾百岁卒。华已年七十余，犹寝苫蔬食，士论多之。

守仁娠十四月而生。祖母梦神人自云中送儿下，因名云。五岁不能言，异人拊之，更名守仁，乃言。年十五，访客居庸、山海关。时阑出塞，纵观山川形胜。弱冠举乡试，学大进。顾益好言兵，且善射。登弘治十二年进士。使治前威宁伯王越葬，还而朝议方急西北边，守仁条八事上之。寻授刑部主事。决囚江北，引疾归。起补兵部主事。

正德元年冬，刘瑾逮南京给事中御史戴铣等二十余人。守仁抗章救，瑾怒，廷杖四十，谪贵州龙场驿丞。龙场万山业薄，苗、僚杂居。守仁因俗化导，夷人喜，相率伐木为屋，以栖守仁。瑾诛，量移庐陵知县。入觐，迁南京刑部主事，吏部尚书杨一清改之验封。屡迁考功郎中，擢南京太仆少卿，就迁鸿胪卿。

兵部尚书王琼素奇守仁才。十一年八月擢右佥都御史，巡抚南、赣。当是时，南中盗贼蜂起。谢志山据横水、左溪、桶冈，池仲容据浰头，皆称王，与大庾陈曰能、乐昌高快马、郴州龚福全等攻剽府县。而福建大帽山贼詹师富等又起。前巡抚文森托疾避去。志山合乐昌贼掠大庾，攻南康、赣州，赣县主簿吴玭战死。守仁至，知左右多贼耳目，乃呼老黠隶诘之。隶战栗不敢隐，因贳其罪，令诇贼，贼动静无勿知。于是檄福建、广东会兵，先讨大帽山贼。

明年正月，督副使杨璋等破贼长富村，逼之象湖山，指挥覃桓、县丞纪镛战死。守仁亲率锐卒屯于上杭。佯退师，出不意捣之，连破四十余寨，俘斩七千有奇，指挥王铠等擒师富。疏言权轻，无以令将士，请给旗牌，提督军务，得便宜从事。尚书王琼奏从其请。乃更兵制：二十五人为伍，伍有小甲；二伍为队，队有总甲；四队为哨，哨有长，协哨二佐之；二哨为营，营有官，参谋二佐之；三营为阵，阵有偏将；二阵为军，军有副将。皆临事委，不命于朝；副将以下，得递相罚治。

其年七月，进兵大庾。志山乘间急攻南安，知府季敩击败之。副使杨璋等亦生禽曰能以归。遂议讨横水、左溪。十月，都指挥许清、赣州知府邢珣、宁都知县王天与各一军会横水，敩及守备郏文、汀州知府唐淳、县丞舒富各一军会左溪，吉安知府伍文定、程乡知县张戬遏其奔轶。守仁自驻南康，去横水三十里，先遣四百人伏贼巢左右，进军逼之。贼方迎战，两山举帜。贼大惊，谓官军已尽犁其巢，遂溃。乘胜克横水，志山及其党萧贵模等皆走桶冈。左溪亦破。守仁以桶冈险固，移营近地，谕以祸福。贼首蓝廷凤等方震恐，见使至大喜，期仲冬朔降，而珣、文定已冒雨夺险入。贼阻水阵，珣直前搏战，文定与戬自右出，贼仓卒败走，遇淳兵又败。诸军破桶冈，志山、贵模、廷凤面缚降。凡破巢八十有四，俘斩六千有奇。时湖广巡抚秦金亦破福全。其党千人突至，诸将擒斩之。乃设崇义县于横水，控诸瑶。还至赣州，议讨浰头贼。

初，守仁之平师富也，龙川贼卢珂、郑志高、陈英咸请降。及征横水、浰头贼黄金巢亦以五百人降，独仲容未下。横水破，仲容始遣弟仲安来归，而严为战守备。诡言："珂、志高，仇也，将袭我，故为备。"守仁佯杖击珂等，而阴使珂弟集兵待，遂下令散兵。岁首大张灯乐，仲容信且疑。守仁赐以节物，诱入谢。仲容率九十三人营教场，而自以数人入谒。守仁呵之曰："若皆吾民，屯于外，疑我乎？"悉引入祥符宫，厚饮食之。贼大喜过望，益自安。守仁留仲容观灯乐。正月三日大享，伏甲士于门，诸贼入，以次悉擒戮之。自将抵贼巢，连破上、中、下三浰，斩馘二千有奇。余贼奔九连山。山横亘数百里，陡绝不可攻。乃简壮士七百人衣贼衣，奔崖下，贼招之上。官军进攻，内外合击，擒斩无遗。乃于下浰立和平县，置戍而归。自是境内大定。

初，朝议贼势强，发广东、湖广兵合剿。守仁上疏止之，不及。桶冈既灭，湖广兵始至。及平浰头，广东尚未承檄。守仁所将皆文吏及偏裨小校，平数十年巨寇，远近惊为神。进右副都御史，予世袭锦衣卫百户，再进副千户。

十四年六月，命勘福建叛军。行至丰城而宁王宸濠反，知县顾佖以告。守仁急趋吉安，与伍文定征调兵食，治器械舟楫，传檄暴宸濠罪，俾守令各率吏士勤王。都御史王懋中，编修邹守益，副使罗循、罗钦德，郎中曾直，御史张鳌山、周鲁，评事罗侨，同知郭祥鹏，进士郭持平，降谪驿丞王思、李中，咸赴守仁军。御史谢源、伍希儒自广东还，守仁留之纪功。因集众议曰："贼若出长江顺流东下，则南都不可保。吾欲以计挠之，少迟旬日无患矣。”乃多遣间谍，檄府县言:“都督许泰、郤永将边兵，都督刘晖、桂勇将京兵，各四万，水陆并进。南赣王守仁、湖广秦金、两广杨旦各率所部合十六万，直捣南昌，所至有司缺供者，以军法论。”又为蜡书遗伪相李士实、刘养正，叙其归国之诚，令从臾早发兵东下，而纵谍泄之。宸濠果疑。与士实、养正谋，则皆劝之疾趋南京即大位，宸濠益大疑。十余日诇知中外兵不至，乃悟守仁绐之。七月壬辰朔，留宜春王拱樤居守，而劫其众六万人，袭下九江、南康，出大江，薄安庆。

守仁闻南昌兵少则大喜，趋樟树镇。知府临江戴德孺、袁州徐琏、赣州邢珣，都指挥余恩，通判瑞州胡尧元、童琦、抚州邹琥、安吉谈储，推官王暐、徐文英，知县新淦李美、泰和李楫、万安王冕、宁都王天与，各以兵来会，合八万人，号三十万。或请救安庆，守仁曰:“不然。今九江、南康已为贼守，我越南昌与相持江上，二郡兵绝我后，是腹背受敌也。不如直捣南昌。贼精锐悉出，守备虚。我军新集气锐，攻必破。贼闻南昌破，必解围自救。逆击之湖中，蔑不胜矣。”众曰:“善。”己酉次丰城，以文定为前锋，先遣奉新知县刘守绪袭其伏兵。庚戌夜半，文定兵抵广润门，守兵骇散。辛亥黎明，诸军梯緪登，缚拱樤等，宫人多焚死。军士颇杀掠，守仁戮犯令者十余人，宥胁从，安士民，慰谕宗室，人心乃悦。

居二日，遣文定、珣、琏、德孺各将精兵分道进，而使尧元等设伏。宸濠果自安庆还兵。乙卯遇于黄家渡。文定当其前锋，贼趋利。珣绕出贼背贯其中，文定、恩乘之，琏、德孺张两翼分贼势，尧元等伏发，贼大溃，退保八字脑。宸濠惧，尽发南康、九江兵。守仁遣知府抚州陈槐、饶州林城取九江，建昌曾玙、广信周朝佐取南康。

丙辰复战，官军却，守仁斩先却者。诸军殊死战，贼复大败，退保樵舍，联舟为方阵，尽出金宝犒士。明日，宸濠方晨朝其群臣，官军奄至。以小舟载薪，乘风纵火，焚其副舟，妃娄氏以下皆投水死。宸濠舟胶浅，仓卒易舟遁，王冕所部兵追执之。士实、养正及降贼按察使杨璋等皆就擒。南康、九江亦下。凡三十五日而贼平。京师闻变，诸大臣震惧。王琼大言曰："王伯安居南昌上游，必擒贼。"至是，果奏捷。

帝时已亲征，自称威武大将军，率京边骁卒数万南下。命安边伯许泰为副将军，偕提督军务太监张忠、平贼将军左都督刘晖将京军数千，溯江而上，抵南昌。诸嬖幸故与宸濠通，守仁初上宸濠反书，因言："觊觎者非特一宁王，请黜奸谀以回天下豪杰心。"诸嬖幸皆恨。宸濠既平，则相与媢功。且惧守仁见天子发其罪，竞为蜚语，谓守仁先与通谋，虑事不成，乃起兵。又欲令纵宸濠湖中，待帝自擒。

守仁乘忠、泰未至，先俘宸濠，发南昌。忠、泰以威武大将军檄邀之广信。守仁不与，间道趋玉山，上书请献俘，止帝南征。帝不许。至钱塘遇太监张永。永提督赞画机密军务，在忠、泰辈上，而故与杨一清善，除刘瑾，天下称之。守仁夜见永，颂其贤，因极言江西困敝，不堪六师扰。永深然之，曰："永此来，为调护圣躬，非邀功也。公大勋，永知之，但事不可直情耳。"守仁乃以宸濠付永，而身至京口，欲朝行在。闻巡抚江西命，乃还南昌。忠、泰已先至，恨失宸濠。故纵京军犯守仁，或呼名嫚骂。守仁不为动，抚之愈厚。病予药，死予棺，遭丧于道，必停车慰问良久始去。京军谓王都堂爱我，无复犯者。忠、泰言："宁府富厚甲天下，今所蓄安在？"守仁曰："宸濠异时尽以输京师要人，约内应，籍可按也。"忠、泰故尝纳宸濠贿者，气慑不敢复言。已，轻守仁文士，强之射。徐起，三发三中。京军皆欢呼，忠、泰益沮。会冬至，守仁命居民巷祭，已，上冢哭。时新丧乱，悲号震野。京军离家久，闻之无不泣下思归者。忠、泰不得已班师。比见帝，与纪功给事中祝续、御史章纶谗毁百端，独永时时左右之。忠扬言帝前曰："守仁必反，试召之，必不至。"忠、泰屡矫旨召守仁。守仁得永密信，不赴。及是知出帝意，立驰至。忠、泰计沮，不令见帝。守仁乃入九华山，日晏坐僧寺。帝觇知之，曰："王守仁学道人，闻召即至，何谓反？"乃遣还镇，令更上捷音。守仁乃易前奏，言奉威武大将军方略讨平叛乱，而尽入诸嬖幸名，江彬等乃无言。

当是时，谗邪构煽，祸变叵测，微守仁，东南事几殆。世宗深知之。甫即位，趣召入朝受封。而大学士杨廷和与王琼不相能。守仁前后平贼，率归功琼，廷和不喜，大臣亦多忌其功。会有言国哀未毕，不宜举宴行赏者，因拜守仁南京兵部尚书。守仁不赴，请归省。已，论功封特进光禄大夫、柱国、新建伯，世袭，岁一千石。然不予铁券，岁禄亦不给。诸同事有功者，惟吉安守伍文定至大官，当上赏。其他皆名示迁，而阴绌之，废斥无存者。守仁愤甚。时已丁父忧，屡疏辞爵，乞录诸臣功，咸报寝。免丧，亦不召。久之，所善席书及门人方献夫、黄绾以议礼得幸，言于张璁、桂萼，将召用，而费宏故衔守仁，复沮之。屡推兵部尚书，三边总督，提督团营，皆弗果用。

嘉靖六年，思恩、田州土酋卢苏、王受反。总督姚镆不能定，乃诏守仁以原官兼左都御史，总督两广兼巡抚。绾因上书讼守仁功，请赐铁券岁禄，并叙讨贼诸臣，帝咸报可。守仁在道，疏陈用兵之非，且言:“思恩未设流官，土酋岁出兵三千，听官征调。既设流官，我反岁遣兵数千防戍。是流官之设，无益可知。且田州邻交址，深山绝谷，悉瑶、僮盘据，必仍设土官，斯可藉其兵力为屏蔽。若改土为流，则边鄙之患，我自当之，后必有悔。”章下兵部，尚书王时中条其不合者五，帝令守仁更议。十二月，守仁抵浔州，会巡按御史石金定计招抚。悉散遣诸军，留永顺、保靖土兵数千，解甲休息。苏、受初求抚不得，闻守仁至益惧，至是则大喜。守仁赴南宁，二人遣使乞降，守仁令诣军门。二人窃议曰:“王公素多诈，恐绐我。”陈兵入见。守仁数二人罪，杖而释之。亲入营，抚其众七万。奏闻于朝，陈用兵十害，招抚十善。因请复设流官，量割田州地，别立一州，以岑猛次子邦相为吏目，署州事，俟有功擢知州。而于田州置十九巡检司，以苏、受等任之，并受约束于流官知府。帝皆从之。

断藤峡瑶贼，上连八寨，下通仙台、花相诸洞蛮，盘亘三百余里，郡邑罹害者数十年。守仁欲讨之，故留南宁。罢湖广兵，示不再用。伺贼不备，进破牛肠、六寺等十余寨，峡贼悉平。遂循横石江而下，攻克仙台、花相、白竹、古陶、罗凤诸贼。令布政使林富率苏、受兵直抵八寨，破石门，副将沈希仪邀斩轶贼，尽平八寨。

始，帝以苏、受之抚，遣行人奉玺书奖谕。及奏断藤峡捷，则以手诏问阁臣杨一清等，谓守仁自夸大，且及其生平学术。一清等不知所对。守仁之起由璁、萼荐，萼故不善守仁，以璁强之。后萼长吏部，璁入内阁，积不相下。萼暴贵喜功名，风守仁取交阯，守仁辞不应。一清雅知守仁，而黄绾尝上疏欲令守仁入辅，毁一清，一清亦不能无遗憾。萼遂显诋守仁征抚交失，赏格不行。献夫及霍韬不平，上疏争之，言:“诸瑶为患积年，初尝用兵数十万，仅得一田州，旋复召寇。守仁片言驰谕，思、田稽首。至八寨、断藤峡贼，阻深岩绝冈，国初以来未有轻议剿者，今一举荡平，若拉枯朽。议者乃言守仁受命征思、田，不受命征八寨。夫大夫出疆，有可以安国家，利社稷，专之可也。况守仁固承诏得便宜从事者乎？守仁讨平叛藩，忌者诬以初同贼谋，又诬其辇载金帛。当时大臣杨廷和、乔宇饰成其事，至今未白。夫忠如守仁，有功如守仁，一屈于江西，再屈于两广。臣恐劳臣灰心，将士解体，后此疆圉有事，谁复为陛下任之。”帝报闻而已。

守仁已病甚，疏乞骸骨，举郧阳巡抚林富自代，不俟命竟归。行至南安卒，年五十七。丧过江西，军民无不缟素哭送者。

守仁天姿异敏。年十七谒上饶娄谅，与论朱子格物大指。还家，日端坐，讲读《五经》，不苟言笑。游九华归，筑室阳明洞中。泛滥二氏学，数年无所得。谪龙场，穷荒无书，日绎旧闻。忽悟格物致知，当自求诸心，不当求诸事物，喟然曰：“道在是矣。”遂笃信不疑。其为教，专以致良知为主。谓宋周、程二子后，惟象山陆氏简易直捷，有以接孟氏之传。而朱子《集注》、《或问》之类，乃中年未定之说。学者翕然从之，世遂有“阳明学”云。

守仁既卒，桂萼奏其擅离职守。帝大怒，下廷臣议。萼等言：“守仁事不师古，言不称师。欲立异以为高，则非朱熹格物致知之论；知众论之不予，则为《朱熹晚年定论》之书。号召门徒，互相倡和。才美者乐其任意，庸鄙者借其虚声。传习转讹，背谬弥甚。但讨捕畲贼，擒获叛藩，功有足录，宜免追夺伯爵以章大信，禁邪说以正人心。”帝乃下诏停世袭，恤典俱不行。隆庆初，廷臣多颂其功。诏赠新建侯，谥文成。二年予世袭伯爵。既又有请以守仁与薛瑄、陈献章同从祀文庙者。帝独允礼臣议，以瑄配。及万历十二年，御史詹事讲申前请。大学士申时行等言："守仁言致知出《大学》，良知出《孟子》。陈献章主静，沿宋儒周敦颐、程颢。且孝友出处如献章，气节文章功业如守仁，不可谓禅，诚宜崇祀。"且言胡居仁纯心笃行，众论所归，亦宜并祀。帝皆从之。终明之世，从祀者止守仁等四人。

始守仁无子，育弟子正宪为后。晚年，生子正亿，二岁而孤。既长，袭锦衣副千户。隆庆初，袭新建伯。万历五年卒。子承勋嗣，督漕运二十年。子先进，无子，将以弟先达子业弘继。先达妻曰："伯无子，爵自传吾夫。由父及子，爵安往？"先进怒，因育族子业洵为后。及承勋卒，先进未袭死。业洵自以非嫡嗣，终当归爵先达，且虞其争，乃谤先达为乞养，而别推承勋弟子先通当嗣，屡争于朝，数十年不决。崇祯时，先达子业弘复与先通疏辨。而业洵兄业浩时为总督，所司惧忤业浩，竟以先通嗣。业弘愤，持疏入禁门诉。自刎不殊，执下狱，寻释。先通袭伯四年，流贼陷京师，被杀。

赞曰：王守仁始以直节著。比任疆事，提弱卒，从诸书生扫积年逋寇，平定孽藩。终明之世，文臣用兵制胜，未有如守仁者也。当危疑之际，神明愈定，智虑无遗，虽由天资高，其亦有得于中者欤。矜其创获，标异儒先，卒为学者讥。守仁尝谓胡世宁少讲学，世宁曰："某恨公多讲学耳。"桂萼之议虽出于媢忌之私，抑流弊实然，固不能以功多为讳矣。

文成王阳明先生守仁传

黄宗羲

王守仁字伯安，学者称为阳明先生，余姚人也。父华，成化辛丑进士第一人，仕至南京吏部尚书。先生娠十四月而生，祖母岑夫人梦神人送儿自云中至，因命名为云。五岁，不能言，有异僧过之曰："可惜道破。"始改今名。豪迈不羁。十五岁，纵观塞外，经月始返。十八岁，过广信，谒娄一斋，慨然以圣人可学而至。

登弘治己未进士第，授刑部主事，改兵部。逆瑾矫旨逮南京科道官，先生抗疏救之，下诏狱，廷杖四十，谪贵州龙场驿丞。瑾遣人迹而加害，先生托投水脱去，得至龙场。瑾诛，知庐陵县，历吏部主事、员外郎、郎中，升南京太仆寺少卿、鸿胪寺卿。时虔、闽不靖，兵部尚书王琼特举先生以左佥都御史巡抚南、赣。未几，遂平漳南、横水、桶冈、大帽、浰头诸寇。

己卯六月，奉敕勘处福建叛军。至丰城而闻宸濠反，遂返吉安，起兵讨之。宸濠方围安庆，先生破南昌，濠返兵自救，遇之于樵舍，三战，俘濠。武宗率师亲征，群小张忠、许泰欲纵濠鄱湖，待武宗接战而后奏凯。先生不听，乘夜过玉山，集浙江三司，以濠付太监张永。张永者，为武宗亲信，群小之所惮也。命兼江西巡抚。又明年，升南京兵部尚书，封新建伯。嘉靖壬午，丁冢宰忧。丁亥，原官兼左都御史，起征思、田。思、田平，以归师袭八寨、断藤峡，破之。先生幻梦谒马伏波庙，题诗于壁。至是，道出祠下，恍如梦中。时先生已病，疏请告。至南安，门人周积侍疾，问遗言，先生曰："此心光明，亦复何言？"顷之而逝，七年戊子十一月二十九日也，年五十七。

先生之学，始泛滥于词章，继而遍读考亭之书，循序格物，顾物理吾心终判为二，无所得入。于是出入于佛、老者久之。及至居夷处困，动心忍性，因念圣人处此更有何道？忽悟格物致知之旨，圣人之道，吾性自足，不假外求。其学凡三变而始得其门。自此以后，尽去枝叶，一意本原，以默坐澄心为学的。有未发之中，始能有发而中节之和，此知之后更无已发。此知自能收敛，不须更主于收敛；此知自能发散，不须更期于发散。收敛者，感之体，静而动也；发散者，寂之用，动而静也。知之真切笃实处即是行，行之明觉精察处即是知，无有二也。居越以后，所操益熟，所得益化，时时知是知非，时时无是无非，开口即得本心，更无假借凑泊，如赤日当空而万象毕照。是学成之后又有此三变也。先生悯宋儒之后，学者以知识为知，谓“人心之所有者不过明觉，而理为天地万物之所公共，故必穷尽天地万物之理，然后吾心之明觉与之浑合而无间”，说是无内外，其实全靠外来闻见以填补其灵明者也。先生以圣人之学，心学也。心即理也，故于致知格物之训，不得不言“致吾心良知之天理于事事物物，则事事物物皆得其理”。夫以知识为知，则轻浮而不实，故必以力行为功夫。良知感应神速，无有等待，本心之明即知，不欺本心之明即行也，不得不言“知行合一”。此其立言之大旨不出于是。而或者以释氏本心之说，颇近于心学，不知儒释界限只一理字。释氏于天地万物之理，一切置之度外，更不复讲，而止守此明觉；世儒则不恃此明觉，而求理于天地万物之间。所为绝异，然其归理于天地万物，归明觉于吾心，则一也。向外寻理，终是无源之水，无根之木，总使合得，本体上已费转手，故沿门乞火与合眼见暗，相去不远。先生点出心之所以为心，不在明觉而在天理，金镜已坠而复收，遂使儒释疆界渺若山河，此有目者所共睹也。试以孔、孟之言证之。致吾良知于事物，事物皆得其理，非所谓人能弘道乎？若在事物，则是道能弘人矣。告子之外义，岂灭义而不顾乎？亦于事物之间求其义而合之，正如世儒之所谓穷理也，孟子胡以不许之，而四端必归之心哉。嗟乎，糠粃眯目，四方易位，而后先生可疑也。

隆庆初，赐新建侯，谥文成。万历中，诏从祀孔庙，称“先儒王子”。

王守仁传

查继佐

王守仁，字伯安，别号阳明，浙江余姚人，晋王览之裔。六世祖网，洪武中参议广东，死苗难。父华，及第第一人，历官讲读，侍孝宗经筵，以不附刘瑾致仕，仕至南京吏部尚书。守仁母岑夫人，娠守仁十四月，梦神人乘五色云手授之。祖天叙因呼之曰云。五岁不能言，有异僧过天叙曰：“是儿勿以名泄之。”天叙为改名守仁，辄读书敏记。八岁，妄意神仙，嬉戏皆绝人。十五，从宦京师，出游居庸，慨然负壮图。十七，遇蜀道士于江西铁树宫，与语大悦。及见娄谅，谈朱氏格物之旨，复大悦。故善跳狎，则稍就规准。赴乡试，见巨人夜立文场东西，大呼三人好作事，已忽不见。三人者，一榜中胡端敏世宁、孙忠烈燧及守仁，后人意之也。守仁因自负，好谈兵，亦不废养生言。弘治十二年成进士，授刑部主事。病归，辟阳明洞为书舍，更讲神仙之事。已又悔之，改武选，遂与湛若水专求孔孟之学。

正德初，逆瑾乱政，论救言官戴铣，薄彦徽，因大发瑾罪。瑾怒，矫旨杖守仁于门，谪龙场驿丞，复使人前道扼之。守仁佯置衣履江岸，题诗其处，若投江死者，得以免。附海舟舟山，为飓风漂闽，有道士收之，故铁树宫与语大悦者也。遂赴龙场，在南彝万山中。无所得书，日坐石穴中，默记旧牍，辄为训释。期有七月，《五经》之旨略备。龙场人相与伐木为轩，居之。

瑾诛，擢庐陵知县，历文选，累升佥都御史，巡抚南、赣、汀、漳等处。甫至，首平闽、广剧盗詹师富、温火烧等。因言："盗贼日滋，由于滥抚，所调狼兵无制，徒残害，不足使。臣得拣练部勒之，请便宜以行。"诏许之。改巡抚为总督军务。时宸濠蓄逆，颇与贼通。守仁上书密言状，且请罢绌奸谀，以回天下豪杰之心；绝踪巡游，以杜天下奸雄之望。是年，茶寮贼大起，江、广、湖、郴骚然。上命三省会讨。守仁首诛贼间吴让，督兵自南康入，破横水、左溪巢，贼奔桶冈，大战西山界。凡破巢八十四，俘斩六千余人，归流亡，度地居之。凿山开道，夷其险阻。请立崇义县于横水以属赣。已而浰头贼池仲容尤悍黠，擅拟官号，以峯瑶既殄，益增机险阱毒，虞王师。守仁厚抚其党黄金巢等，先从破横水。又纳仲容弟仲安之款，而收仲容之仇卢珂等为心腹，故休士归农，若不复用兵者。已而阳鞭挞卢珂以来仲容，而纵珂往合官兵，尽灭三浰，大小三十余战，灭巢二十有八，俘斩三千余人，复立和平县，以属惠治之。虔吉人感功德，生祠之。升副都御史，荫一子锦衣百户，进千户。

十四年，宸濠果反。守仁与吉安知府伍文定起兵，掩南昌不备，迎战鄱阳湖，贼平。事在《宸濠传》。上自称威武大将军南巡，使人邀所俘于广信，守仁弗与。会太监张永方赞诛刘瑾，为海内所许，抵钱塘。守仁取内道入浙，夜见永，便以宸濠付之，而身至京口谒驾。诸奄不得志，恶守仁上前，称守仁宸濠党。永为护持力，得不问，赏亦不行。事在《张永传》。会江西大水，上疏自劾，语极剀切，报闻。

世宗初立，召守仁入受封。而中有沮者，谓国甫大丧，不当宴赏，中道止之。拜南京兵部尚书，参赞机务，归省。寻论封奉天翊卫、推诚宣力守正文臣、特进光禄大夫、柱国、新建伯。父华亦得封如之。父病中膺封，卒。

初，宸濠之叛也，结誉士大夫，无所不倾下。守仁亦与无崖异，尝使其门人冀元亨往观之。宸濠自谓善守仁，密谋于陆完，意守仁得为其巡抚，用是其形迹不能无疑于士大夫。守仁忧居讲学，受弟子，而忌者蜂起，颇目为伪学。至云初通宸濠谋，策其不胜而背之，言绝丑，不可闻。以是虽封爵赐号，竟不与铁券及岁禄，一时勤王有功诸臣，中伤废斥殆尽，唯伍文定得升副都御史，荫一子千户。守仁不胜愤，乃上疏再辞爵，且极论白诸有功者。温旨慰谕，终格不行。守仁所善席书与门人方献夫、黄绾，皆以议礼得幸上，交章守仁贤，宜大用，亦尼不果。

嘉靖五年，岑猛叛，诏两广聚兵讨猛。猛死田州。其党卢苏、王受相结再叛，岭南大困。桂文襄萼素不善守仁，为张璁所强，交口荐，代姚镆总督两广。守仁至，开示恩信，卢苏、王受等自缚来归，则悉遣其众归农七万一千余人，勒石志功德。时八寨瑶贼反侧岭表，与断藤峡、牛肠、六寺、仙台、花相诸瑶相煽结。守仁以便宜，密令故降苏、受等轻兵出。而永乐、保靖土兵之自岭南还者，亦过八寨，与苏、受等相犄角，径捣其巢，诛斩万计，八寨尽平。捷闻，朝廷以其专擅，敕奖而已。献夫、韬言其功不可泯，上许条画善后以闻。是时守仁已病矣，舆疾劳所事，而桂萼方长吏部，暴喜功名，风守仁取安南，希崇封。守仁辞不应，以是益怨守仁，谗守仁，赏不进。守仁病剧，乞骸骨，卧舟待命。甫度大庾岭，卒，为七年之十一月。时白气亘天，数日乃已。萼等因盛言守仁初擒宸濠，攻战纪律不臧，奏捷多伪；又言擅离本职，处置田州事宜失当；学术不端，破坏士习；乞削夺官爵。诏免夺爵，停恤典，子不得嗣封。

守仁学以致良知为本，所论著有《古本大学则言》及《传习录》诸书。其才气故横绝，得兵部尚书王琼为倾任，故能早膺阃阀，屡立大功，顾未一面守仁也。琼得其所貌像，焚香悬对，契若面语，尝左手持弱孙，右手接守仁奏报，至关启处，顾儿叹曰："生子当如是哉。"

守仁年五十有八，疾革，南安推官入问疾，微哂曰："此心光明，亦复何言。"榇行，士民拥哭者载道。至越，越中市儿巷妇无不嗟叹。隆庆初，赠新建侯，谥文成，赐葬。予祭诰词，推为明元勋圣学。子正亿，得嗣世伯爵。万历初，从祀孔子庙廷。

明儒王子阳明先生传

邵廷采

先生名守仁，字伯安，绍兴余姚人。讲学于阳明洞，自号阳明子。父华，成化十七年进士第一，历官南京吏部尚书。先生少有才名，弘治十三年进士，授刑部主事。十七年，改武选主事。湛若水为庶常，一见定交，相期倡明圣学，门人始进。

正德元年，刘瑾掌司礼监，放逐大臣刘健、谢迁、韩文等。南给事中戴铣、御史薄彦徽合六科十三道，公疏请黜奸回，留硕辅，以安社稷。缇骑逮问，先生抗疏：

铣等职司谏，如其善，自宜嘉纳；即未善，亦宜包容，开忠谠之路。乃今赫然下命，远事拘囚。臣恐自兹以往，虽有上关宗社危疑之事，陛下孰从而闻之？况天时寒冱，万一遣去官校督束过严，铣等在道或遂失所，填沟壑，有杀谏臣名，关系国体不浅矣。伏愿追收前诏，俾各供职如故，以弘大公无我之仁，明改过不吝之勇。

疏人，杖五十，谪贵州龙场驿丞。至钱塘，瑾使人尾之急，惧不免，乃托投江而浮冠履水上。附海舟至闽，入武彝山。已而虑及其父华，卒赴驿。龙场在万山中，蛇虺蛊虫所居。从者皆病，亲析薪取水作糜饲之。凿石椁待尽，诸苗伐木为室，以居先生。明年，提学御史席书聘主贵阳书院，率诸生问学，始论“知行合一”。水西安氏慕先生，致馈，且咨及减驿事。复书谕以朝廷成制，言：

驿可减也，亦可增也。驿可改也，宣慰司亦可革也。使君之先，自汉、唐迄今，历传千百年久者，以能世守天子礼法，竭忠尽力，不敢分寸有所违，是故天子亦不得逾礼法，无故而加诸忠良之臣。不然，使君之土地人民富且盛矣，朝廷悉取而郡县之，其谁以为不可？

所云奏功升职事，意亦如此。夫铲除寇盗以抚绥平良，亦守土常职。今缕举要赏，则朝廷平日之恩宠禄位顾将欲以何为？使君为参政，已非设官之旧；又干进不已，是无抵极也，众必不堪。夫宣慰守土之官，故得以世有其土地人民；若参政，则流官矣。东西南北唯天子使，朝廷下方尺之檄，委使君一职，或闽或蜀，其敢弗行乎？则方命之，诛不旋踵而至，捧檄从事千百年之土地非复使君有矣。由此言之，虽今日之参政，使君将恐辞去之不速，其又可再乎。

又书：

阿贾、阿札等畔宋氏，为地方患，传者谓使君使之。此虽或出于妒妇之口，然阿贾等自言使君尝锡之以毡刀，遗之以弓弩。虽无其心，不幸乃有其迹矣。始三堂、两司得是说，即欲闻之于朝。既而以使君平日忠实之故，且信且疑，姑令使君讨贼。苟遂出军剿扑，则传闻皆妄。其或坐观逗留，徐议可否，所以待使君者甚厚。既而文移三至，使君始出。众论纷纷，疑者将信。喧腾之际，适会左右来献阿麻之首，偏师出解洪边之围，群公乃复徐徐。

今又三月余矣，使君称疾归卧，诸军以次潜回。其间分屯寨堡者，不闻擒斩以宣国威，唯增剽掠以重民怨，众情愈益不平。而使君之民罔所知识，方扬言于人，谓“宋氏之难，当使宋氏自平。安氏何与，而反为之役？我安氏达地千里，拥众四十八万，深坑绝坉，飞鸟不能赴，猿猱不能攀。纵遂高坐，不为宋氏出一卒，人亦卒如我何”。斯言稍稍传播，不知三堂、两司已尝闻之否？使君诚久卧不出，安氏之祸，必自斯言始矣。

使君与宋氏同守土，而使君为之长。地方变乱，皆守土者之罪，使君能独委之宋氏乎？夫连地千里，孰与中土之一大郡？拥众四十八万，孰与中土之一都司？深坑绝坉，安氏有之；然如安氏者，环四面而居以百数也。今播州有杨爱，恺黎有杨友，酉阳、保靖有彭世麒等。斯言苟闻于朝，朝廷下片纸于杨爱诸人，使各自为战，共分安氏之所有，盖朝令而夕无安氏矣。深坑绝坉，何所用其险？使君可无寒心乎？

且安氏之职，四十八支更迭而为；今使君独传者三世，而群支莫敢争，以朝廷之命也。有可乘之衅，孰不欲起而代之？然则扬此言于外以速安氏之祸者，殆渔人之计。萧墙之忧，未可测也。使君宜速出军，平定反侧，破众谗之口，息多端之议，弭方兴与之变，绝难测之祸，补既往之愆，要将来之福。某非为人作说客者，使君幸熟思之。

安氏得书悚息，卒定阿贾之难。居龙场三年，动忍增益，中夜得致知格物之旨，默证《五经》，无不合，著《五经臆说》。

四年，瑾诛，升庐陵知县。其冬入觐，升南京刑部主事。即月调验封，升署员外郎。又调文选，始论晦庵、象山之学。七年，升考功郎。其冬，升南京太仆少卿，分署滁州。从游学者日众，始教人静坐，间天理人欲之分。九年，升南京鸿胪卿。是年，始揭“致良知”之教。

十一年七月，升佥都御史，巡抚南、赣、汀、漳。王思舆语季本曰：“阳明此行，必立事功。”本曰：“何以知之。”曰：“吾触之不动矣。”初，陈金、俞谏等讨华林、桃源群盗，多所招抚，贼未大创；又民间父兄被杀者不得报仇，汹汹不安，数年间转复啸聚。于是贼首谢志山、蓝天凤据南安、横水、桶冈诸寨，池大鬓据漳州、浰头诸寨，福建、江西、湖广、广东之界数千里皆乱。兵部尚书王琼知先生才，特荐用之。先生认为，兵不素练面徒恃机谋，不能力战，一时偶幸成功，非万全策。且客兵一万，不如乡勇一千。前者多调狼达土军，糜饷不赀，民苦兵甚苦寇，以故盗贼旋灭旋起。乃令四省兵备官于各属弩手、打手、机快中，选骁果有胆力者县千人，优其廪饩，最者拔为将领。原额官军，汰老弱三之一，专守城隘。而以新募精兵随方出奇，由是战无不胜。首攻信丰、龙南流贼，连败之。兵既足用，上疏请申明赏罚以厉士气，愿假便宜，临阵诛赏，不限以时，唯成功是责。

王琼请上即与先生兵符，改提督军务。先讨横水、左溪之贼，获谢志山。乘胜进攻桶冈，其帅钟景纳款，而横水、左溪奔入者持不可。先生遣使至锁匙笼促降，而别遣邢珣、伍文定等冒雨入。贼方聚议未决，兵已夺险。猝震愕，急奔入内隘，阻水为阵。珣麾兵渡水，张戬冲其右，文定又自戬右缘厓绕出贼旁。贼败，奔十八磊。唐淳先至，严阵迎出，贼又败。会日暮，扼险相持。明日合战，邢珣先破桶冈大巢，俘斩甚众。湖广兵亦至，余贼遁入山谷。遣诸将分道捕之，于是横水、左溪、桶冈之贼略尽，蓝天凤等皆就擒。凡出师两月，平贼巢八十四。设安远县，控制三省。晋右副都御史。

十三年正月，进讨浰头。先是，征横水、桶冈时，虑浰头乘虚出扰，使人招降羁縻之，池大鬓不从。及横水破，大鬓惧，遣弟池仲安以二百人叩军门降，阴觇虚实。先生令从别哨，远其归路；召近浰头被贼者，各授方略遣归。及桶冈破，大鬓益惧。先生遣使至浰头，赐牛酒。贼严备，诡曰：“龙川新民卢珂恐见袭，故备。非官兵虞也。”卢珂者，抗贼不被胁，贼仇之。先生佯信其言，檄龙川廉珂擅兵状，且令大鬓除道，候还兵讨之。大鬓谢：“无劳官兵，当自防御。”比兵还，珂来告变。先生佯怒珂，收缚，将斩之。曰：“大鬓方遣弟领兵报效，安得有此。”

十二月，至赣州，大享将士，下令："横水、桶冈既平，浰头归顺。民久劳苦，宜休兵为乐。"遂散军，使归农。而遣仲安归报以卢珂被系，令其兄勿撤备，防珂党掩袭。大鬓意大安，乃购其所亲款贼："官意良厚，何可不一往谢？"大鬓谓其下："欲伸先屈。赣州伎俩，须自走观之。"至，则见军门无用兵形，珂等在狱，意益安。先生夜解珂，使归发兵；官属以次设牛酒宴犒，缓大鬓归。度兵已大集，乃廷犒伏甲，引大鬓等入，悉擒之。而促诸路兵同抵贼巢，亲兵由龙南、冷水径直捣下浰，诸路兵皆入三浰。贼久弛备，官兵骤集，惊悸，悉其精锐千余，倚险设伏。官军为三冲，犄角进，指挥余恩首击贼，战良久，贼败。王受等追之，伏发被扼。会推官危寿兵至，鼓噪前冲之。千户孟俊率兵绕其后，贼大溃，遂克三浰大巢。余贼尚八百人，屯九连山，山四面险绝，设礌石、滚木，官兵莫敢前。先生令军人衣贼衣，暮若败奔者上山。贼见，果相招呼。得度险，遂扼其路。贼觉，急御，则大众已阑入。退走溃出，四路皆遇伏，擒斩略尽。余徒二百人恸哭请降，纳之。相视险隘，设和平县，南、赣自此无盗。兵力精炼，用之以义，文武官吏并能敌忾，功成寇除而无跛扈，几复古者井田养兵遗制焉。

师还，至赣，立社学，举乡约，修濂溪书院，刻《大学古本》、《朱子晚年定论》。所至会讲明伦，武夫介士执兵环立，蹑蹻担镫之夫千里远至。长揖上坐，一言开寤，终身诚服。风教四被，讫于江表岭峤。

十四年六月，宁王宸濠反，起兵吉安，讨之。先生久知宸濠且反，虑南、赣未平，得与群盗通，益不可制。及盗平，而先生已为提督，镇上游，濠乃起事。王琼言于朝曰："王伯安在，何患。不出两月，捷疏至矣。”时福州三卫军人进贵作乱，琼谓主事应典：“进贵事，不足烦守仁。可假此便宜与敕书，待他变。”乃命先生出勘福建乱军。

甫至丰城，反状闻。几为濠追所及，匿渔舟潜走。临江知府戴德孺迎入城调度。先生以临江要冲，逼省会，不可驻兵。乃反吉安，与知府伍文定定谋。召邢珣等遣谍四出投檄，言京师、湖广、广东西、南京、淮安、浙江各发兵，共数十万，以疑宸濠，使不敢出南昌。贼果疑，迟回半月。始出攻南康、九江、安庆，则官兵大集矣。又密书与贼心腹李士实、刘养正，若有约内应者。宸濠搜得书，内相猜。士实劝去安庆，趋南京；否，径出蕲、黄，趋京师。皆不从。

七月癸卯，先生自吉安起师，会于樟树镇。知府戴德孺自临江，徐琏自袁州，邢珣自赣州，通判胡尧元、童琦自瑞州，及新淦知县李美、太和知县李楫、宁都知县王天马、万安知县王冕，各以其兵至。己酉，至丰城，议所向。或欲勿攻南昌，以大兵逼之江中，与安庆夹攻之。先生曰：“不然。我越南昌而趋江上，安庆之众仅能自保，岂能援我中流？而南昌兵议其后，绝我粮道，南康、九江合势乘之，是腹背受敌也，不如先攻南昌。宁王久困坚城，精锐皆出，守御必单。我兵新集，气锐可克。宁王闻之，解围还救，暨来，已失南昌。彼则夺气，首尾牵制，此成擒矣。”乃分兵十三哨，哨三千人，各攻一门，以四哨为游兵策应。宁王别伏兵坟厂，为城中声援。遣知县刘守绪夜袭，破之。二十日昧爽，至南昌，令曰：“一鼓，附城；再鼓，登；三鼓不登，诛。”遂援梯登。城中倒戈，门有不闭者。师入，擒居守宜春王拱樤及万锐等千余人，宫中皆纵火焚死。散遣胁从，府库被宸濠取充军资及兵士掠取不尽者籍封之，城中始定。

宸濠先遣兵二万还援江西，自以大军继之。众请坚守待四方援，先生曰："不然。宁王兵力虽强，所至徒恃焚掠，劫众以威，未尝逢大敌，诱惑其下以事成封爵富贵。今遇一城不能克而南昌失据，众心已离。我乘锐邀之，将不战自溃。"遂进，遇于黄家渡。贼乘风鼓噪，气骄甚。伍文定、余恩佯却致之。贼争进，前后不相及。邢珣从后急击，横贯其阵，贼败走。文定、恩还乘之，徐琏、戴德孺合兵夹攻，贼大溃。追奔十余里，擒斩二千余级，溺水死者万计。贼退保八字脑。是日，建昌知府曾玙、抚州知府陈槐亦率兵至。遣槐攻九江，玙攻南康。宸濠尽发两郡兵，厚赏将士。丙辰合战，官兵败死者数百人。伍文定急斩先却者以徇，身立铳炮间，火燎其须不移足，士殊死斗。兵复振，炮及宸濠舟，贼遂大败。退保樵舍，联舟为方阵。文定等为火攻，邢珣击其左，徐琏、戴德孺击其右，余恩等四伏，火举兵合。

丁巳，遂破贼。执宸濠及其世子、郡王、仪宾、伪丞相、元帅等官，斩首三千余级，溺水死者约三万。弃衣甲财物与浮尸积聚，横亘如洲，余贼数百艘四逸溃逃。遣兵追击，破之樵舍，又破之吴城，擒斩略尽。曾玙、陈槐亦收服九江、南康，余党悉平。宸濠槛车入南昌，军民聚观，欢声动天地。仰见先生，呼曰："吾欲尽削护卫，降为庶人，可乎？"先生曰："有国法在。"遂俯首不言。以娄妃尝谏濠，求葬其尸。凡交通中外大小臣僚手籍，悉焚之。

前是，先生上宸濠伪檄，末谓：

陛下在位一十四载，屡经变难，民情驿骚，尚尔巡幸不已，以致宗室黠者谋动于戈，冀窃大宝。且今天下之觊觎，何特一宁王。天下之奸雄，岂直在宗室？兴言及此，悚骨寒心。昔汉武帝有轮台之悔，而晚节奠安；唐德宗下奉天之诏，而士民感泣。陛下宜痛自克责，易辙改弦，罢绌奸谀以回天下豪杰之心，绝迹巡游以杜天下奸雄之望，则太平尚有可图，臣民不胜幸甚。

左右多弗悦。以方起义师，不能难也。而上则自称威武大将军镇国公，总督军务，帅京边骁卒数万，假亲征南游。至良乡，捷书至。大学士梁储、蒋冕等请回銮，不听。

九月，上至南京。先生虑沿途奸党潜伏，欲自献俘阙下。是月，发南昌。太监张忠、安边伯许泰以数千人浮江而上，抵江西。先生乃俘宸濠，取道浙河以进。忠、泰使人要之广信，弗听。时太监张永已至钱塘。先生夜见永，颂其诛刘瑾功，永悦。因极言江西遭乱，民困已极，不堪六师之扰。永深然之，曰："吾出，为君小在侧，欲左右默辅圣躬，非为掩功来也。第事不可直致耳。"先生乃以濠付永，身至京口，欲谒驾。江彬等诬先生"初附濠，度势败乃擒之为功"。张永语家人曰："王都御史忠臣为国，今欲以此害之，异时朝廷有事，何以复使人？"乃见上，具道状，彬等毁，遂不入。张忠又诬先生将反，试召之，必不来。先生闻召即奔命，至龙江，忠等又阻之。乃纶巾野服，入九华山，日坐草庵。上使人觇之，曰："王守仁，学道人也。宁有反乎。"会有巡抚江西命，乃还南昌。

忠、泰奉内降讨宸濠余党，根搜罗织。京边军万余驻省城五阅月，糜费繁浩，公私骚然。北军旦暮呼先生名谩骂，或冲道启衅，先生略不为动。先令市人移家乡落，以老稚应门。给示内外，述北军离家苦楚，居民当致客礼。每出，遇北军丧，必停车问故，厚与之榇，嗟叹乃去。久之，北军咸曰："王都堂待我有礼，我安得犯之。"会冬至，新经濠乱，民间哭亡酹酒，北人无不思家泣下。忠、泰自挟所长校射教场，江西官军射多不中，乃强先生。先生故不得已，应之。三发三中，北军同声踊跃，呼应远近。忠、泰不乐而罢，曰:“我军皆附彼矣。”遂班师。

当是时，宸濠未死，诸奸佞先通濠得金钱者多在上左右，颇有异谋。畏先生、不敢发。先生沉机曲算，内戢凶幸，外防贼徒，抚定疮痍，激励将士，日夜如封劫敌，宸濠竟得伏诛。内阁大臣素恶王琼，忌先生以提督专制讨贼，归功琼。久之不赏。居南昌，求录陆象山子孙，集门人于白鹿洞。

世宗即位，封奉天诩卫、推诚宣力守正文臣、特进光禄大夫、柱国、新建伯。诏至，直父华生日，奉觞为寿。

嘉靖元年二月，丁外艰居越，弟子益进。黄绾荐先生才可入相，而他疏刺讥杨一清，故与辅臣龃龉。而其乡人之忌者至诬之史，诋其讲学收召朋徒共为名高。形奏牍，上亦不能无疑也。服阕，不召，不与铁券。岁录勤王诸臣，唯伍文定得副都御史，余并闲废。先生上疏辞爵，论白诸有功者，竟格不行。廷推本兵、三边、围营，皆不用。

二年，南宫策士问“心学”，阴辟先生，门人徐珊不对而出。三年八月，宴门人天泉桥。四年，会龙泉山中天阁。十月，立阳明书院于越城。

六年，起总督两广、江西、湖广军务，征思、田。至南浦，民欢迎夹道。讲《大学》于明伦堂，诸生拥蔽，多不得闻。唐尧臣代献茶者，上堂旁听，惊曰:“三代后安得有此气象耶。”师至田州，开示恩信，卢苏、王受等自缚来归，束甲受杖。上疏言:“思、田久苦兵革，况外捍交阯，纵克之而置流官，饷穷兵弱，必生他变。岑氏世有功，因其俗可，请降田州府为田州，以岑猛子邦相为判官，苏、受为巡检。别立思恩府，设流官统之。”上皆从焉。

师旋，以苏、受为先锋，合永顺、保靖兵讨断藤峡诸盗，进剿八寨，瑶贼悉平之。方欲移府治、建卫所、增兵设官而病作，疏乞骸骨。十二月，度大庾，疾剧，谓布政使王大用曰：“尔知孔明所以托姜维乎？”大用拥兵护卫，且敦匠事。舟次南安，门人推官周积来见，问何遗言。曰：“此心光明，亦复何言。”卒，年五十八。官属、师生、士民远近遮道，自赣送榇至会城，哭声震地，属路不绝。

桂萼等因言先生攻南昌日纪律不肃，奏捷夸扬，而学术僻狂，足坏士习，宜削官爵。上怜先生功，不许。田州之出，萼与张璁荐之。萼本不善先生，以璁强之。萼长吏部，暴贵喜功名。讽先生取安南，先生不应，以故构隙。再论先生离职及处田州失当，下公卿议。停恤典、世袭，诏禁伪学。隆庆初，始赠新建侯，谥“文成”，赐葬祭。子正亿得嗣伯。万历中，从祀孔子庙庭。正亿卒，子承勋嗣。承勋卒，子先通嗣。

自宋世理学昌明，程、朱大儒择精语详，有国者至以《五经》、《四书》制科取士，可谓盛矣。然人人崇用朱传，而不知反验之身心，口之所能言、笔之所能书顾茫然也。先生思振其衰弊，以为人皆可尧、舜，独持此不学不虑之良知。而作圣之功，不废学虑。孩提之不学不虑，与圣人之不思不勉本体同，而求端用力在于致。《大学》“致知在格物”，《中庸》“致中和”、“致曲”，推而极之，毕天下之能事，至于天地位、万物育，而非有加良知也。孔子曰：“我欲仁，斯仁至。”不得谓良知之远且难也；曾子曰：“仁以为己任，任重道远。”不得谓致良知之近且易也。

良知即明德，是为德性；致之有事，必由问学。尊德性而道问学，致良知焉尽之矣。故谓象山为尊德性，而堕于禅学之空虚，非尊德性也；谓晦庵为道问学，而失于俗学之支离，非道问学也。非存心无以致知，后人自分，而晦庵、象山自合耳。顾晦庵之学，已皎然如日月之丽天。先生欲表章象山，以救词章帖括之习，使人知立本、求自得，故其言曰："朱、陆二贤者天姿颇异，途径微分，而同底于圣道则一。其在夫子之门，视如由、赐之殊科焉可矣。而遂摈放废斥，若碔砆之于美玉，奚为也？"

至于"四无"之说，流失在龙溪。而天泉夜论，其师不以为不然，故滋后人口实，然其中正有可详求者。阳明之所谓"四无"，固异于龙溪之所谓"四无"。龙溪之所谓"四无"，以无为无者也，荡而失归，恍惚者托之矣。故其后为海门、为石梁，而密云悟之禅入焉。阳明之所谓"四无"，以无为有、以有为无者也。前乎此者，濂溪之"无极而太极"；后乎此者，蕺山之"无善而至善"。"上天之载，无声无臭"，"形而上者谓之道"，是不可名者也。故知善知恶是良知，为善去恶是格物。统中人以上、中人以下，循循焉俱由此二言入。教人有序，虽卓立喟叹之颜子不能出其范围，固当以绪山之所守为正矣。致良知实功唯为善去恶，故曰："致知在格物。"其小异于朱子者，正心诚意之事并摄入格致中，举存心、致知不分为二，是固《中庸》"尊德性"、"道问学"之本旨也。

善乎，郑端简之言曰："王公才高学邃，兼资文武，近世名卿，鲜能及之。特以讲学故，众口交訾。盖公功名昭揭，不可盖覆。唯学术邪正，未易铨测。以是指斥，则谗说易行，媢心称快尔。"今人咸谓公异端陆子静之流。嗟乎，子静岂异端乎。以异端视子静，则游、夏纯于颜、曾，而思、孟劣于雄、况矣。公所论叙《古本大学则言》、《传习录》诸书具在，学者虚心平气，反复融玩，久当见之。宁庶人反时，又能不顾九族，身任其事，不逾旬朔，卒平大难。宣德、乐安之变有如公者，景陵无羁靮之劳矣。

万历十二年十月，大学士申时行等疏曰：

前御史、詹事建白先臣王守仁、陈献章从祀学宫，下九卿、科道官议。诸臣不能深唯德意，杂举多端，或且诋訾守仁。奉旨："王守仁学术原与宋儒朱熹互相发明，何尝因此废彼。"大哉王言。亦既明示之矣。而议者纷纷，迄无定论，又命廷议归一具奏。

仰唯王上重道崇儒，德旨屡下，深切著明。今覆议乃请独祀布衣胡居仁，臣等窃以为未尽也。彼诋訾守仁、献章者，谓之"伪学"、"伯术"，原未知守仁，不足深辨。

其谓各立门户者，必离经叛圣，如老、佛、庄、列之徒而后可。若守仁，言"致知"出于《大学》，言"良知"本于《孟子》。献章言"主静"，沿于宋儒周敦颐、程颢。皆阐述经训，羽翼圣真，岂其自创一门户耶？事理浩繁，茫无下手，必于其中提示切要以启关钥，在宋儒已然。故其为教，曰"仁"曰"敬"，亦各有主。独守仁、献章为有门户哉。

其谓禅家宗旨者，必外伦理、遗世务而后可。今孝友如献章，出处如献章，而谓之禅，可乎？

气节如守仁，文章如守仁，功业如守仁，而谓之禅，可乎？其谓无功圣门者，岂必著述而后为功耶？盖孔子尝删述《六经》矣，然又曰"予欲无言"，曰"吾无行而不与二三子"。门人颜渊最称好学矣，然于道有以身发明者，比于以言发明，功尤大也。

其谓崇王则废朱者，不知道固相成，并行不悖。盖在朱时，朱与陆辩，盛气相攻，两家弟子有如仇敌；今并祀学宫。朱氏之学，昔既不以陆废，今独以王废乎？

大抵近世儒臣，褒衣博带以为容，而究其日用，往往病于拘曲而无所建树；博览洽闻以为学，而究其实得，往往狃于见闻而无所体验。习俗之沉锢，久矣。今诚祀守仁、献章，一以明真儒之有用，而不安于拘曲；一以明实学之自得，而不专于见闻。斯于圣化，岂不大有裨乎。若居仁之纯心笃行，众议所归，亦宜并祀。我国家二百余年，理学名臣，后先辈出，不减宋朝。至于从祀，乃止薛瑄一人，殊为阙典。昔人有云："众言淆乱，折诸圣。"伏唯圣明裁断，益此三贤，列于薛瑄之次，以昭熙代文运之隆。

制曰："可。"

康熙某年，汤斌答陆陇其书曰：

手教：孔、孟之道，至朱子而大明。学者但患其不行，不患其不明；但当求入其堂奥，不当又自辟门户。再读《学术辨》云："天下有立教之弊，有末学之辨。"又云"泾阳、景逸未能尽脱姚江之藩篱"，圣人复起，不能易也。独谓弟不欲学者诋毁先儒，是诚有之，然有说焉。

弟少无师承，长而荒废，茫然无所知。窃尝泛滥诸家，妄有论说。其后学稍进，心稍细，甚悔之。反复审择，知程、朱为吾儒正宗，欲求孔、孟之道而不由程、朱，犹航断港绝潢，而望至于海也。

若夫姚江之学，嘉、隆以来，几遍天下矣。近有一二巨公昌言排之，不遗余力，姚江之学遂衰，可谓有功圣道。然海内学术，浇漓日甚，其故何欤？盖天下相尚以伪久矣。今天下深明理学者固众，随声附和者实多。更有沉溺利欲之场、毁弃坊隅、节行亏丧者，亦皆著书镂板，肆口讥弹，曰“吾以趋时局”也。亦有心未究程、朱之理，目不见姚江之书，连篇累牍无一字发明学述，但抉摘其居乡居家隐微之私，以自居卫道闭邪之功。夫讦以为直，圣贤恶之，唯学术所关。不容不辨。如孟子所谓“不得已”者可也。今舍其学术而毁其功业，更舍其功业而讦其隐私，岂非以学术精微未尝深讨，功业昭著未易诋诬，而发隐微无据之私，可以自快其笔舌？此其用心亦未光明矣。在当年，桂文襄之流不过同时忌其功名，今何为也？责人者，贵服人之心。自古讲学，未有如今日之专以谩骂为能者也。

或曰：“孟子尝辟杨、墨矣。”杨、墨何至“无父无君”？孟子必究其流弊而极言之。此圣贤卫道之苦心也，何怪今之君子欤？

窃以为不然。孟子得孔子之心传者，以其知言、养气、性善、尽心之学，为能发明圣人之蕴也。盖有所以为孟子者，而后能辟杨、墨，息邪说，闲先圣之道；若学术不足继孔子，而徒日告于人曰“杨、墨无父无君也”，“率兽食人也”，恐无以服杨、默之心而熄其方张之焰矣。孟子曰：“今之与杨、墨辩者，如追放豚，既入其苙，又从而招之。”则知当日之与杨、墨辩者亦不乏人矣，今无片言只字之存，则其不足为轻重可知也。然则杨、墨之道不传于今者，独赖有孟子耳。今不务为孟子之知言、养气、崇仁义、贱功利，而但与“如追放豚”之流相颉颃焉，其亦不自重也已。

台谕云：阳明尝比朱子于洪水猛兽，是诋毁先儒莫阳明若也。今亦黜夫诋毁先儒者耳，庸何伤。

窃谓阳明之诋朱子也，阳明之大罪过也，于朱子何损？今人功业文章未能望阳明之万一，而止效法其罪过，如两口角骂，何益之有？恐朱子亦不乐有此报复矣。故弟之不敢诋斥阳明者，非笃信阳明之学也，非博长厚之誉也，以为欲明程、朱之道者，当心程、朱之“心”。学程、朱之学，穷理必极其精，居敬必极其至，喜怒哀乐必求中节，视听言动必求合礼，子臣弟友必求尽分。久之，人心咸孚，声应自众。即笃信阳明者，亦晓然知圣学之有真也而翻然从之。若曰能谩骂者即程、朱之徒，则毁弃坊隅、节行亏丧者皆将俎豆洙、泗之堂矣，非弟之所敢信也。

弟年已衰暮而学不加进，唯愿自体勘求，不愧先贤。或天稍假以年，果有所见，然后徐出数言就正海内君子未晚。此时正未敢漫然附和也。

斌号潜庵，睢州人，孙征君钟元门人。

论曰：道固一贯，其流则万析焉。既精，支离是患。

儒者之学，固以经世务为验也。昔孔子作《春秋》，空文当行事；孟子游事梁、齐，阔其言弗用；汉董、贾，宋周、程、张、邵、朱诸贤，未得大展所为；阳明遭际运会，值昏乱之朝，而能以勋名完立，卓然为一代安国家、定社稷元臣。即其初谪龙场，亦有一纸书剪安之烈，使天下见儒者经纶无施不可，盖皆其学之厚积有以发之。忌者顾从而指为伪，甚矣。石齐黄公称先生气象类孟子、明道，而出处建功之迹近于伊尹，知人知言哉。

新建伯文成王先生世家

耿定向

先生有言曰："豪杰而不圣贤者有之，未有圣贤而不豪杰者。"盖尝上下古今，三代以还，不具论孔孟后负豪杰才者，类溺于质矣。优入圣域者诚尠。迺潜心学圣，以名理著称者，原本才质足拟古豪杰士，固不数数然也。惟我昭代文成王先生，亶乎豪杰之才，而圣贤学者，孟子以后鲜与匹矣。顾其受才英迈，骀宕不羁，少乏狥齐之誉，而人伦所遭又多不幸，且逢世艰危，任肩重钜，其应用施措，有难以绳矩律者。以此世之姱修莊士，或泥其迹，不欲深究其学，而一二及门承传者，识及质淆，见超至靡，只窃其绪言而张皇之，行多不掩，因缘饰以异说，致使先生学竟湮郁不彰。忧世卫道者，至谓先生借寇兵，赍盗粮，岂不悲哉？愚本据先生生平所历，著世家，中特述其经尝险阻，为明怆惩悟人之因，而尤详其晚年省悔克治之切，以著其修证之实。世豪杰士，勿徒昵耳，而直反之躬，不自咎往，而亟图更其新。先生我师哉？维时见知闻知者，多在豫章举所知，述邹罗二先生传外，述泰州心斋传者，陆子静有言："可使不识一字凡夫，立地作圣。"玩心斋先生良知旨，信立地作圣诀也。

先生姓王氏，讳守仁，字伯安，其先晋右军义之裔也。右军传二十三世，迪功郎寿，始自山阴徙余姚。传五世，曰纲字性常者，具文武才，国初为刘伯温荐，仕至广东参议，遇苗乱死之。参议生彦达，达伤父死难，不仕，号秘湖渔隐。渔隐生与准，是为先生高祖，精礼、易，永乐中辟举，避步墜石崖，伤足得免，因号遁石翁。翁生杰，以明经贡太学，号槐里子。生天叙，号竹轩，以子贵赠礼部右侍郎，后加赠如先生爵，累世载德，见诸名公所著传。赠公生华，是先生父，号海日，亦号龙山，成化辛丑赐进士及第第一人，仕至南京吏部尚书。母郑夫人娠十四月而诞先生，成化壬辰九月丁亥也。

先生生五岁始言，即能诵赠公所恒读书，赠公讶之，封曰：“儿往耳而默记之也。”尚书公及第，先生方十龄，赠公携于京师，过金山，饮客命赋诗。先生赋曰：“金山一点大如拳，打破淮扬水底天。醉倚妙高台上月，玉箫吹彻洞龙眠。”客惊异，复命赋蔽月山房诗。曰：“山近月远觉月小，便道此山大于月。若人有眼大如天，还见山小月更阔。”卓志超识，其夙植耶。比至京就塾，尝闻塾师以科第为第一等事，先生中不然曰：“科第上有圣贤事当为者。”赠公闻而奇之。丙午，年十五，游居庸，慨然有经略四方志。是时畿辅、秦、楚患盗，拟上书阙下，尚书公斥之，乃止。弘治改元戊申，年十七，外舅诸公宦豫章，往就甥馆，合卺毕，闲步铁柱宫，见道士静坐，与语，悦之，遂相对终夕。归越过广信，谒娄一斋谅。谅故游聘君康斋门者，为语“圣人为必可至”，深契焉。先生故好谑，自是常端坐省言，同业者未信。先生曰：“吾昔放逸，今知遇，当改也。”壬子，年二十一，举乡试入京，为考亭格物学，觉烦苦无得，乃贬为词章。明年下第，时相李文正戏呼为来科状元，且曰：“试以吾言作赋。”先生援笔立就，惊羡为“天才天才”云。念疆圉多警，乃留意兵法。寻有疾，复谈养生术。己未，年二十八，成进士，观政工部，与海内名士乔宇、汪俊、李梦阳、何景明、顾璘、徐祯卿、边贡辈学古文词。已差督造王威宁坟，事竣，谢弊不受，受其佩剑，以符所梦也。应诏上边务八事。逾年，授刑部主事，创制《囹圄巡警规》，至今遵之。嗣差视谳江北，便游九华，闻岩洞有异人，历崄访之。异人初不语，徐曰："周茂叔、程伯淳若家好秀才，可归求之。"先生会心焉。壬戌秋，请告归越，年三十二，究心二氏之学，筑洞阳明麓，日夕勤修习，静中内照，形躯如水晶宫，忘己忘物，忘天忘地，混与太虚同体。有欲言而不得者，常思遗弃世累而不能置。念于祖母岑及尚书公，久之，悟此念生自孩提，人之种性，灭绝种性，非正学也。甲子，聘主山东试，识拔多名士，程录尽出其手，士林传诵焉。明年门人始进，与甘泉湛公定交。尝谓"初志此学，几仆而兴，晚得友甘泉，而后吾志益坚，毅然不可遏"云。正德改元丙寅，奄瑾窃柄，恶南台省戴铣、薄彦徽等攻己，逮系诏狱。先生抗疏救之，瑾矫诏收先生，杖谪贵州龙场驿驿丞。既行，瑾使人尾侦之，将甘心焉。先生至钱塘，讬迹投江，附估舫遁，倏遇飓风，飘至闽境。夜奔山径，叩寺求宿，不纳，则之别刹。刹故虎穴，穴僧恒趣旅客于中，而利其遗物于虎口。及先生至，虎绕刹咆哮，不及入。旦，僧知先生无恙，异之，乃要至寺，则前铁柱宫所晤道士在焉。因与商远遁意。道士曰："公有亲在，且名满朝野，倘不逞之徒假姓名倡乱，家族危矣。"为筮之，遇《明夷》，遂泱策归，由武夷出广信，省尚书公于留都。丁卯夏，徐曰仁、蔡宗衮、朱节受学。是秋三子子同举乡试，别先生。为序，明师友之义，具《文录》。冬，赴龙场。龙故在万山丛棘中，蛇虺魍魎，瘴疠蛊毒之交错。夷人鴂舌，语言不通。无居舍，始教之范土架木为小茇，已就石穴而处。从行三仆，以历险冒瘴，皆病，先生躬析薪汲水，作糜以饲，百方慰解之。目同旅行者，父子主仆骈首死焉。为文瘗之，而自为石椁以待。盖先生于时，因衡动忍，不惟得失荣辱胥已解脱，即死生一念亦为拚置。端居澄默以思，倏若神启，大解从前伎俩见趣，无一可倚，惟此灵昭不昧者，相为终始。不离伦物应感，而是是非非，天则自见。证之《六经》、四子，无不吻合，益信圣人之道，坦若大路，如此著《五经臆说》。与学者尝发格致旨。久之，夷人亦渐亲近，共伐木，为构龙冈书院、何陋轩、玩易窝居之。安宣尉来遗餽，却之。因申朝廷威信令甲，析其减驿之议。又讽之出兵，平阿买、阿扎之叛。盖不特忘在夷狄患难中，且有以行乎夷狄患难者。与贵阳学使席公书，往复质辨朱陆同异。席大省，著《明宽录》，而葺书院居先生，率诸生师事之。庚午，量移庐陵令，时当论知行合一。初于门人徐曰仁发之，谓称："人知孝知弟，必其能孝能弟，即知痛知痒，非本诸身，亦恶乎知？盖欲人反身默议。所以生生者，惟此知，故即知而行在其中，非闻见知解之知也。世儒局于习闻，执以考索为知，以摹拟为行，从来矣。"闻之多骇疑者。过常德、辰州，见冀元亨、蒋信、刘观时，成能卓静坐，后稍有悟，复示书曰："于此着力，方有进步，顾须刊落声华，切己用功，重惩世亟标榜者。"在庐陵仅七月，政务开导人心，不事刑威，稽旧制，选里正三老，坐申明亭，讼者至，使劝解化诲，后几无讼。冬入觐。台州黄宗贤绾来问学，自言"于学有志，未实用功"。先生曰："人患无志，不患无功。"后契良知旨，始纳贽称门人。卒为先生托孤，以女取其胤子。是年，先生升南刑部主事，寻改吏部验封司，会试为同考试官，识邹文庄于糊名卷中，一时人服其精鉴。同寮方叔贤献夫位在先生上，闻先生论学有契，遂肃贽受学。引疾归西樵，以卒其志。先生寻转文选员外郎，升考功司郎中。门人稍益进，谓王司成云凤曰："仁，人心也，体本弘毅，识仁，则弘毅自不容已"云。已升南京太仆少卿，便归省。舟中与徐曰仁论《大学》宗旨。曰："格物是诚意功夫。"

曰仁因省“明善是诚身功夫，穷理是尽性功夫，道学问是尊德性功夫，博文是约礼功夫，惟精是惟一功夫”，知行合一旨大洞然。曰仁盖得于反身实体也。逾年至滁。孟源问：“静坐中思虑纷杂，奈何？”曰：“思虑亦强禁绝不得，就其萌动处省克，到天理精明后，有物各付物意，自然精无杂思矣，所谓知止乃有定也。”

甲戌，升南京鸿胪卿，年三十五。薛尚谦侃、陆原静澄、郭善甫庆辈受业，先生往惩末俗卑污，来学者多就高明一路引掖。时见有流入空虚，为放言高论者，甚悔之。自是教学者存理去欲，为省克实功。谓黄宗贤曰：“学须立诚，从心体入微处用功。不然，则平日所谓学者，适以长傲，遂非。彼自谓高明光大，而不知堕于狼戾险嫉矣。”谓陆澄曰：“义理无定在，无穷尽，未可少有得即自足。尧舜之上善无尽。今学者于道，若管窥天，少有所见，遂傲然居之不疑。与人言论，不待其终，而先怀轻忽非笑心，訑訑之声音颜色，有道者侧观之，方为之悚息汗颜，而彼且悍然不顾，略无省悔，可哀已。”澄问：“论道者往往不同，何如？”曰：“道无方体，即天也。人尝言天，实未知天。若解道即天，何莫非道？彼局于一隅之见，以为道止如此。若解向里寻求，见得自己心体，即无处不是此道。亘古亘今，无终无始，更何同异？盖心即道，道即天，知心则知道知天矣。欲见此道，须从心上体忍始得。”澄问：“象山云‘在人情事变上作工夫’，如何？”曰：“除了人情事变，即无事矣。喜怒哀乐，非人情乎？自视听言动，以至富贵贫贱，患难死生，皆事变也。事变惟在人情里，其要在致中和。”谓汪司成俊曰：“心统性情，寂感体用一原也。顾用显而易见，体微而难知。彼谓自朝至暮，未有寂然不动时，是惟见其用，未得其体也。善学者，因用识体耳。”又曰：“体用一源，有未发之中，即有发而中节之和。今人发不中节，可知其未发之中未全也。”或问“已发未发”。曰：“譬之钟声，未扣不可谓无，既扣不可谓有。未扣时，原足惊天动地；既扣时，亦止是寂天寞地。”澄问：“出入无时，莫知其乡。”曰：“心之本体原是如此，盖论本体，原无出入。若谓思虑运用是出，其主宰常昭昭，在此何出之有？既无所出，何人之有？出入只是动静，动静无端，何乡之有？”又曰：“心不可以动静分，体用动静，时也。即体而言用在体，即用而言体在用。谓静可见体，动可见用，则得精神言动，大率以收敛为主，发散是不得已，天地人物皆然。圣人到，位天地，育万物，从喜怒哀乐未发之中养来。后儒不明格物之说，见圣人无不知，无不能，乃于初学入门时，欲讲求得尽，岂有此理。”谓薛尚谦曰：“学专涵养者，日见其不足；骛识见者，日见其有余。日不足者，日有余；日有余者，日不足矣。”又曰：“不致良知而溺闻见，是不务力，出而惟籴以给朝夕者，愚矣哉。”乙亥，临川陈惟浚九川见先生于龙江，述问答四条，后再见于虔州，述先生十五条，具《传习录》中。

丙子，年四十五，升佥都御史，巡抚南、赣、汀、漳等处。南赣当四省之交。漳南象湖、长富诸巢交于闽，贼魁詹师富等据之；其西横水、左溪、桶冈诸巢交于楚，贼魁谢志珊、蓝廷凤等据之；其东南三浰、九连诸巢交于粤，贼魁池中容等据之。不时四出劫掠，为患累年，三省抚臣往相观望，急则议请夹剿。每逾时，兵始集，集则贼已窜匿，徒糜饷费，为居民苦。而时宸濠等业已潜蓄不轨，阴与贼通，为之曲护，以此积至数十万众。前抚臣畏难引疾被论去。先生丁丑春莅任，始至，置二匣行台前，曰：“求通民情，原闻己过，念漳患孔棘，甫旬日即出师。”初以粤兵违节制失利，众议济师俟秋举，先生不可，躬率诸道进兵，趣上杭，出其不意，直捣象湖，乘胜破长富及水竹等四十余巢，漳南以平。其年九月，疏上本兵，复请改授提督兼巡抚，得便宜行事，意盖微也。十月，成军而出，一鼓而破横水、左溪，再鼓而灭桶冈。三浰贼尤为悍黠，拟官僭号，为恶称矣。时闻各巢破，惧而佯款，阴增机阴穽毒，以虞王师。先生故休士归农，明年正月，计擒其渠魁，遂振旅复举，击其懈，又一鼓而破三浰，再鼓而下九连，其分合先后，算无遗策矣。捷奏，升副都御史，荫子锦衣卫，世袭千户。

先生莅赣，甫逾年，凡三捷皆役，不再籍，兵无挫刃，数十年负固不逞之凶，一旦殄荡，功何伟也。且念其初至，兵乏矣，第选民兵，立兵符，明赏罚以練之，而不征调狼达。士兵食匮矣，第疏通盐法，处商税以足之，而未始加赋编民。申保甲，谕告格于其始；立社学，举乡约，以和厥中；已开县治，置巡司，移邮驿，以图厥终。经略周而垂裕到今矣。先生在事，燕居则挽强习劳，出兵则跃马先驱。即倥偬中，时时朋来问学，挥尘谈道。其任事何勤，而神情又何暇裕耶。志珊就擒，先生讯之曰："汝何策得众若此？"珊曰："平生见世魁杰夫，多方招结，不轻放过也。"先生退谓九川曰："吾侪求友，当如此矣。"其年刻《古本大学》、《朱子晚年定论》、《报太和少宰罗整菴钦顺书》，论格致甚辨。后《报顾华玉磷书》，尤辨。而拔本塞源论，发千古万物同体旨，订砭习相沿锢弊，可俟百世者。二书具《传习录》中。薛侃等刻《传习录》。修濂溪书院，以待四方来学。欧阳崇一德受学。崇一年最少，已举乡试，先生深器之。己卯，邹谦之守益来学，详具《本传》。

其年六月，奉勅勘处福建叛军，至丰城，闻宸濠反，急走小舸返吉安。飞章上变，与知府伍文定等定谋，征兵各郡，并传檄鄰省，扶义勤王。先生于时以兵难卒集，且虞两都之无备也，乃为先声张疑，以逗遛贼兵，而又多方行间，以离其党。宸濠果迁延至七月初，发南昌，攻陷南康、九江，进围安庆。我师既集，佥请急救安庆。先生策曰："南昌既已从逆，南康、九江又失守，我师深入与贼交持，如南昌绝我粮道，南康、九江之兵从中夹击，安庆必不能援，是腹背受敌，非策也。不如先举南昌，法所谓'攻所必救'是已。"乃誓师樟树，授伍文定等方略，如期俱至汎地。先生亲鼓之，三军兢奋登城，城遂拔，擒诸从逆居守者。先生入城，籍封府库，抚集居民，时贼攻安庆方急，闻南昌破，大恐。李士实等谋弃南昌，径趋南京，或从蕲黄直犯北阙。濠入前间，不听，悉众还。佥谓贼众，盛欲坚壁待援。先生度贼，进不得逞，还无所归，气已消沮，出奇击惰，便遂迎战于樵舍，三战，大破之，执濠并其宫嫔、遗孽、伪相李士实等，捷奏不宣。诸奸佞江彬等导上南巡，下制亲征，遣先锋谕先生纵濠鄱湖，俟驾至，临战执之，为悦，谋叵测矣。先生亟从越道献俘行在，而彬等率兵至南昌，飞语四出。先生道遇近侍张永，谂为珰中之有良者，为语江西隐祸可虞，即以俘属献，止上亲征，而卧病杭城寺中，取进止。久之，勅兼巡抚，还江西。明年，上在留都，诸奸佞百方谗构，屡伪旨召先生，意图之。先生知，不赴。因谮先生有将心，试召之，必逆命。先生因永知其谋，时闻召，即乘小舫，取渔艇数十为卫，星夜破浪趣行在，至上新河，诸奸佞阻之，不得见。退次芜湖，已待命九华山。逾月，上使校觇之，谂先生晏坐草菴中，上始释曰："王守仁学道人也，前言者诬矣。"乃复命还江西。先生过开先寺，刻石纪事，曰："于赫皇威。神武不杀，如霆之震，靡击而折。神器有归，孰敢窥窃。天鉴于宸濠，式昭皇灵，嘉靖我邦国。”

其年夏，复如赣。至则阅兵，简武如常。门人危疑其间，请释兵还省，先生处之泰然，第曰：“二三子，何不讲学。”盖是时逆濠未死，诸奸佞素通濠得金钱者，多在上左右，已谂逆志，第以先生在赣，不敢动也。世第知先生擒濠之功之伟，不知先生惟时沉几曲算，内戢凶倖，外防贼党，抚定疮痍，激励将士，盖凛凛乎如持劲敌，如履春冰矣。濠伏诛，咨部院，雪冀元亨冤状。元亨楚人，濠以讲学为名，礼招之。元亨因以学规濠，濠不怿而返。先生卫之归后，构先生者波及之，故先生为雪云。其年秋，还南昌。泰州王银服冠古服，执木简书诗为贽，以宾礼见。先生降阶迎，延上座，问：“何冠？”曰：“有虞氏冠。”“何服？”曰：“老莱子服。”曰：“学老莱乎？”曰：“然。”曰：“将止学其服，抑学其上堂诈跌掩面啼哭也。”银色动，坐渐侧，与反覆论格致旨。有省，乃反服执弟子礼。先生为易名艮，汝止。

辛巳，先生年五十，遗谦之书曰：“近从百死千难中信得致良知三字，真圣门正法眼藏，无不俱足。譬之操舟得舵，平澜浅濑，无不如意，虽遇颠风逆浪，亦可免于没溺。但恐学者易之，将作光景玩弄，不切实用功，负此知耳。”伦彦式以训来学，问：“学无静根，感物易动，处事多悔，奈何？”先生谓：“学无间于动静。其静也常觉，而未尝无，故常应；其动也常定，而未尝有，故常寂。动静皆有事焉，是为集义。集义自无祗悔云。”嗣谓聂文尉曰：“集义惟是致良知，实致良知，自勿忘，自无意必固我，自勿助，所谓必有事而勿忘勿助，以此有事非虚也。”尝谓王纯甫曰：“心外无善，心外无义，吾心之处，事事物物纯乎理，而无人为之杂，谓之善，非在事物，有定所之可求也。处物为义，是吾心得其宜义，非可袭而取也。格者格此，致者致此。若曰事事物物求至善，是离而二矣。”先生五疏乞省葬，其年始得允，归越。钱洪甫德洪率其同里孙应奎等七十余人受学。时辅臣恶本兵王琼甚，而先生奏捷疏，每归功本兵，盖谓：“平贼擒濠，以改提督得便宜，琼本谋也。”辅臣亦忌先生，以此滋不悦，捷奏，久不赏。嘉靖改元，始诏录先生功，封新建伯兼南京兵部尚书，参赞机务，三代赠封，如其爵。遣使迎晏，劳使至门，而海日公卒，先生宅忧，忌者又以锡晏劳费为辞，嗾言官论沮，服阕，竟不召。谗谤益起，虽封爵锡号，竟未与铁券岁米，一时勤王有功诸臣，中伤废斥几尽。先生不自安，累疏辞封，乞录诸勤王者功，竟格不行。

先生忧居在里，四方来学者踵至，署其门曰：“孔孟之训昭如日月，诸支离似是而非者，异说也。有志圣学者，归求诸孔、孟之训可矣。”逾年，四方来学者弥众。郡守南元善大吉为先生辛未所录士也，守绍时闻良知旨，尝于先生前自省临政多过，谓先生何无言。先生曰：“吾已言之。吾尝言良知，良知固自知也。”自省加密。先生曰：“往镜未明，可得藏垢；今镜明矣，一尘难住，此入圣机也，勉之。”元善创稽山书院，以待来学。是年序礼记纂言，谓“礼原于天命之性，老庄外礼言性，故谓礼为道德之衰、仁义之失。世儒外性求礼，纷纭于器数仪文之末，而忘秩序之原云”。进贤舒国裳、国芬来学，先生与论律吕，谓：“求元声不在葭灰黍粒中，在此心能致中和。”先生于礼乐，盖深达本原如此。国裳疑敬畏累洒落。曰：“洒落生于天理常存，天理常存由戒惧之无间，敬畏固所以为洒落也。”答周道通问学，章凡七，皆发明良知旨。答陆原静问学，章凡十六，读者喜。澄善问，因见先生答问之教云。先生谓：“原静止在知解上转，不得已与之分疏耳。若信得良知，在良知上用功，千经万典，无不吻合，异端曲学，一勘尽破矣。”徐昌国谈长生术，尝谓：“居有不可超无，滞器非以融道。”先生曰：“去有超无，无将奚超？外器融道，道器为偶矣。子固未超未融乎。夫消息盈虚皆命也，纤巨内外皆性也，隐显寂感皆心也，存心尽性，顺命而已。”问：“冲举有诸？”曰：“尽鸢性者，可冲于天；尽鱼性者，可泳于渊；尽人之性者，可知化育也。”昌国怃然。曰：“命愚矣。”萧惠问死生。先生曰：“知昼夜，即知死生。”问昼夜。曰：“知昼则知夜。”曰：“昼有不知乎？”曰：“畴知昼哉？懵懵而生，蠢蠢而食，不著不察，终生梦昼也。惟息有养，瞬有存，惺惺不昧，通昼夜之道，而知更何生死。”谓陆澄曰：“仙家说虚，圣人岂能于虚上加得一毫实；佛家说无，圣人岂能于无上加得一毫有。但二氏不免义有虚无见在也。惟此良知之虚，便是天之太虚；良知之无，便是太虚之无形。圣人惟顺此良知发用，天地万物皆我良知发用流行中，更无物作障碍也。”语张元冲曰：“圣人尽性至命，何物不具？即吾尽性至命，能完养此身谓之仙，能不染世累谓之佛，二氏之用皆我之用，世儒不见圣学之全，故成二见分别耳。”先生于二氏，盖已洞悉其机要而范围之，顾其学自有宗也。尝曰：“世儒支离外索，求明物理，而不知吾心即物理。佛老空虚遗伦物，求明心而不知物理即吾心。析心与理，二之蔽也久矣。宋至周、程，始追寻孔、颜之宗，其无极太极，大公顺应之论，庶几精一之旨。象山之纯粹，和平虽若未逮，而直截简易，真有以接孟子之传，要其学之必求诸心，则一也。”尝别湛文简曰：“某溺于邪僻者二十年，后赖天启，沿周、程之说求之，始稍有觉。”谓储文懿曰：“世有周、程，吾得就弟子列，诚大幸。此不可得，诚得高弟而私淑焉，亦幸也。”其尊信如此。世窥二氏一斑者，辄掊击周、程，即孔、孟亦辩髦之，何其不怍哉？南元善疑博约先后训，先生著说解之，具《文录》中。

甲申，海宁董萝石云，年六十八，以诗闻江湖。间来见先生，与语有省，强纳贽受学。先生以师友之间礼遇之，为著《从吾道人记》，具《文录》中。士人有疑为学妨举业者。先生曰：“实志圣贤学者，犹治家，力产作业，致富厚宾，至出所有享之，乃自享尤无尽也。今世业举者，如治家不务居积，而惟日假贷以延宾，宾退而终为窭人矣。是求在外者也。”是岁从先生游者，遇比多中式，而钱梗、魏良政发解江、浙两省焉。士绅官司理者，憾为职业所萦，无暇为学，先生曰：“凡学官先事，离事为学，非吾格致旨也。即以听讼言，如因其应对无状而作恶，因其言语圆融而生喜，因其请讬而加憎，因其籍援而曲徇，或以冗剧而怠，或以浸谮而淆，皆私蔽也。惟良知自知之细，日省克不少偏枉，方是致知格物也。”一日王汝止出游归，先生问何见。对曰：“见市人皆圣人。”先生曰：“市人但见子是圣人也。”他日董萝石出游归，先生问如前。董对如汝止。先生曰：“此常事，何异也。”汝止时圭角未融，萝石初机乍解，见同答异，一裁之，一实之也。钱洪甫尝谓：“人品易知高者，如泰山在前，孰不知仰？”先生曰：“泰山不如平地也。”黄冈郭善甫挈其徒吴良吉走越受学，途中相与辨论未合，既至，郭属吴质之先生。先生方寓楼馔，不答所问，第目摄良吉者再，指所馔盂，语曰：“此盂中下乃能盛此馔，此案下乃能载此盂，此楼下乃能载此案，地下乃能载此楼，惟下乃大也。”良吉退就舍。善甫问：“先生何语？”良吉涕泗横下，呜咽不能对。已，良吉归而安贫乐道，至老不负师门云。谓黄宗贤曰：“凡人躁浮忿欲，皆缘良知蔽塞，而后有大勇不能制而克也。《中庸》曰：‘知耻近乎勇。’耻已良知蔽塞耳。今人以语言不能屈服人为耻，以意气不能凌轧人为耻，以愤怒嗜欲不得直意任情为耻。耻非可耻，而不知耻所当耻，舛矣。”宗贤时贰秩宗，常与朝议，有戆直风，故进之如此。一日寓寺中，有郡守见过，张燕行酒，在侍诸友弗肃酒，酒罢，先生喟曰：“诸友不用功，麻木可惧也。”友不达，请过。先生曰：“可问王汝止。”友就汝止问。汝止曰：“适太守行酒时，诸君良知安在？”众皆惕然。尝游阳明洞，随行者途中偶歌，先生回顾，歌者觉而止。至洞坐定，徐曰：“吾辈举止少有骇人处，便非曲成万物之心矣。”一友侍，眉间有忧思，先生顾谓他友曰：“良知固彻天彻地，近彻一身。一身不爽，不须许大事。第头上一发下乘，浑身即为不快，此中那容得一物耶？”友因自省。一日，市人哄而诟，甲曰：“尔无天理。”乙曰：“尔无天理。”甲曰：“尔欺心。”先生闻之，呼弟子曰：“听之，夫夫谆谆，讲学也。”弟子曰：“诟也焉云学？”曰：“汝不闻乎，曰天理，曰欺心，非讲学而何？”曰：“既为学，又焉诟？”曰：“夫夫也，唯知责诸人，不知反诸己。故也致良知者，惟反之自心，不欺此理耳。”先生察迩言，谨细节一语，点缀人锻炼人，类如此。

丙戌，大吉南元善被黜，书来问学，惟以得闻学为幸，无一语及升沉得丧间。先生壮之，还书相勖，毕志此学，具《文录》中。欧阳崇一守六安，奏记问学，凡四条，答之，一言“良知非断思虑，良知发用之思，自是明白简易，无憧憧纷扰之患”。三言“致知非绝事，应实致良知，则行止生死，惟求自慊而不为困”。四言“致知非谓逆忆，致良知则知险知阻，自然明觉而人不能罔”。先生居里，谤议日炽，一日谓门弟子曰：“吾道非世俗所知”。时在侍者或谓先生功盛位崇，娼嫉者谤；或谓学驳宋儒，混同者谤；或谓有教无类，末保其往，或以身谤。先生曰：“莫有之，顾吾自知尤切也。盖吾往名根，未能尽脱，尚有乡愿掩护，意在念一任吾良知，真是真非，罔所覆藏，进于狂矣。”唐虞佐龙劝先生撤讲择交，先生报书，喻为金淘沙，不能舍沙求金云。聂文蔚豹奏记谓：“斯学直信于一人，虽不尽信于天下，道固自在，盖明己之能笃信也。”先生报书谓：“孔氏欲以其学通之人人者，实其一体之心不容自已，非祈人之信己知己也。”文蔚初见先生，未纳拜，后按闽闻讣，始为位哭称门生云。

先是岑猛叛两广，集兵讨猛，死。田州其党卢苏、王受相结复叛，提督姚镆发四省兵讨之，二年不克，岭南大困。言官石金、大臣席书等荐先生代镆。夏，命兼都察院左都御史，征思、田。濒行，王汝止以所契格物旨陈说志远矣。先生曰：“俟子他日自明之，引而不发，有以也。”先生又尝语薛尚谦曰：“有善无恶者理之静，有善有恶者气之殊。不作好作恶，惟循乎理，不动于气，此圣人之所以能裁成辅相也。佛氏则倚于无善无恶之见，一切不理，不可以治天下矣。”语黄宗贤曰：“圣人心如明镜，纤翳自无，不须磨刮。常人心如驳蚀镜，须痛加磨刮，方渐识本体。顾少有所见而任其习气昏蔽，不免流入禅释去也。”其年秋，先生发越，中道吉安，语诸士友曰：“尧、舜生知安行，犹兢兢业业用困勉工夫。吾侪以困勉资，而欲坐享性安成功，大误也。”又曰：“良知之妙，真是周流太虚，变动不居，顾借以文过饰非，为害大矣。”先生若预知承学之弊，而叮咛若此，抑先生非徒以言语告戒也，盖身之矣。初第，上《安边八策》，世绝称为讦谟者。晚自省曰:“语中多抗励气,此气未除,而欲任天下事,其何能济？”筮仕刑曹，首禁狱吏取饭囚之余豢豕，世亦传为美谈。晚亦自省曰：“善归己矣，于人何？此不学之过也。”寓京，以书尽规门弟，至相牴有违言，自省曰：“不能积诚反躬，而徒腾口说，吾罪也。”在留都，人传谤书，心动，自讼曰:“终是名根消煞未尽，愧矣。”平赣贼后，语门弟曰：“吾每登堂行事，心体未能如朋友相对时，则不安。”或问宁藩事，曰：“富时只合如此，觉来尚有挥霍微动于气所在，使今日处之，更别也。”其反己之深切，而用功之密，类如此。比入粤，沿途咨询，悉猛反叛之因由，往当事者处之未当。念二酋既已授首，其遗孽亿万生灵，可格而抚者。惟是断藤峡及八寨诸贼，盘据反侧，久痡岭表，岭表为患苦耳。既至梧，乃开示恩信，苏受等遂自缚来归，降七万一千人。先生薄示惩，遣归农。逾年春，遂班师，改田州为田宁府，立土官，散土目，设流镇制，为交趾蔽。刻石云:“爰告思、田，毋忘帝德。爰勒山石，昭此赫赫。文武神圣，率士之滨。凡有血气，莫不尊亲。”田州府勒石云:“田石平，田州宁；田水萦，田山迎；府治新，千万世，巩皇明。嘉靖岁，戊子春，新建伯王守仁，勒此石。勒此石，告后人。”遣苏受时，先生谕之曰:“朝廷育尔，宜有以报。”众皆顿首，愿効死。盖欲借其力，翦除断藤峡及八寨也。乃姑令归农，以候征发，约期日。至七月，先是召讨思、田。永顺、保靖土兵，还道出八寨，密与领兵官约束，乘其不备袭之，而檄苏受等兵相犄角，或遏其前，或截其后，或张左右翼夹击，诛斩剧贼以万计，悉定其地。《亲行相度夷险疏》，诸经略甚悉。霍文敏，广人也，言于上谓：“思州之乱，往兵连四省，糜费百万，止得五十日小宁。而守仁此举，不杀一卒，不费斗粟，遂使顽叛稽颡来服，雅舜格有苗不过也。至于八寨、断藤之举，尤有八善云。”捷奏，勒使赍奖至，而先生病矣，恳疏乞归，遂班师至南安，薨，时年五十七，嘉靖戊子十一月丁卯也。夙忌先生者，从中谮于上，抑其赏请，削夺官爵，赖肃皇明圣，怜先生功，以封爵本先朝信命，不允，但停卹典，子不得嗣封。

隆庆改元，上谕言官请赠新建侯，谥文成，制曰：“竭忠尽瘁，固人臣职分之常；崇德报功，实国家激劝之典。矧通侯班爵，崇亚上公，而节惠易名，荣逾华、衮。事必待乎论定，恩岂容以久虚。尔故原任新建伯、南京兵部尚书兼都察院左都御史王守仁，维狱降灵，自天佑命。爰从弱冠，屹为宇宙人豪；甫拜省郎，独奋乾坤正论。身濒危而志愈壮，道处困而造弥深。绍尧、孔之心传，微言式阐；倡周、程之道术，来学攸宗。蕴畜既宏，猷为丕著；遗艰投大，随试皆宜；戡乱解纷，无施勿效。闽、粤之箐巢尽扫，而擒纵如神；东南之黎庶举安，而文武足宪。爰及逆藩称乱，尤资仗钺渊谋。旋凯奏功，速于吴、楚之三月；出奇决胜，迈彼淮、蔡之中宵。是嘉社稷之伟勋，申盟带砺之异数。暨复抚夷两广，旋至格苗七旬。谤起功高，赏移罚重。爰遵遗诏，兼采公评。续相国之生对，时庸旌伐；追曲江之殊卹，庶以酬劳。兹特赠为新建侯，谥文成，锡之诰命。于戏。锺鼎勒铭，嗣美东征之烈；券纶昭锡，世登南国之功。永为一代之宗臣，实耀千年之史册。冥灵不昧，宠命其承。”明年，子正亿嗣封伯，某年卒。亿子承勋嗣。越万历十二年，今上俞廷臣议，从祀孔广朝。

楚黄天台耿生曰：先生少禀殊质，受才卓荦，于学无所不窥，尝泛览于词章，驰聘于孙吴，英迈不羁，虽其志有在，亦才所纵也。筮仕立朝，则以风节著；炳文，则以文章显；展采错事，则以政治称。平赣贼，讨藩逆，戡粤乱，树鸿猷，建茂勋，昭然烈矣。先生佥不以自多，而惟以明此绝学为己任。先生之学，故以致良知为宗也。罗文恭谓其学凡三变，其教亦三变，繄岂于此旨外别为转换加增哉？盖知之量，原无止极。先生之志宏且远，故于此学，惟一日精，惟精日一，其精进亦自无已，而教亦因之也。缅怀先生习静阳明洞中时，若已有见矣。俾世浅薄者，觑斯光景，其不玩弄狂恣者几希，乃先生顾不自慊也，而精进焉。逮龙场，处困之极，豁然大悟，所谓有无、内外、动静、寂感，已能一之，不为二见矣，而犹不自已，所为求友资切者，何殷殷也。于时教人，尝提知行合一指，而学者局于习闻，难入间，教之默坐澄心，体认此理，而高明者，或乐简便而忘积累。先生虑之，故自涤留垢，时以存理去欲，省克立诚为教，盖即所体认者，而实体之非二见也。比当宸濠、张、许之难，军旅危疑中，自分呼吸俄顷，社稷安危，百万生灵，生死攸系，非直一身之休戚已者，于时第恃此知照察运用，倚著散，缓一毫不得，乃益信此知神感神应，圆机妙用，本来具足如是。以是自信，亦以此公之人人，自是为教，耑提致良知三字，盖默不假坐，而成心不待澄而定矣。尝迹先生生平，无论其辨析疑义，极深入微，发所未发，即谐俗谑谈，皆精义妙道也；无论其立言敷训，佥为世则，即发教公移，其睿智仁让，贯彻于孺孩奸宄矣；无论其宣猷策敌，机智若神，即陶铸英贤，所以裁成诱掖者，其盼睐指顾，一洪冶钳锤也。唯先生浑身彻体，亶一囊良知，朗炳焜熻，照耀千古哉。彼侈彼向上一机者，吾不知之矣。聆其谈，若空花海蜃；视其履，若燕适粤驰；厝之用，若涂饭尘羹；挽近以此学为诟病，无惑也。噫。人之所以寓形而生者，实惟此知；人之所以异于禽兽者，惟致此知。先生揭此旨示人，岂直为学者增孅标声哉。实起死而还之生，挈人伦而俾勿沦于异类也。吾侪诚不甘枉死，而求无忝所生；不安于异类，而思所以为人，奈何过惩乎。世之诟病者，而不反躬一默识乎哉。

新建伯文成王先生守仁

耿定向

今制刑部有提牢厅，置狱吏若干员，典守狱囚，月更一主政总其事。凡囚自大辟以下系狱中者，日给粮饭之。往狱吏相沿，取囚饭余豢豕，豕肥则屠之分食。先是堂卿或未之知，故亦无禁也。先生筮仕刑曹，适轮提牢，睹诸吏豢豕，恻然恚曰："夫囚以罪系者，犹然饭之，此朝廷好生浩荡恩也。若曹乃取以豢豕，是率兽食人食矣。如朝廷德意，何欲督遇之？"群吏跪伏请宽，且诿曰："相沿例之，亦堂卿所知。"先生曰："岂有是哉？汝曹援堂卿以自文耳。"即日白堂卿，堂卿是其议。先生遂令屠豕，割以分给诸囚。狱吏到今不复豢豕云。

先生晚年在告家居，同里有官刑部主政管姓者，习其事。一日侍先生，喟然咨欺曰："先生平生经世事功，亡论掀揭之大，即筮仕刑部地屠豕一事，至今脍炙人口云。"先生闻已颦蹙曰："此余少年不学，作此欺天罔人事也，兹闻之尚有余惭，子乃以为美谈，谀我耶。"管不达曰："上宣朝廷之德惠，下轸囹圄之罪人，本至德事也。先生顾深悔之，以为罪过，何也？"先生复蹙然曰："比时凭一时意见揭揭然，为此置堂卿于何地耶？只此便不仁矣。”嗣余贰刑曹时，举以语同志。友符卿孟秋氏问曰：“然则豕当终不屠耶？”余曰：“藉令先生知学后处此，必微婉默运，令发自堂卿，不使善归己，过归人矣。”先生家居时，里人有求鬻其产者，先生辞卻已。一日先生偕董从吾、王汝止诸门弟游山，偶经其处，睹其风景佳胜，衷默悔前之未收也。忽惕然内讼曰：“是何心哉？有贪心，便无恕心矣。”且悔且讼，两念交战膺中，行里许始化。徐告从行诸弟曰：“克己之难如此云。”

仆同陋，平生笃信文成良知之学者，类此粗浅事耳。窃谓：由前创悔屠豕一事推之，实自致其知，则进之立朝，必不忍为钓奇买名事矣。由后省讼鬻产一事推之，实自致其知，则退之居乡，必不忍为侵人自殖事矣。只此修持，虽不能为出世佛、住世仙，庶亦不为世蠹也，自分如而已。

附论：尝闻先生教指，有曰“无善无恶者心之体，有善有恶者意之勤，知善知恶是良知，为善去恶是格物”云。由是以观，先生初与诸弟偕游也，载歌载咏，熙然陶然，维时心体，何善何恶也。见景而意动，曰“贪”曰“恕”，善恶分矣。省而克，克而化，先生之致知格物如此。此即颜子之有不有善，未尝不知，知之未尝复行也。彼意动不知省，竟成其贪者，此下流冥顽，无论已。即贤而砥修者，或亦知讼而改，顾意未动之前，既化之后，此间光景不知能体取否？于此错过，终无归根处，止在名义上检察耳，非不远之复也。乃今有勦传先生宗旨者，曰“心无善恶，意亦无善恶，知亦无善恶，物亦无善恶”云云，是上乘法，至谓见景即动，既动即为者为见性，而以讼悔为轮回，以迁改为拙钝。此则淫诐之极，伤风败教尤甚，有世道之责者，谓何？

余里中郭孝廉庆，字善甫者，敦樸笃行人也，从先生游最久，既归，则以其闻诸先生者，接引里中后生。里有茂才吴良吉，字仲修，性资视孝廉颇高明，因发志鬻产为资，附孝廉舟，偕往越中谒先生。行将抵越，孝廉一夕大愤悱，中夜呼吴生，语曰："吾夜来自省，胞中尚有俗念如许。如此夹杂心，安能领受先生教耶？"拊心痛自刻责不已。徐质吴生曰："子时自省如何？"吴对曰："此来一志，惟求教益，更何俗念？"孝廉呵曰："汝胞中犹蝥贼窝巢，多少藏匿在，未能细自省察，便漫谓无耳。"吴生曰："但此志一真，便杂念自消，何须防检至此？"孝廉曰："不然，必搜涤诸杂念尽净廓清后，此志乃有树也。"昕夕争论如是。既至越，谒先生，已各就馆。先生故深居简出，出应四方来学者，就质有常期。一日值先生出应来学期，孝廉趣吴以前论辩语往质正。先生时燕居楼上餐饘，聆吴生语已，不答，第目摄而指示之曰："子视此盂中下便能载此饘，此楼下便能载此盂，地下又便能载此楼。人贵能下，下乃大语。"已更目摄吴生者，再竟无他语。吴生退就舍。孝廉问曰："先生时何言？"吴生咽哽不能应，第潸然涕数行下也。孝廉后仕为邑令，以循廉著。吴生年八十，力学不倦，屡空，终身晏如也。皆无愧师门云。

愚按：先生之鈩锤人也，不在言论辩析，而在神情衡宇间，即于吴生，可类知己。虽然，迹郭、吴二君之舟中，省愤若此，即来初已得师矣。岂若世之漫然系籍者哉？有一属官，因久听讲先生之学，曰："此学甚好，只是簿书讼狱繁难，不得为学。"先生闻之曰："我何尝教尔离了簿书讼狱，悬空去讲学？尔既有官司之事，便从官司的事上为学，才是真格物。如问一词讼，不可因其应对无状，起个怒心；不可因他言语圆转，生个喜心；不可恶其嘱託，加意治之；不可因其请求，屈意从之；不可因自己事务繁冗，随意苟且断之；不可因旁人谮毁罗织，任人意思处之。这许多意思皆私，只尔自己须精细省察克治，惟恐此心有一毫偏倚，杆人是非，这便是格物致知。簿书讼狱之间，无非实学；若离了事物为学，却是着空。凡人言语正到快意时，便截然能忍默得；意气正到发扬时，便翕然能收敛得；忿怒嗜欲正到沸腾时，便廓然能消化得。此非天下之大勇者不能也。然见得良知亲切时，其工夫又自不难。缘此数病，良知之所本无，只因良知昏昧蔽塞而后有。若良知一提醒时，即如白日一出，而魍魉自消矣。”“变化气质，居常无所见。惟当利害，经变故，遭屈辱，平时忿怒者，到此能不忿怒；忧惶失措者，到此能不忧惶失措，始是能有得力处，亦便是用力处。”

先生养痾阳明微时，与一布衣许璋者相朝夕，取其资益云。璋，上虞人，淳质苦行，潜心性命之学，其于世味泊如也。尝蹑屩走岭南，访白沙陈先生，其友王司舆以诗送之，曰“去岁逢黄石，今年访白沙”云。璋故精于天文、地理、兵法、奇门九遁之学。先生后擒逆濠，多得其力。成功归，赠以金帛，不受。先生每乘笥舆访之山中，菜羹多饭，信宿不厌。没后，先生题其墓曰“处士许璋之墓”，属知县杨绍芳立石焉。往谓先生学无师承。据璋曾经事白沙，而先生与之深交，谅亦私淑之者。夫先生天授之资，犹然取于人者如此，吾侪顾独学而不藉师友，望其有成也难哉。

嘉靖初，绍兴有三尚书，韩公邦问、王公鉴之及先生也。韩公与先生父海日翁同辈，先生事之甚谨。一日冬至节，皆赴公所称贺，先生自谓勋臣，貂蝉朝服，乘马而趋。俄从人报韩尚书在后，先生亟下马，执笏立道左。韩公至，不下舆，第拱手曰：“伯安行矣，予先往。”遂行。先生俟其过，乃上马。当是时，韩公偃然以前辈自居，先生欿然不以伯爵自重，古道两足征云。

新建伯文成王公守仁传

王世贞

王守仁字伯安，绍兴之余姚人。父华，举进士第一，侍日讲修国史会典，累官南京吏部尚书，有良者称。母曰郑夫人，当娠，而王母岑媪梦神人衮冕乘五色云下，抱一儿授之，惊寤，闻啼声，则已生守仁。岑媪以语上父天叙，名之曰云。五岁尚不能言。一日出，从群儿戏，有僧见而抚之曰:“是非凡儿，奈何名泄之耶？”王父悟，因为更今名，即能言，而读书复即过目诵。十一岁尝从父华北上，过金山，试之时，得二绝句，皆奕奕神令，华以是奇之，然为儿戏犹故。一日之市所，与鬻雀者争，游客熟视之，出箧钱市雀而送守仁归塾。曰“少年贵当极人爵，立非常功名，且偏阅它弟子”，语其寿夭贫贱，后皆验。而守仁自是稍受经术。工属文，一日谓其师曰：“读书欲何焉？”师曰：“取甲第耳。”守仁曰：“读书乃仅取甲第耶，如圣贤何？”父华闻而叹曰：“异哉。乃欲令我愧见之。”然已负其材气。十五访客于居庸山海关，时阑，出塞与诸属国夷角射，因纵观山川形胜，慨然有勒碑燕然志。逾冠，举乡试，其经术艺文益大进，而益好为兵。凡三举而为会试第二人，遂登甲榜。使治前威宁伯王越葬。守仁少则梦威宁伯贻之宝剑，既葬，而其子出威宁伯所佩剑为谢，则宛然若觌矣，益沾沾自喜。还，而朝议方急西北边，守仁为夹得八事上之，其言皆警剀，报闻，寻授刑部云南司主事，当直狱。岁行尽，而故尚书侍郎家畜猪，饲以囚食，甚腯。守仁悉杀以享狱卒及囚，莫能诘也。出决江北，囚事竣，游九华诸山，有所遇，遂好神仙之术，明年引疾请告。前是，守仁与诸所善太原乔宇、广信汪俊、泰州储巏、河南李梦阳、何景明、山东边贡相切劘，为古文辞，名籍籍，已而厌之曰："滑我精，耗我神，我且为之役耶。"因筑室于阳明洞中，颇习导引，习之久而有若先知者，众哗且以为仙，而守仁遂游南屏、虎跑诸刹，与诸禅衲偕，往往有所发明。久之，乃北上道山东，而巡按御史陆偁聘之主试，程式文皆出其手，遂为诸省冠，而所得亦多显名士。补兵部武选司主事。

明年，中贵人齐瑾等导上为狎游，南省台臣戴铣等争之力，瑾矫旨捕置诏狱，守仁上疏谓："君仁则臣直，铣等以言为责，如其善，自宜嘉纳，即不善，亦宜包容，以开忠谠之路。乃今赫然下令，缇骑旁午，拘挛载道，即陛下非有意怒绝之，而下民无知，妄生猜惧，自今而后，虽有上关宗社危疑不制之事，孰从而闻之？幸寝前言，俾各供职如故，适足以广大公无我之仁，明改过不吝之勇。"瑾衔其言切，下之诏狱，廷杖四十，死而复苏，谪贵州龙场驿丞。守仁至钱塘，欲缓行，而瑾使人尾之急。守仁惧不免，乃托投江，而轻舟自海至闽，入武夷山中，归又逾年，始之驿。诸苗夷相率伐木为室以居守仁。守仁乃益讲学，所治经，往往取心得，不必与前训诂比矣。提学副使席书与守仁谈而伏，创书院，命诸生师事之。又明年，瑾伏诛，擢知庐陵县。至则选里正、三老，委之词讼，而总其凡。囹圄空虚。他若立保甲，清驿供，杜巫赛，定水次，兑绝缜守横敛，至今守之为甲令云。

入觐，迁南京刑部主事，觐事成，留为吏部验封司主事。已同考会试，始讲知行合一之学，与增城湛原明友，而朝贤有师事之者矣。遂超为文选员外郎。明年，进考功司郎中。是时杨一清为吏部，器守仁而骤用之。其年进南京太仆寺少卿，分署滁州，从游者日众。始教人静坐，以存天理、去人欲为实功。缙绅之士，非笃信其说，则怪之以为迂僻不堪用。而是时王琼为兵部尚书用事，独奇守仁才，以为不世出。会南赣汀漳等处俱有山寇凭险阻为乱，郡邑苦之，乃擢守仁都察院右佥都御史，巡抚其地。守仁至，则先行十家甲法，务使奸无所容，又以高皇帝训敕其父老子弟。贼闻而易之，弗焉虑也。而守仁左右及麾下将校至郡邑舆儓之类又多为之耳目。守仁微得老隶最黠者，致密室而协之曰："尔自知当死不？肯为极言贼情实，吾贳汝。"隶迫，则尽吐贼情实。守仁笑而贳之。乃故为不可测，意在此则示以彼，或更在彼则示以此。每令形家者择吉日出师，则复止之。或将发，复不果。以多方误贼，而阴勒诸兵备道募选郡邑材官力士，以三之一赴军门，使与旧兵参，而身教之击射，明赏罚以励之。时初战破贼于长富村，追之至象湖山。会闽广兵至且合，贼迫，溃围而出，指挥覃桓、县丞纪镛战死。诸将惧，请俟狼兵至而后大举。守仁怒责之曰："战小挫何损？且兵岂不足耶，而需狼兵？"乃亲率所选士进屯上杭，佯谕诸道，姑以牛酒犒师，使小息，俟秋而再举。谍贼懈，即分兵为三路，约以同夕衔枚进。中军夺象湖之隘，方大战，而奇兵乘间发，遂大破之。闽广兵亦尽破其巢四十三所，斩获大酋詹师富等七千有奇，贼属牛马辎重无算。捷上，因请立崇义县治，尽得贼之要害地而耕之，报可。加岁俸一秩，赐银币。而前是守仁谓巡抚权轻，不足以控厌诸道，因上奏云："古者赏不逾时，罚不后事。过时而赏，与无赏同；后事而罚，与不罚同。况过时而不赏，后事而不罚，其何以整齐众心，鼓舞士气？诚得以大军诛赏之法，责而行之于平时，假臣等令旗令牌，便宜行事，如是而兵不精，贼不平，臣无所逃死。"王琼读而叹曰："不与此人权，将谁与也？"覆奏改提督军务，兵马粮饷，悉听便宜区划，用兵进止，不必奏闻。文武官逗遛不用命者，听以军法从事。于是守仁益得展材用。立兵符，申约事，且为文抚诸贼，词旨悱恻恳至，而贼酋黄金巢、卢珂、郑志高等，相率皈命矣。已遂运兵破横水贼，擒其大酋谢志珊等五十六卤，斩从贼二千一百余级，俘贼属二千三百余人。因使使谕桶贼，方狐疑未决，乘其懈袭击，复破之。擒大酋蓝大凤等三十四卤，斩从贼千一百级，俘贼属数如横水时。浰头贼尚强，而其酋池大鬓等尤黠桀，故与降贼卢珂等讐。守仁使使以牛酒谕降之。乃报曰："大鬓等欲归死，而卢珂等将乘隙而掩我家室，今者不解甲，以自保耳。"守仁乃阳移文责珂、志高等，而珂、志高等急上变，谓大鬓等实挟祚以老我王师，且列其寇乱状。守仁复阳怒，杖责卢珂等，下之狱，而谕之情。复以新历给大鬓等，且谕使来见。大鬓乃语其腹心曰："欲得伸，必先屈。赣州伎俩，我亦欲先勘之。"遂以其虓勇九十二人里甲来见。守仁为慰谕宴犒之，馆于祥符宫，使更新衣，习礼供张，储餙甚设。大鬓等喜过望。至正元之次日，守仁张乐大宴，伏士以待，引大鬓等鱼贯入，即僇之庭，无一脱者。遂出卢珂等于狱，使之归，发兵为乡导。夜半，守仁出师与之会，遂破浰头、石门，覆其巢三十余，擒大贼五十八卤，斩从贼二千余，余奔九连山。守仁以九连深险不易攻，乃使精卒七百，衣贼衣，佯若奔溃者。贼从崖上招呼，与相应，久而贼觉之，则师已度险，贼狼狈失据，大军蹙之，皆就缚。守仁既已尽得贼地，相险要，增设和平县，治如初。捷上，进右副都御史，予世官锦衣卫百户，再进副千户。守仁念非王琼精心任之，毋与成功名者，每疏捷，辄归本琼不容口。而内阁首臣与琼交恶，因而訾及守仁矣。守仁虽旦夕军旅，而不废与诸儒生讲学。最后乃为致良知之说，直指本心自然，最简易痛切。其始颇推鹅湖，谓其能绍孟子。所重周、程，而所诋在朱氏。自致良知之说行天下，高明之士乐于顿，而恶检束者喜其便，直推以上接孔子；而拘方者不能无呢訾矣。

时宁王宸濠谋不轨，素浮慕守仁，而畏其拥强兵上游，使腹心刘养正往探之。养正故善守仁，好讲学弔诡，而守仁亦使其门人冀元亨应宸濠聘，欲窥其为人，语两不合而罢。时福建军人进贵杀官吏以叛，闻诏遣守仁往勘处，寻事已平，于是守仁取道南昌，图归省。抵丰城而宸濠反，杀都御史孙燧、按察副使许逵，劫府库署，置将相刘养正、李士实等。守仁闻变，即返，而宸濠已遣兵千人逆之。守仁入于渔舟得免。是夕抵临江，又三日抵吉安。吉安知府伍文定邀守仁举兵讨宸濠，守仁然之。乃与文定计，上疏告变，而移檄列郡，暴宸濠罪，俾各率吏士勤王。时巡按御史谢源、伍希儒自岭外复命，道吉安，守仁留之纪功。守仁兵未集而宸濠之兵速出。曰："南京空城耳，而实无备，宸濠至则下矣。南京下，事未可知也。"乃为檄檄诸郡邑，使备饷，云准兵部咨题请都督许泰、郄永以边兵四万由陆取凤阳道。都督刘晖、桂勇以京边兵四万由水取淮扬道。督臣王守仁以兵二万自南赣发，杨旦以兵八万自广西发，秦金以兵六万自湖广发，皆会趣南昌，所经由阙供者，以军兴法从事。

又为蜡书贻李士实、刘养正，云得密示，具为国至意，第徒臾，使早出，足一离省，大事济矣。而故系宸濠之谍，示将斩，而令黠校监者，伪若与宸濠款泄而纵之。宸濠徼得书檄，彷徨未决，而与士实、养正谋，则皆劝之疾趣南京即大位，宸濠益内疑。十余日而探知中外兵不至，乃悟守仁绐之。留少兵守城，而劫其众六万人，号十万，袭九江、南康，皆下之。进围安庆，不下。守仁兵已集，又谍知宸濠离南昌，乃大喜。整众至樟树镇，使精卒四百袭破其伏兵之在新旧厂者，蹑之至暮，士蚁附而上，遂破，擒其宜春王拱樤、中涓万锐等千余人，宫人多焚死。守仁犹在后军，质明而始知之。建大将旗鼓入城，申约束，拊循其协从吏士，然已不能无所伤杀矣。守仁留二日，即发兵蹑宸濠。宸濠时为安庆所抗，气稍沮，而骤闻南昌失守，解围自救。守仁使伍文定等以四郡精卒三千分道逆击之。都指挥余恩以游兵四百往来为疑兵，而陈槐等复以兵二千分为十余军，张疑设伏，与文定等密相应，与其前锋遇于黄家渡。文定等佯北以致之，贼争利兢进而乱。邢珣以所部衡击，断其中坚，文定、恩等乘之，伏群起，贼遂大败，退保八字脑。宸濠惧，尽南康、九江之城守者以自益。守仁乃分兵袭取之。明日，复大战。我兵小卻，守仁急命取先却者头，益争奋，贼大败，擒斩二千余，溺水死者以万计。宸濠益大惧，乃联舟为方阵，尽出其金银以赏士，而诘责败者，将斩之，未决，而我兵四面至，炮火碎其副舟，遂奔溃，妃嫔皆与宸濠泣别沉水死。遂擒宸濠与其世子眷属、李士实、刘养正等数十人，斩首三千级，溺水死者二万余，浮尸衣甲器物亘十余里。寻分道搜捕其余党殆尽。捷闻，寝不下。前是，守仁上宸濠伪檄，末谓："陛下在位一十四年，屡经变难，民情驿骚，尚尔巡幸不已，以致宗室黠者谋动干戈，冀窃大宝。且今天下之觊觎，何特一宁王？天下之奸雄，岂直在宗室？兴言及此，悚骨寒心。昔汉武帝有轮台之悔，而晚节奠安；唐德宗下奉天之诏，而士民感泣。皇上宜痛自克责，易辙改弦。罢绌奸谀，以回天下豪杰之心；绝迹巡游，以杜天下奸雄之望。则太平尚有可图，臣民不胜幸甚。”左右多弗悦，以守仁方起义师，不能难也。而上则自称威武大将军镇国公，总督军务，率京边骁卒数万南下。使太监张忠、安边伯许泰、都督刘晖为提督，以数千人由江而上抵南昌。守仁乃俘宸濠，取内道以献。忠、泰等使人要之于广信，守仁弗听。抵钱塘而遇太监张永，永时称提督，赞书机密军务，在忠、泰辈上，而故与杨一清善，除刘瑾，天下称之。守仁夜见永，颂其贤，永悦。守仁乃极言江西遭祸乱，民困已极，不堪六师之扰。永深然之，乃曰：“吾出为群小在君侧，欲左右调护圣躬耳，非为功来也。第事不可直致耳。先生功吾自知之。”守仁乃悉以宸濠等付永，而身至京口，欲谒驾，不果。会有巡抚江西命，乃还南昌。而忠、泰等前已驻师南昌，卫守仁不待，故纵其卒傲守仁，欲以为争端。守仁厚加恩礼抚慰，卒皆悦，乃不能有所加于守仁。而归复谮之上，谓守仁且反，独张永保持之。于是守仁请赈卹其士民，且以大水自劾。语极恳切，皆报闻。

世宗初召守仁入受封，而中有沮者，请国甫大丧，不宜举宴赏，中道止之。特拜南京兵部尚书参赞机务。遂归省父华于越。寻谕封奉天翊卫推诚宣力守正文臣，特进光禄大夫柱国新建伯。父华亦得封如之，时人以为荣。华寻卒，守仁忧居，而从游者益众，相与推隆之。又以功高文臣，预五等爵，忌者蜂起。有目为伪学者，有以下南昌纵士卤掠，及得宁邸之金宝子女者，至有谓初通宸濠谋，筴其不胜而背之者，言绝丑不可闻。而所封独守仁与吉安守文定，至大官当上赏，其它皆名示迁而阴抑绌之。守仁不胜愤，乃上疏再辞爵，且极论白诸有功者。温旨慰谕，不听。会守仁之所善席书与门人方献夫、黄绾皆以议礼得幸上，力称守仁贤，而复为言之。张聪、霍韬等，皆有所推毂。然江西辅臣故衔守仁不能特荐，犹持前论。而其乡人之忌者，至诬之史。以故推兵部若三边若团营，皆弗果用。而最后田州土守岑猛骄不用命，纵兵躏其鄰郡，右都御史姚谟讨而诛之，其二子跳、别将卢苏、王受各拥众以叛。兵骤进，不利，时谋易帅，乃召守仁起家，以故官兼都察院左都御史，总督二广及江西、湖广四镇军务讨之。守仁且至，而征兵已大集，卢苏等亦素慴守仁威名，窘甚。守仁意不欲多杀，既抵南宁，即上疏请一切抚绥，而以便宜悉散其众，而仅留楚兵数十自卫。使使招谕，卢苏、王受皆大悦，率众扫境叩南宁为四营，而各挟其心膂数百人入见。守仁为谕谕，杖之一百，然听其人为伍伯，取完事而已。因改田州为田宁，赦岑猛之后与卢苏、王受皆弗诛。因苏、受兵以攻断藤峡。断藤峡者，即大藤峡，其中诸猺上连八寨，下通仙台、花相诸峒，逋络数十余巢，盘桓三百里，数出流劫郡邑。自韩雍大征之后，无能平者。守仁使卢、苏等为乡导，挟永顺、保靖二宣慰土兵分道深入，大破之，斩敌者三千余级，卤其男女牛马资械以万计。守仁方欲移府治，建卫所，增兵设官，次第上疏，而病矣。始报平卢、苏等，诏赐金币，遣行人奉玺书奖谕。而及是平断藤捷上，则上以手诏问内阁臣杨一清等，谓守仁自夸大，且及其生平学术。一清等不知何所对。

守仁之起，由张聪、桂萼荐。萼故不能善守仁，以聪强之，而后萼长吏部，聪入内阁，积不相下。萼暴贵，喜功名，风守仁以取安南。守仁辞不应。杨一清者，雅知守仁，而会黄绾尝上疏称守仁贤，谓当入辅，而又有他疏阴指一清，辞甚厉，一清亦不能无移憾也。守仁既病益甚，上疏乞骸骨，因北归。度大庾而革，卒于南安舟中，年五十八。桂萼觇上意不悦守仁，因奏参其擅离职，并处置田州事宜失当。下公卿议，仅不夺其爵而已。停世袭，且尽停其他卹典。守仁有一子曰正亿，久之，上怒解，使得袭锦衣卫副千户。隆庆初，用谏官言，赠守仁新建侯，谥文成，赐葬与祭，及赠告词，推明为元勋圣学。正亿得嗣爵。正亿卒，子承勋嗣。守仁天资颖敏绝世，少而好古文辞，爽朗多奇，晚取词达，不能工也。既以气节名世，又建不世勋。迨有志圣学，一切尽扫去之，而识者不谓尽然。又其慕好之者，亦挟以两相重。其御乌合，笼豪俊，待宵人，蹈险出危，俶傥权谲，种种变幻。孔子有云:“作《易》者，其有忧患乎？”抑中古以后，不能不尔。守仁之语门人云：“无善无恶者心之体，有善有恶者心之用，知善知恶者良知，为善去恶者格物。”以此为一切宗旨云。

弇州外史曰：“见长者言与守仁辨，不能不心折也，即不心折，亦不能有胜。退而读其书，则平平耳。今天下之好称守仁，十七八也，间有疑之者，以其学故。若乃起义旅，擒叛王，不使九重之尊，轻与匹夫角，而大事定其功，孰能难之？”

卷八　年谱

年谱一 自成化壬辰始生至正德戊寅征赣

先生讳守仁，字伯安，姓王氏。其先出晋光禄大夫览之裔，本琅琊人，至曾孙右将军义之，徙居山阴；又二十三世迪功郎寿，自达溪徙余姚；今遂为余姚人。寿五世孙纲，善鉴人，有文武才。国初诚意伯刘伯温荐为兵部郎中，擢广东参议，死苗难。子彦达缀羊革裹尸归，是为先生五世祖。御史郭纯上其事于朝，庙祀增城。彦达号秘湖渔隐，生高祖，讳与准，精《礼》《易》，尝著《易微》数千言。永乐间，朝廷举遗逸，不起，号遁石翁。曾祖讳世杰，人呼为“槐里子”，以明经贡太学卒。祖讳天叙，号竹轩，魏尝斋瀚尝立传，叙其环堵萧然，雅歌豪吟，胸次洒落，方之陶靖节、林和靖。所著有《竹轩稿》《江湖杂稿》行于世。封翰林院修撰。自槐里子以下，两世皆赠嘉议大夫、礼部右侍郎，追赠新建伯。父讳华，字德辉，别号实庵，晚称海日翁，尝读书龙泉山中，又称龙山公。成化辛丑，赐进士及第第一人，仕至南京吏部尚书，进封新建伯。龙山公常思山阴山水佳丽，又为先世故居，复自姚徙越城之光相坊居之。先生尝筑阳明洞，洞距越城东南二十里，学者咸称阳明先生云。

宪宗成化八年壬辰九月丁亥，先生生。

是为九月三十日。太夫人郑娠十四月。祖母岑梦神人衣绯玉云中鼓吹，送儿授岑，岑警寤，已闻啼声。祖竹轩公异之，即以云名。乡人传其梦，指所生楼曰“瑞云楼”。

十有二年丙申，先生五岁。

先生五岁不言。一日与群儿嬉，有神僧过之曰：“好个孩儿，可惜道破。”竹轩公悟，更今名，即能言。一日诵竹轩公所尝读过书，讶问之，曰：“闻祖读时已默记矣。”

十有七年辛丑，先生十岁，皆在越。

是年龙山公举进士第一甲第一人。

十有八年壬寅，先生十一岁，寓京师。

龙山公迎养竹轩翁，因携先生如京师，先生年才十一。翁过金山寺，与客酒酣，拟赋诗，未成。先生从傍赋曰：“金山一点大如拳，打破维扬水底天。醉倚纱高台上月，玉箫吹彻洞龙眠。”客大惊异，复命赋蔽月山房诗。先生随口应曰：“山近月远觉月小，便道此山大于月。若人有眼大如天，还见山小月更阔。”明年就塾师，先生豪迈不羁，龙山公常怀忧，惟竹轩公知之。一日，与同学生走长安街，遇一相士，异之曰：“吾为尔相，后须忆吾言：须拂领，其时入圣境；须至上丹台，其时结圣胎；须至下丹田，其时圣果圆。”先生感其言，自后每对书辄静坐凝思。尝问塾师曰：“何为第一等事？”塾师曰：“惟读书登第耳。”先生疑曰：“登第恐未为第一等事，或读书学圣贤耳。”龙山公闻之笑曰：“汝欲做圣贤耶？”

二十年甲辰，先生十三岁，寓京师。

母太夫人郑氏卒。居丧哭泣甚哀。

二十有二年丙午，先生十五岁，寓京师。

先生出游居庸三关，即慨然有经略四方之志：询诸夷种落，悉闻备御策；逐胡儿骑射，胡人不敢犯。经月始返。一日，梦谒伏波将军庙，赋诗曰："卷甲归来马伏波，早年兵法鬓毛皤。云埋铜柱雷轰折，六字题文尚不磨。"时几内石英、王勇盗起，又闻秦中石和尚、刘千斤作乱，屡欲为书献于朝。龙山公斥之为狂，乃止。

孝宗弘治元年戊申，先生十七岁，在越。

七月，亲迎夫人诸氏于洪都。

外舅诸公养和为江西布政司参议，先生就官署委禽。合卺之日，偶闲行入铁柱宫，遇道士趺坐一榻，即而叩之，因闻养生之说，遂相与对坐忘归。诸公遣人追之，次早始还。

官署中蓄纸数箧，先生日取学书，比归，数箧皆空，书法大进。先生尝示学者曰："吾始学书，对模古帖，止得字形。后举笔不轻落纸，凝思静虑，拟形于心，久之始通其法。既后读明道先生书曰：'吾作字甚敬，非是要字好，只此是学。'既非要字好，又何学也？乃知古人随时随事只在心上学，此心精明，字好亦在其中矣。"后与学者论格物，多举此为证。

二年己酉，先生十八岁，寓江西。

十二月，夫人诸氏归余姚。

是年先生始慕圣学。先生以诸夫人归，舟至广信，谒娄一斋谅，语宋儒格物之学，谓"圣人必可学而至"，遂深契之。

明年龙山公以外艰归姚，命从弟冕、阶、宫及妹婿牧，相与先生讲析经义。先生日则随众课业，夜则搜取诸经子史读之，多至夜分。四子见其文字日进，尝愧不及，后知之曰："彼已游心举业外矣，吾何及也。”先生接人故和易善谑，一日悔之，遂端坐省言。四子未信，先生正色曰：“吾昔放逸，今知过矣。”自后四子亦渐敛容。

五年壬子，先生二十一岁，在越。

举浙江乡试。

是年场中夜半见二巨人，各衣绯绿，东西立，自言曰：“三人好作事。”忽不见。已而先生与孙忠烈燧、胡尚书世宁同举。其后宸濠之变，胡发其奸，孙死其难，先生平之，咸以为奇验。

是年为宋儒格物之学。先生始侍龙山公于京师，遍求考亭遗书读之。一日思先儒谓“众物必有表里精粗，一草一木皆涵至理”，官署中多竹，即取竹格之；沉思其理不得，遂遇疾。先生自委圣贤有分，乃随世就辞章之学。

明年春，会试下第，缙绅知者咸来慰谕。宰相李西涯戏曰：“汝今岁不第，来科必为状元，试作来科状元赋。”先生悬笔立就。诸老惊曰：“天才。天才。”退有忌者曰：“此子取上第，目中无我辈矣。”及丙辰会试，果为忌者所抑。同舍有以不第为耻者，先生慰之曰：“世以不得第为耻，吾以不得第动心为耻。”识者服之。归余姚，结诗社龙泉山寺。致仕方伯魏瀚平时以雄才自放，与先生登龙山，对弈联诗，有佳句辄为先生得之，乃谢曰：“老夫当退数舍。”

十年丁巳，先生二十六岁，寓京师。

是年先生学兵法。当时边报甚急，朝廷推举将才，莫不遑遽。先生念武举之设，仅得骑射搏击之士，而不能收韬略统驭之才。于是留情武事，凡兵家秘书，莫不精究。每遇宾宴，尝聚果核列阵势为戏。

十一年戊午，先生二十七岁，寓京师。

是年先生谈养生。先生自念辞章艺能不足以通至道，求师友于天下又不数遇，心持惶惑。一日读晦翁上宋光宗疏，有曰：“居敬持志，为读书之本，循序致精，为读书之法。”乃悔前日探讨虽博，而未尝循序以致精，宜无所得；又循其序，思得渐渍洽浃，然物理吾心终若判而为二也。沉郁既久，旧疾复作，益委圣贤有分。偶闻道士谈养生，遂有遗世入山之意。

十有二年己未，先生二十八岁，在京师。

举进士出身。

是年春会试。举南宫第二人，赐二甲进士出身第七人，观政工部。

疏陈边务。

先生未第时尝梦威宁伯遗以弓剑。是秋钦差督造威宁伯王越坟，驭役夫以什伍法，休食以时，暇即驱演“八阵图”。事竣，威宁家以金帛谢，不受；乃出威宁所佩宝剑为赠，适与梦符，遂受之。时有星变，朝廷下诏求言，及闻达虏猖獗，先生复命上边务八事，言极剀切。

十有三年庚申，先生二十九岁，在京师。

授刑部云南清吏司主事。

十有四年辛酉，先生三十岁，在京师。

奉命审录江北。

先生录囚多所平反。事竣，遂游九华，作《游九华赋》，宿无相、化城诸寺。是时道者蔡蓬头善谈仙，待以客礼请问。蔡曰：“尚未。”有顷，屏左右，引至后亭，再拜请问。蔡曰：“尚未。”问至再三，蔡曰：“汝后堂后亭礼虽隆，终不忘官相。”一笑而别。闻地藏洞有异人，坐卧松毛，不火食，历岩险访之。正熟睡，先生坐傍抚其足。有顷醒，惊曰：“路险何得至此。”因论最上乘曰：“周濂溪、程明道是儒家两个好秀才。”后再至，其人已他移，故后有会心人远之叹。

十有五年壬戌，先生三十一岁，在京师。

八月，疏请告。

是年先生渐悟仙、释二氏之非。先是五月复命，京中旧游俱以才名相驰骋，学古诗文。先生叹曰："吾焉能以有限精神为无用之虚文也。"遂告病归越，筑室阳明洞中，行导引术。久之，遂先知。一日坐洞中，友人王思舆等四人来访，方出五云门，先生即命仆迎之，且历语其来迹。仆遇诸途，与语良合。众惊异，以为得道。久之悟曰："此簸弄精神，非道也。"又屏去。已而静久，思离世远去，惟祖母岑与龙山公在念，因循未决。久之，又忽悟曰："此念生于孩提。此念可去，是断灭种性矣。"明年遂移疾钱塘西湖，复思用世。往来南屏、虎跑诸刹，有禅僧坐关三年，不语不视，先生喝之曰："这和尚终日口巴巴说甚么。终日眼睁睁看甚么。"僧惊起，即开视对语。先生问其家。对曰："有母在。"曰："起念否？"对曰："不能不起。"先生即指爱亲本性谕之，僧涕泣谢。明日问之，僧已去矣。

十有七年甲子，先生三十三岁，在京师。

秋，主考山东乡试。

巡按山东监察御史陆偁聘主乡试，试录皆出先生手笔。其策问议国朝礼乐之制：老佛害道，由于圣学不明；纲纪不振，由于名器太滥；用人太急，求效太速；及分封、清戎、御夷、息讼，皆有成法。录出，人占先生经世之学。

九月改兵部武选清吏司主事。

十有八年乙丑，先生三十四岁，在京师。

是年先生门人始进。学者溺于词章记诵，不复知有身心之学。先生首倡言之，使人先立必为圣人之志。闻者渐觉兴起，有愿执贽及门者。至是专志授徒讲学。然师友之道久废，咸目以为立异好名，惟甘泉湛先生若水时为翰林庶吉士，一见定交，共以倡明圣学为事。

武宗正德元年丙寅，先生三十五岁，在京师。

二月，上封事，下诏狱，谪龙场驿驿丞。

是时武宗初政，奄瑾窃柄。南京科道戴铣、薄彦徽等以谏忤旨，逮击诏狱。先生首抗疏救之，其言："君仁臣直。铣等以言为责，其言如善，自宜嘉纳；如其未善，亦宜包容，以开忠谠之路。乃今赫然下令，远事拘囚，在陛下不过少示惩创，非有意怒绝之也。下民无知，妄生疑惧，臣切惜之。自是而后，虽有上关宗社危疑不制之事，陛下孰从而闻之？陛下聪明超绝，苟念及此，宁不寒心？伏愿追收前旨，使铣等仍旧供职，扩大公无我之仁，明改过不吝之勇。圣德昭布，远迩人民胥悦，岂不休哉。"疏入，亦下诏狱。已而廷杖四十，既绝复苏。寻谪贵州龙场驿驿丞。

二年丁卯，先生三十六岁，在越。

夏，赴谪至钱塘。

先生至钱塘，瑾遣人随侦。先生度不免，乃托言投江以脱之。因附商船游舟山，偶遇飓风大作，一日夜至闽界。比登岸，奔山径数十里，夜扣一寺求宿，僧故不纳。趋野庙，倚香案卧，盖虎穴也。夜半，虎绕廊大吼，不敢入。黎明，僧意必毙于虎，将收其囊；见先生方熟睡，呼始醒，惊曰："公非常人也。不然，得无恙乎？"邀至寺。寺有异人，尝识于铁柱宫，约二十年相见海上；至是出诗，有"二十年前曾见君，今来消息我先闻"之句。与论出处，且将远遁。其人曰："汝有亲在，万一瑾怒逮尔父，诬以北走胡，南走粤，何以应之？"因为蓍，得《明夷》，遂决策返。先生题诗壁间曰："险夷原不滞胸中，何异浮云过太空？夜静海涛三万里，月明飞锡下天风。”因取间道，由武夷而归。时龙山公官南京吏部尚书，从鄱阳往省。十二月返钱塘，赴龙场驿。

是时先生与学者讲授，虽随地兴起，未有出身承当，以圣学为己任者。徐爱，先生妹婿也，因先生将赴龙场，纳贽北面，奋然有志于学。爱与蔡宗兖、朱节同举乡贡，先生作《别三子序》以赠之。

三年戊辰，先生三十七岁，在贵阳。

春，至龙场。

先生始悟格物致知。龙场在贵州西北万山丛棘中，蛇虺魍魉，蛊毒瘴疠，与居夷人鴃舌难语，可通语者，皆中土亡命。旧无居，始教之范土架木以居。时瑾憾未已，自计得失荣辱皆能超脱，惟生死一念尚觉未化，乃为石墩自誓曰：“吾惟俟命而已。”日夜端居澄默，以求静一；久之，胸中洒洒。而从者皆病，自析薪取水作糜饲之；又恐其怀抑郁，则与歌诗；又不悦，复调越曲，杂以诙笑，始能忘其为疾病夷狄患难也。因念：“圣人处此，更有何道？”忽中夜大悟格物致知之旨，寤寐中若有人语之者，不觉呼跃，从者皆惊。始知圣人之道，吾性自足，向之求理于事物者误也。乃以默记《五经》之言证之，莫不吻合，因著《五经臆说》。居久，夷人亦日来亲狎。以所居湫湿，乃伐木构龙冈书院及寅宾堂、何陋轩、君子亭、玩易窝以居之。思州守遣人至驿侮先生，诸夷不平，共殴辱之。守大怒，言诸当道。毛宪副科令先生请谢，且谕以祸福。先生致书复之，守惭服。水西安宣慰闻先生名，使人馈米肉，给使令，既又重以金帛鞍马，俱辞不受。始朝廷议设卫于水西，既置城，已而中止，驿传尚存。安恶据其腹心，欲去之，以问先生。先生遗书析其不可，且申朝廷威信令甲，议遂寝。已而宋氏酋长有阿贾、阿札者叛宋氏，为地方患，先生复以书诋讽之。安悚然，率所部平其难，民赖以宁。

四年己巳，先生三十八岁，在贵阳。

提学副使席书聘主贵阳书院。

是年先生始论知行合一。始席元山书提督学政，问朱陆同异之辨。先生不语朱陆之学，而告之以其所悟。书怀疑而去。明日复来，举知行本体证之《五经》诸子，渐有省。往复数四，豁然大悟，谓“圣人之学复睹于今日；朱陆异同，各有得失，无事辩诘，求之吾性本自明也。”遂与毛宪副修葺书院，身率贵阳诸生，以所事师礼事之。

后徐爱因未会先生知行合一之训，决于先生。先生曰：“试举看。”爱曰：“如今人已知父当孝，兄当弟矣，乃不能孝弟，知与行分明是两事。”先生曰：“此被私欲隔断耳，非本体也。圣贤教人知行，正是要人复本体，故《大学》指出真知行以示人曰：‘如好好色，如恶恶臭。’夫见好色属知，好好色属行。只见色时已是好矣，非见后而始立心去好也。闻恶臭属知，恶恶臭属行；只闻臭时，已是恶矣，非闻后而始立心去恶也。又如称某人知孝，某人知弟，必其人已曾行孝行弟，方可称他知孝知弟：此便是知行之本体。”爱曰：“古人分知行为二，恐是要人用工有分晓否？”先生曰：“此正失却古人宗旨。某尝说知是行之主意，行实知之功夫；知是行之始，行实知之成；已可理会矣。古人立言所以分知行为二者，缘世间有一种人，懵懵然任意去做，全不解思惟省察，是之为冥行妄作，所以必说知而后行无缪。又有一种人，茫茫然悬空去思索，全不肯着实躬行，是之为揣摸影响，所以必说行而后知始真。此是古人不得已之教，若见得时，一言足矣。今人却以为必先知然后能行，且讲习讨论以求知，俟知得真时方去行，故遂终身不行，亦遂终身不知。某今说知行合一，使学者自求本体，庶无支离决裂之病。”

五年庚午，先生三十九岁，在吉。

升庐陵县知县。

先生三月至庐陵。为政不事威刑，惟以开导人心为本。莅任初，首询里役，察各乡贫富奸良之实而低昂之。狱牒盈庭，不即断射。稽国初旧制，慎选里正三老，坐申明亭，使之委曲劝谕。民胥悔胜气嚣讼，至有涕泣而归者。由是囹圄日清。在县七阅月，遗告示十有六，大抵谆谆慰父老，使教子弟，毋令荡僻。城中失火，身祷返风，以血禳火，而火即灭。因使城中辟火巷，定水次兑运，绝镇守横征，杜神会之借办，立保甲以弭盗，清驿递以延宾旅。至今数十年犹踵行之。

语学者悟人之功。先是先生赴龙场时，随地讲授，及归过常德、辰州，见门人冀元亨、蒋信、刘观时辈俱能卓立，喜曰:“谪居两年，无可与语者，归途乃幸得诸友。悔昔在贵阳举知行合一之教，纷纷异同，罔知所入。兹来乃与诸生静坐僧寺，使自悟性体，顾恍恍若有可即者。”既又途中寄书曰：“前在寺中所云静坐事，非欲坐禅入定也。盖因吾辈平日为事物纷拿，未知为已，欲以此补小学收放心一段功夫耳。明道云：‘才学便须知有用力处，既学便须知有得力处。’诸友宜于此处着力，方有进步，异时始有得力处也。”

冬十有一月，入觐。

先生入京，馆于大兴隆寺，时黄宗贤绾为后军都督府都事，因储柴墟巏请见。先生与之语，喜曰:“此学久绝，子何所闻？”对曰:

“虽粗有志，实未用功。”先生曰：“人惟患无志，不患无功。”明日引见甘泉，订与终日共学。

按：宗贤至嘉靖壬午春复执贽称门人。

十有二月，升南京刑部四川清吏司主事。

论实践之功。先生与黄绾、应良论圣学久不明，学者欲为圣人，必须廓清心体，使纤翳不留，真性始见，方有操持涵养之地。应良疑其难。先生曰：“圣人之心如明镜，纤翳自无所容，自不消磨刮。若常人之心，如斑垢驳蚀之镜，须痛刮磨一番，尽去驳蚀，然后纤尘即见，才拂便去，亦不消费力。到此已是识得仁体矣。若驳蚀未去，其间固自有一点明处，尘埃之落，固亦见得，才拂便去；至于堆积于驳蚀之上，终弗之能见也。此学利困勉之所由异，幸勿以为难而疑之也。凡人情好易而恶难，其间亦自有私意气习缠蔽，在识破后，自然不见其难矣。古之人至有出万死而乐为之者，亦见得耳。向时未见得里面意思，此功夫自无可讲处，今已见此一层，却恐好易恶难，便流入禅释去也。”

按：先生立教皆经实践，故所言恳笃若此。自揭良知宗旨后，吾党又觉领悟太易，认虚见为真得，无复向里着己之功矣。故吾党颖悟承速者，往往多无成，甚可优也。

六年辛未，先生四十岁，在京师。

正月，调吏部验封清吏司主事。

论晦庵、象山之学。王舆庵读象山书有契，徐成之与辩不决。先生曰：“是朱非陆，天下论定久矣，久则难变也。虽微成之之争，舆庵亦岂能遽行其说乎？”成之谓先生漫为含糊两解，若有以阴助舆庵而为之地者。先生以书解之曰：“舆庵是象山，而谓其专以尊德性为主。今观《象山文集》所载，未尝不教其徒读书。而自谓理会文字颇与人异者，则其意实欲体之于身。其亟所称述以诲人者曰：‘居处恭，执事敬，与人忠。’曰：‘克己复礼。’曰：‘万物皆备于我，反身而诚，乐莫大焉。’曰：‘学问之道无他，求其放心而已。’曰：‘先立乎其大者，而小者不能夺。’是数言者，孔子、孟轲之言也，乌在其为空虚乎？独其易简觉悟之说，颇为当时所疑。然易简之说出于《系辞》；觉悟之说，虽有同于释氏，然释氏之说亦自有同于吾儒，而不害其为异者，惟在于几微毫忽之间而已。亦何必讳于其同而遂不敢以言，狃于其异而遂不以察之乎？是與庵之是象山，固犹未尽其所以是也。吾兄是晦庵，而谓其专以道问学为事。然晦庵之言，曰：‘居敬穷理。’曰：‘非存心无以致知。’曰：‘君子之心常存敬畏，虽不见闻，亦不敢忽，所以存天理之本然，而不使离于须臾之顷也。’是其为言虽未尽莹，亦何尝不以尊德性为事，而又乌在其为支离乎？独其平日汲汲于训解，虽韩文、《楚辞》、《阴符》、《参同》之属，亦必与之注释考辨，而论者遂疑玩物。又其心虑恐学者之躐等，而或失之于妄作，必先之以格致而无不明，然后有以实之于诚正而无所谬。世之学者挂一漏万，求之愈烦，而失之愈远，至有弊力终身，苦其难而卒无所入，而遂议其支离。不知此乃后世学者之弊，而当时晦庵之自为，则亦岂至是乎？是吾兄之是晦庵，固犹未尽其所以是也。夫二兄之所信而是者，既未尽其所以是，则其所疑而非者，亦岂尽其所以非乎？仆尝以为晦庵之与象山，虽其所以为学者若有不同，而要皆不失为圣人之徒。今晦庵之学，天下之人，童而习之，既已入人之深，有不容于论辩者。而独惟象山之学，则以其尝与晦庵之有言，而遂藩篱之；使若由、赐之殊科焉则可矣，而遂摈放废斥，若碔砆之与美玉，则岂不过甚矣乎？故仆尝欲冒天下之讥，以为象山一暴其说，虽以此得罪无恨。晦庵之学既已章明于天下，而象山犹蒙无实之诬，于今且四百年，莫有为之一洗者。使晦庵有知，将亦不能一日安享于庙庑之间矣。此仆之至情，终亦必为兄一吐露者，亦何肯慢为两解之说以阴助于舆庵已乎？”

二月，为会试同考试官。

是年僚友方献夫受学。献夫时为吏部郎中，位在先生上，比闻论学，深自感悔，遂执贽事以师礼。是冬告病归西樵，先生为叙别之。

十月，升文选清吏司员外郎。

送甘泉奉使安南。先是先生升南都，甘泉与黄绾言于冢宰杨一清，改留吏部。职事之暇，始遂讲聚。方期各相砥切，饮食启处必共之。至是甘泉出使安南封国，将行，先生惧圣学难明而易惑，人生别易而会难也，乃为文以赠。略曰：“颜子没而圣人之学亡，曾子唯一贯之旨传之孟轲。绝又二千余年，而周、程续。自是而后，言益详，道益晦。孟氏患杨、墨，周、程之际，释、老大行。今世学者皆知尊孔、孟，贱杨、墨，摈释、老，圣人之道若大明于世。然吾从而求之，圣人不得而见之矣，其能有若墨氏之兼爱者乎？其能有若杨氏之为我者乎？其能有若老氏之清净自守、释氏之究心性命者乎？吾何以杨、墨、老、释之思哉？彼于圣人之道异，然犹有自得也。而世之学者，章绘句琢以夸俗，诡心色取，相饰以伪，谓圣人之道劳苦无功，非复人之所可为，而徒取辩于言辞之间，古之人有终身不能究者，今吾皆能言其略，自以为若是亦足矣，而圣人之学遂废。则今之所大患者，岂非记诵辞章之习？而弊之所从来，无亦言之太详、析之太精者之过欤？某幼不问学，陷溺于邪僻者二十年，而始究心于老、释。赖天之灵，因有所觉，始乃沿周、程之说求之，而若有得焉，顾一二同志之外，莫予冀也，岌岌乎仆而复兴。晚得于甘泉湛子，而后吾之志益坚，毅然若不可遏。则予之资于甘泉多矣。甘泉之学，务求自得者也。世未之能知，其知者且疑其为禅。诚禅也，吾犹未得而见，而况其所志卓尔若此？则如甘泉者，非圣人之徒欤？多言又乌足病也？夫多言不足以病甘泉，与甘泉之不为多言病也，吾信之。吾与甘泉，有意之所在，不言而会，论之所及，不约而同，期于斯道，毙而后已者，今日之别，吾容无言？夫惟圣人之学，难明而易惑，习俗之降愈下而抑不可回，任重道远，虽已无俟于言，顾复于吾心，若有不容已也，则甘泉亦岂以予言为缀乎？”

七年壬申，先生四十一岁，在京师。

三月，升考功清吏司郎中。

按《同志考》，是年穆孔晖、顾应祥、郑一初、方献科、王道、梁谷、万潮、陈鼎、唐鹏、路迎、孙瑚、魏廷霖、萧鸣凤、林达、陈洸及黄绾、应良、朱节、蔡宗兖、徐爱同受业。

十二月，升南京太仆寺少卿，便道归省。

与徐爱论学。爱是年以祁州知州考满进京，升南京工部员外郎。与先生同舟归越，论《大学》宗旨。闻之踊跃痛快，如狂如醒者数日，胸中混沌复开。仰思尧、舜、三王、孔、孟千圣立言，人各不同，其旨则一。今之《传习录》所载首卷是也。其自叙云：“爱因旧说汩没，始闻先生之教，实骇愕不定，无人头处。其后闻之既久，渐知反身实践，然后始信先生之学为孔门嫡传，舍是皆傍蹊小径，断港绝河矣。如说格物是诚意功夫，明善是诚身功夫，穷理是尽性功夫，道问学是尊德性功夫，博文是约礼功夫，惟精是惟一功夫，诸如此类，皆落落难合。其后思之既久，不觉手舞足蹈。”

八年癸酉，先生四十二岁，在越。

二月，至越。

先生初计至家即与徐爱同游台、荡，宗族亲友绊弗能行。五月终，与爱数友期候黄绾不至，乃从上虞入四明，观白水，寻龙溪之源；登杖锡，至雪窦，上千丈岩，以望天姥、华顶；欲遂从奉化取道赤城。适久旱，山田尽龟圻，惨然不乐，遂自宁波还余姚。绾以书迎先生。复书曰：“此行相从诸友，亦微有所得，然无大发明。其最所歉然，宗贤不同兹行耳。后辈习气已深，虽有美质，亦渐消尽。此事正如淘沙，会有见金时，但目下未可必得耳。”先生兹游虽为山水，实注念爱、绾二子。盖先生点化同志，多得之登游山水间也。

冬十月，至滁州。

滁山水佳胜，先生督马政，地僻官闲，日与门人遨游琅琊、瀼泉间。月夕则环龙潭而坐者数百人，歌声振山谷。诸生随地请正，踊跃歌舞。旧学之士皆日来臻。于是从游之众自滁始。

孟源问：“静坐中思虑纷杂，不能强禁绝。”先生曰：“纷杂思虑亦强禁绝不得，只就思虑萌动处省察克治，到天理精明后，有个物各付物的意思，自然精专无纷杂之念，《大学》所谓‘知止而后有定’也。”

九年甲戌，先生四十三岁，在滁。

四月，升南京鸿胪寺卿。

滁阳诸友送至乌衣，不能别，留居江浦，候先生渡江。先生以诗促之归曰：“滁之水，入江流，江潮日复来滁州。相思若潮水，来往何时休？空相思，亦何益？欲慰相思情，不如崇令德。掘地见泉水，随处无弗得。何必驱驰为？千里远相即。君不见尧羹与舜墙？又不见孔与跖对面不相识？逆旅主人多殷勤，出门转盼成路人。”

五月，至南京。

自徐爱来南都，同志日亲，黄宗明、薛侃、马明衡、陆澄、季本、许相卿、王激、诸偁、林达、张寰、唐俞贤、饶文璧、刘观时、郑骝、周积、郭庆、栾惠、刘晓、何鳌、陈杰、杨杓、白说、彭一之、朱篪辈，同聚师门，日夕渍砺不懈。客有道自滁游学之士多放言高论，亦有渐背师教者。先生曰："吾年来欲惩末俗之卑污，引接学者多就高明一路，以救时弊。今见学者渐有流入空虚，为脱落新奇之论，吾已悔之矣。故南畿论学，只教学者存天理，去人欲，为省察克治实功。”王嘉秀、萧惠好谈仙佛，先生尝警之曰："吾幼时求圣学不得，亦尝笃志二氏。其后居夷三载，始见圣人端绪，悔错用功二十年。二氏之学，其妙与圣人只有毫厘之间，故不易辨，惟笃志圣学者始能究析其隐微，非测忆所及也。”

十年乙亥，先生四十四岁，在京师。

正月，疏自陈，不允。

是年当两京考察，例上疏。

立再从子正宪为后。

正宪字仲肃，季叔易直先生兖之孙，西林守信之第五子也。先生年四十四，与诸弟守俭、守文、守章俱未举子，故龙山公为先生择守信子正宪立之，时年八龄。

是年御史杨典荐改祭酒，不报。

八月，拟《谏迎佛疏》。

时命太监刘允、乌思藏赍幡供诸佛，奉迎佛徒。允奏请盐七万引以为路费，许之。辅臣杨廷和等与户部及言官各疏执奏，不听。先生欲因事纳忠，拟疏欲上，后中止。

疏请告。

是年祖母岑太夫人年九十有六，先生思乞恩归一见为诀，疏凡再上矣，故辞甚恳切。

十有一年丙子，先生四十五岁，在南京。

九月，升都察院左佥都御史、巡抚南、赣、汀、漳等处。

是时汀、漳各郡皆有巨寇，尚书王琼特举先生。

十月，归省至越。

王思舆语季本曰："阳明此行，必立事功。"本曰："何以知之？"曰："吾触之不动矣。"

十有二年丁丑，先生四十六岁。

正月，至赣。

先生过万安，遇流贼数百，沿途肆劫，商舟不敢进。先生乃联商舟，结为阵势，扬旗鸣鼓，如趋战状。贼乃罗拜于岸，呼曰："饥荒流民，乞求赈济。"先生泊岸，令人谕之曰："至赣后，即差官抚插。各安生理，毋作非为，自取戮灭。"贼惧散归。以是年正月十六日开府。

行十家牌法。先是赣民为洞贼耳目，官府举动未形，而贼已先闻。军门一老隶奸尤甚。先生侦知之，呼入卧室，使之自择生死。隶乃输情吐实。先生许其不死。试所言悉验。乃于城中立十家牌法。其法编十家为一牌，开列各户籍贯、姓名、年貌、行业，日轮一家，沿门按牌审察，遇面生可疑人，即行报官究理。或有隐匿，十家连坐。仍告谕父老子弟："务要父慈子孝，兄爱弟敬，夫和妇随，长惠幼顺；小心以奉官法，勤谨以办国课，恭俭以守家业，廉和以处乡里；心要平恕，毋得轻易忿争；事要含忍，毋得辄兴词讼；见善互相劝勉，有恶互相惩戒；务兴礼让之风，以成敦厚之俗。”

选民兵。先生以南、赣地连四省，山险林深，盗贼盘据，三居其一，窥伺剽掠，大为民患；当事者每遇盗贼猖獗，辄复会奏请调土军狼达，往返经年，靡费逾万；逮至集兵举事，即已魍魉潜形，班师旋旅，则又鼠狐聚党，是以机宜屡失，而备御益弛。先生乃使四省兵备官，于各属弩手、打手、机快等项，挑选骁勇绝群、胆力出众者，每县多或十余人，少或八九人，务求魁杰；或悬召募，大约江西、福建二兵备各以五六百名为率，广东、湖广二兵备各以四五百名为率，中间更有出众者，优其廪饩，署为将领。除南、赣兵备自行编选，余四兵备官仍于每县原额数内拣选可用者，量留三分之二，委该县贤能官统练，专以守城防隘为事；其余一分，拣退疲弱不堪者，免其著役，止出工食，追解该道，以益募赏。所募精兵，专随各兵备官屯扎，别选官分队统押教习之。如此，则各县屯戍之兵，既足以护守防截，而兵备募召之士，又可以应变出奇；盗贼渐知所畏，平良益有所恃而无恐矣。

二月，平漳寇。

初，先生道闻漳寇方炽，兼程至赣，即移文三省兵备，克期起兵。自正月十六日莅任，才旬日，即议进兵。兵次长富村，遇贼大战，斩获颇多。贼奔象湖山拒守。我兵追至莲花石，与贼对垒。会广东兵至，方欲合围，贼见势急，遂溃围而出。指挥覃桓、县丞纪镛马陷，死之。诸将请调狼兵，俟秋再举，先生乃责以失律罪，使立功自赎。诸将议犹未决，先生曰：“兵宜随时，变在呼吸，岂宜各持成说耶？福建诸军稍缉，咸有立功赎罪心，利在速战。若当集谋之始，即掩贼不备，成功可必。今既声势彰闻，各贼必联党设械，以御我师，且宜示以宽懈。而犹执乘机之说以张皇于外，是徒知吾卒之可击，而不知敌之未可击也。广东之兵意在倚重狼达土军，然后举事，诸贼亦候吾土兵之集，以卜战期，乘此机候，正可奋怯为勇，变弱为强。而犹执持重之说，以坐失事机，是徒知吾卒之未可击，而不知敌之正可击也。善用兵者，因形而借胜于敌，故其战胜不复，而应形于无穷。胜负之算，间不容发，乌可执滞哉？”于是亲率诸道锐卒进屯上杭，密敕群哨，佯言犒众退师，俟秋再举。密遣义官曾崇秀觇贼虚实，乘其懈，选兵分三路，俱于二月十九日乘晦夜衔枚并进，直捣象湖，夺其隘口。诸贼失险，复据上层峻壁，四面滚木垒石，以死拒战。我兵奋勇鏖战，自辰至午，呼声振地。三省奇兵从间鼓噪突登，乃惊溃奔走，遂乘胜追剿。已而福建兵攻破长富村等巢三十余所，广东兵攻破水竹、大重坑等巢一十三所，斩首从贼詹师富、温火烧等七千有奇，俘获贼属、辎重无算，而诸洞荡灭。是役仅三月，漳南数十年逋寇悉平。

是月奏捷，具言福建佥事胡琏、参政陈策、副使唐泽、知府钟湘、广东佥事顾应祥、都指挥杨懋、知县张戬劳绩，赐敕奖赍，其余升赏有差。初议进兵，谕诸将曰:“贼虽据险而守，尚可出其不意，掩其不备，则用邓艾破蜀之策，从间道以出。若贼果盘据持重，可以计困，难以兵克，则用充国破羌之谋，减冗兵以省费。务在防隐祸于显利之中，绝深奸于意料之外，此万全无失者也。”已而桓等狃于小胜，不从间道，故违节制，以致挫衄。诸将志沮，遂请济师。先生独以为，见兵二千有余，已为不少，不宜坐待济师以自懈，遥制以失机也。遂亲督兵而出，卒成功。

四月，班师。

时三月不雨。至于四月，先生方驻军上杭，祷于行台，得雨，以为未足。及班师，一雨三日，民大悦。有司请名行台之堂曰“时雨堂”，取王师若时雨之义也，先生乃为记。

五月，立兵符。

先生谓：“习战之方，莫要于行伍；治众之法，莫先于分数。”将调集各兵，每二十五人编为一伍，伍有小甲；五十人为一队，队有总甲；二百人为一哨，哨有长，有协哨二人；四百人为一营，营有官，有参谋二人；一千二百人为一阵，阵有偏将；二千四百人为一军，军有副将、偏将无定员，临事而设。小甲于各伍之中选才力优者为之，总甲于小甲之中选才力优者为之，哨长于千百户义官之中选材识优者为之。副将得以罚偏将，偏将得以罚营官，营官得以罚哨长，哨长得以罚总甲，总甲得以罚小甲，小甲得以罚伍众：务使上下相维，大小相承，如身之使臂，臂之使指，自然举动齐一，治众如寡，庶几有制之兵矣。编选既定，仍每五人给一牌，备列同伍二十五人姓名，使之连络习熟，谓之伍符。每队各置两牌，编立字号，一付总甲，一藏本院，谓之队符。每哨各置两牌，编立字号，一付哨长，一藏本院，谓之哨符，每营各置两牌，编立字号，一付营官，一藏本院，谓之营符。凡遇征调发符，比号而行，以防奸伪。其诸绢养训练之方，旗鼓进退之节，务济实用行之。

奏设平和县，移枋头巡检司。

先生以贼据险，久为民患，今幸破灭，须为拊背扼吭之策，乃奏请设平和县治于河头，移河头巡检司于枋头。盖以河头为诸巢之咽喉，而枋头又河头之唇齿也。且曰：“方贼之据河头也，穷凶极恶，至动三军之众，合二省之力，而始克荡平。若不及今为久远之图，不过数年，势将复起，后悔无及矣。盖盗贼之患，譬诸病人，兴师征讨者，针药攻治之方；建县抚辑者，饮食调摄之道；徒恃攻治，而不务调摄，则病不旋踵，后虽扁鹊、仓公，无所施其术也。”

按：是月闻蔡宗兖、许相卿、季本、薛侃、陆澄同举进士，先生曰：“入仕之始，意况未免摇动，如絮在风中，若非粘泥贴网，亦自主张未得。不知诸友却何如？想平时工夫亦须有得力处耳。”又闻曰仁在告买田雪上，为诸友久聚之计，遗二诗慰之。

六月，疏请疏通盐法。

始，都御史陈金以流贼军饷，于赣州立厂抽分广盐，许至袁、临、吉三府发卖。然起正德六年至九年而止。至是，先生以敕谕有便宜处置语，疏请暂行，待平定之日，仍旧停止。从之。

九月，改授提督南、赣、汀、漳等处军务，给旗牌，得便宜行事。

南、赣旧止以巡抚莅之，至都御史周南会请旗牌，事毕缴还，不为定制。至是，先生疏请，遂有提督之命。后不复，更疏以：“我国家有罚典，有赏格。然罚典止行于参提之后，而不行于临阵对敌之时；赏格止行于大军征剿之日，而不行于寻常用兵之际，故无成功。今后凡遇讨贼，领兵官不拘军卫有司，所领兵众，有退缩不用命者，许领兵官军前以军法从事；领兵官不用命者，许总统官军前以军法从事。所领兵众，有对敌擒斩功次，或赴敌阵亡，从实具报，覆实奏闻，升赏如制。若生擒贼徒，问明即押赴市曹，斩之以徇，庶使人知警畏，亦可比于令典决不待时者。如此，则赏罚既明，人心激励；盗起即得扑灭，粮饷可省，事功可建。”又曰：“古者赏不逾时，罚不后事。过时而赏，与无赏同；后事而罚，不罚同。况过时而不赏，后事而不罚，其何以齐一人心，作兴士气？虽使韩、白为将，亦不能有所成。诚得以大军诛赏之法，责而行之于平时，假臣等令旗令牌，便宜行事：如是而兵有不精，贼有不灭，臣等亦无以逃其死矣。”事下兵部尚书王琼，覆奏以为宜从所请。于是改巡抚为提督，得以军法从事，钦给旗牌八面，悉听便宜。既而镇守太监毕真谋于近幸，请监其军。琼奏以为兵法最忌遥制，若使南、赣用兵而必待谋于省城镇守，断乎不可；惟省城有警，则听南、赣策应。事遂寝。

按：敕谕有曰：“江西南安、赣州地方，与福建汀、漳二府，广东南、韶、潮、惠四府，及湖广彬州、桂阳县，壤地相接，山岭相连，其间盗贼不时生发，东追则西窜，南捕则北奔。盖因地方各省，事无统属，彼此推调，难为处置。先年尝设有都御史一员，巡抚前项地方，就令督剿盗贼。但责任不专，类多因循苟且，不能申明赏罚以励人心，致令盗贼滋多，地方受祸。今日所奏及各该部覆奏事理，特改命尔提督军务，抚安军民，修理城池，禁革奸弊。一应军马钱粮事宜，但听便宜区画，以足军饷。但有盗贼生发，即便设法调兵剿杀，不许踵袭旧弊，招抚蒙蔽，重为民患。其管领兵快人等官员，不问文职武职，若在军前违期，并逗遛退缩者，俱听军法从事。生擒盗贼，鞫问明白，亦听就行斩首示众。”

抚谕贼巢。

是时漳寇虽平，而乐昌、龙川诸贼巢尚多啸聚，将用兵剿之，先犒以牛酒银布，复谕之曰：“人之所共耻者，莫过于身被为盗贼之名；人心之所共愤者，莫过于身遭劫掠之苦。今使有人骂尔等为盗，尔必愤然而怒。又使人焚尔室庐，劫尔财货，掠尔妻女，尔必怀恨切骨，宁死必报。尔等以是加人，人其有不怨者乎？人同此心，尔宁独不知？乃必欲为此，其间想亦有不得已者。或是为官府所迫，或是为大户所侵，一时错起念头，误入其中，后遂不敢出。此等苦情，亦甚可悯。然亦皆由尔等悔悟不切耳。尔等当时去做贼时，是生人寻死路，尚且要去便去。今欲改行从善，是死人求生路，乃反不敢耶？若尔等肯如当初去做贼时拼死出来，求要改行从善，我官府岂有必要杀汝之理？尔等久习恶毒，忍于杀人，心多猜疑。岂知我上人之心，无故杀一鸡犬尚且不忍，况于人命关天？若轻易杀之，冥冥之中，断有还报，殃祸及于子孙，何苦而必欲为此。我每为尔等思念及此，辄至于终夜不能安寝，亦无非欲为尔寻一生路。惟是尔等冥顽不化，然后不得已而兴兵，此则非我杀之，乃天杀之也。今谓我全无杀人之心，亦是诳尔；若谓必欲杀尔，又非吾之本心。尔等今虽从恶，其始同是朝廷赤子。譬如一父母同生十子，八人为善，二人背逆，要害八人；父母之心，须去二人，然后八人得以安生。均之为子，父母之心，何故必欲偏杀二子，不得已也。吾于尔等，亦正如此。若此二子者，一旦悔恶迁善，号泣投诚，为父母者，亦必哀悯而赦之。何者？不忍杀其子者，乃父母之本心也。今得遂其本心，何喜何幸如之；吾于尔等，亦正如此。闻尔等为贼，所得苦亦不多，其间尚有衣食不充者。何不以尔为贼之勤苦精力，而用之于耕农，运之于商贾；可以坐致饶富而安享逸乐，放心纵意，游观城市之中，优游田野之内。岂如今日，出则畏官避仇，入则防诛惧剿，潜形遁迹，忧苦终身，卒之身灭家破，妻子戮辱，亦有何好乎？尔等若能听吾言，改行从善，吾即视尔为良民，更不追尔旧恶。若习性已成，难更改动，亦由尔等任意为之。吾南调两广之狼达，西调湖湘之士兵，亲率大军，围尔巢穴，一年不尽，至于两年；两年不尽，至于三年。尔之财力有限，吾之兵粮无穷，纵尔等皆为有翼之虎，谅亦不能逃于天地之外矣。呜呼。民吾同胞，尔等皆吾赤子，吾终不能抚恤尔等，而至于杀尔，痛哉。痛哉。兴言至此，不觉泪下。”

按：是谕文蔼然哀怜无辜之情，可以想见虞廷于羽之化矣。故当时酋长苦黄金巢、卢珂等，即率众来投，愿效死以报。

疏谢升赏。

朝廷以先生平漳寇功，升一级，银二十两，纻丝二表里，降敕奖励，故有谢疏。

疏处南，赣商税。

始，南安税商货于折梅亭；以资军饷，后多奸弊，仍并府北龟角尾，以疏闻。

十月，平横水、桶冈诸寇。

南、赣西接湖广桂阳，有桶冈、横水诸贼巢；南接广东乐昌，东接广东龙川，有浰头诸贼巢。大贼首谢志珊，号征南王，纠率大贼钟明贵、萧规模、陈曰能等，约乐昌高快马等大修战具，并造吕公车。闻广东官兵方有事府江，欲先破南康，乘虚入广。先是湖广巡抚都御史陈金题请三省夹攻。先生以桶冈、横水、左溪诸贼荼毒三省，其患虽同，而事势各异：“以湖广言之，则桶冈为贼之咽喉，而横水、左溪为之腹心。以江西言之，则横水、左溪为之腹心，而桶冈为之羽翼。今议者不去腹心，而欲与湖广夹攻桶冈，进兵两寇之间，腹背受敌，势必不利。今议进兵横水、左溪，克期在十一月朔。贼见我兵未集，师期尚远，必以为先事桶冈，观望未备。乘此急击之，可以得志。由是移兵临桶冈，破竹之势成矣。”于是决意先攻横水、左溪，分定哨道，指授方略，密以十月己酉进兵。至十一月己巳，凡破贼巢五十余，擒斩大贼首谢志珊等五十六，从贼首级二千一百六十八，俘获贼属二千三百二十四。众请乘胜进兵桶冈。先生复以桶冈天险，四塞中坚，其所由入，惟锁匙龙、葫芦洞。察坑、十八磊、新池五处，然皆架栈梯壑，于崖巅坐发垒石，可以御我师。虽上章一路稍平，然迂回半月始达，湖兵从人，我师复往，事皆非便。况横水、左溪余贼悉奔入，同难合势，为守必力。善战者，其势险，其节短。今我欲乘全胜之锋，兼三日之程，争百里之利，以顿兵于幽谷，所谓强弩之末，不能穿鲁缟矣。莫若移屯近地，休兵养威，使人谕以祸福，彼必惧而请伏。或有不从，乘而袭之，乃可以逞。因使其党往说之。贼喜，方集议，而横水、左溪奔入之贼果坚持不可。往复迟疑，不暇为备，而我兵分道疾进，前后合击，贼遂大败。破巢三十余，擒斩大贼首蓝天凤等三十四，从贼首级一千一百四，俘获贼属二千三百。捷闻，赐敕奖谕。

是役也，监军副使杨璋，参议黄宏，领兵都指挥许清，指挥使郏文，知府邢珣、季敩、伍文定、唐淳，知县王天与、张戬，指挥余恩、冯翔、县丞舒富，随征参谋等官，指挥谢泉、冯廷瑞、姚玺，同知朱宪，推官危寿、徐文英，知县陈允谐、黄文鸶、宋瑢、陆璥，千户陈伟、高睿等咸上功。

酋长谢志珊就擒，先生问曰：“汝何得党类之众若此？”志珊曰：

“亦不容易。”曰：“何？”曰：“平生见世上好汉，断不轻易放过；多方钩致之，或纵其酒，或助其急，待其相德，与之吐实，无不应矣。”先生退语门人曰：“吾儒一生求朋友之益，岂异是哉？”

十二月，班师。

师至南康，百姓沿途顶香迎拜。所经州、县、隘、所，各立生祠。远乡之民，各肖像于祖堂，岁时尸祝。

闰十二月，奏设崇义县治，及茶寮隘上堡、铅厂、长龙三巡检司。

先生上言：“横水、左溪、桶冈诸贼巢凡八十余，界乎上犹、大庾、南康之中，四方相距各三百余里，号令不及，以故为贼所据。今幸削平，必建立县治，以示控制。议割上犹、崇议等三里，大庾、义安三里，南康、至坪一里，而特设县治于横水，道里适均，山水合抱，土地平坦。仍设三巡检司以遏要害。茶陵复当桶冈之中，西通桂阳、桂东，南连仁化、乐昌，北接龙泉、永新，东入万安、兴国，宜设隘保障。令千户孟俊伐木立栅，移皮袍洞隘兵，而益以邻近隘夫守焉。”议上，悉从之，县名崇义。

十有三年戊寅，先生四十七岁，在赣。

正月，征三浰。

与薛侃书曰：“即日已抵龙南，明日入巢，四路皆如期并进，贼有必破之势矣。向在横水，尝寄书仕德云：‘破山中贼易，破心中贼难。’区区剪除鼠窃，何足为异？若诸贤扫荡心腹之寇，以收廓清平定之功，此诚大丈夫不世之伟绩。数日来，谅已得必胜之策，奏捷有期矣，何喜如之。梁日孚、杨仕德诚可与共学。廨中事累尚谦。小儿正宪，犹望时赐督责。”时延尚谦为正宪师，兼倚以衙中政事，故云。

二月，奏移小溪驿。

小溪驿旧当南康、南安中。丙子，大庾峰山里民惧贼仇杀，自愿筑城为卫。至是年二月，奏移驿其中。

三月，疏乞致仕，不允。

以病也。

袭平大帽、浰头诸寇。

先生议攻取之宜，先横水，次桶冈，次与广东徐图浰头。方进兵横水时，恐浰头乘之，乃为告谕，颇多感动。惟池仲容曰："我等为贼非一年，官府来招非一次，告谕何足凭？待金巢等无事，降未晚也。"金巢等至，乃释罪，推诚抚之，各愿自投。于是择其众五百人从征横水。横水既破，仲容等始惧，遣其弟池仲安来附，意以缓兵。先生觉之。比征桶冈，使截路上新池，以迂其归，内严警备，外若宽假。被害者皆言池氏凶狡，两经夹剿无功。其曰："狼兵易与耳，调来须半年，我避不须一月。"谓来不能速，留不能久也。咸请济师，不从。乃密画方略，使各归部集，候期遏贼。及桶冈破，贼益惧，私为战守之备。复使人赐酋牛酒，以察其变。贼度不可隐，诈称龙川新民卢珂、郑志高等将行掩袭，故豫为防，非虞官兵也。佯信之，因怒珂等擅兵仇杀，移檄龙川，使廉实将伐木开道讨之。贼闻且信且惧，复使来谢。会珂等告变，先生欲藉珂以绐三浰，密语珂曰："吾姑毁状，汝当再来；来则受杖三十，系数旬，乃可。"珂知，既喜诺。先生复授其意参随，密示行杖人，令极轻。至是假怒珂，数罪状，且将逮其属尽斩之。而阴纵其弟集兵。先生先期召巡捕官，佯曰："今大征已毕，时和年丰，可令民家盛作鼓乐、大张灯会乐之，亦数十年一奇事也。”又曰：“乐户多住龟角尾，恐招盗，曷迁入城来。”于是街巷俱然灯鸣鼓。已旬余，又遣指挥余恩及黄表颁历三浰，推心招徕之、时仲容等疑先生图己，既得历，稍安。黄表辈从容曰：“若辈新民，礼节生疏，我来颁历，若可高坐乎？”于是仲容率其党九十三人，皆悍酋，来营教场；而自以数人入见。先生呵曰：“若皆吾新民，不入见而营教场，疑我乎？”仲容惶恐曰：“听命耳。”即遣人引至祥符宫，见物宇整洁，喜出望外。是时十二月二十三也。先生既遣参随数人馆伴，复制青衣油靴，教之习礼，以察其志意所向。审其贪残终不可化，而士民咸诟于道曰：“此养寇贻害。”先生复决歼魁之念矣。逾日辞归，先生曰：“自此至三浰八九日，今即往，岁内未必至家；即至，又当走拜正节，徒自取劳苦耳。闻赣州今岁有灯，曷以正月归乎？”数日，复辞，先生曰：“正节尚未犒赏，奈何？”初二日，令有司大烹于宫，以次日宴。是夕，令龙光潜入甲士，诘旦，尽歼之。先生自惜终不能化，日已过未刻，不食，大脑晕，呕吐。先时尝密遣千户孟俊督珂弟，集兵以防其变，及是夜将半，自率军从龙南、冷水直捣下浰。贼故阻水石，错立水中。先生蹑跷先行，诸军继之，无溺者。门坚甚。先生摘百人，卷旗持炮火，缘后山登。须臾，后山炮火四发，旗帜满山，守者狼顾，门遂破。时正月七日丁未也。兵备副使杨璋，守备指挥郏文，知府陈祥、邢珣、季敩，推官危寿，指挥余恩、姚玺，县丞舒富皆从。凡破巢三十有八，擒斩贼首五十八，从贼二千余，余奔九连山往议。九连山横亘数百里，四面陡绝，须半月始达，而贼已据险。先生选精锐七百余，皆衣贼衣，佯奔溃，乘暮至贼崖下。贼下招之，我兵佯应。既度险，扼其后路。次日，从上下击，西路伏起，一鼓擒之。抚其降酋张仲全等二百余人。

视地里险易，立县置隘，留兵防守而归。

先生未至赣时，已闻有三省夹攻之议。即谓“夹攻大举，恐不足以灭贼”，乃进《攻治疏》。谓:“朝廷若假以赏罚，使得便宜行事，动无掣肘，可以相机而发，一寨可攻，则攻一寨；一巢可扑，则扑一巢。量其罪恶之浅深，而为剿抚之先后，则可以省供馈征调之费。日剪月削，澌尽灰灭。此则如昔人拔齿之喻，齿拔而儿不觉者也。若欲夹攻以快一朝之忿，则计贼二万，须兵十万；积粟料财，数月而事始集。兵未出境，贼已深逃，锋刃所加，不过老弱胁从之辈耳。况狼兵所过，不减于盗。近年江西有姚源之役，福建有汀、漳之寇，府江之师，方集于两广，偏桥之讨，未息于湖、湘，若复加以大兵，民将何以堪命？此则一拔去齿，而儿亦随毙者也。”是疏方上，而夹攻成命已下矣。先生又以为夹攻之策，名虽三省大举，其实举动次第，自有先后。如江西之南安，有上犹、大庾、桶冈等处贼巢，与湖广桂东、桂阳接境，夹攻之举，止宜江西与湖广会合，而广东于仁化县要害把截，不与焉。赣州之龙南，有浰头贼巢，与广东龙川接境，夹攻之举，止宜江西与广东会合，而湖广不与焉。广东乐昌、乳源贼巢，与湖广宜章县接境；惠州贼巢，与湖广临武县接境；仁化县贼巢，与湖广桂阳县接境;夹攻之举，止宜湖广、广东二省会合，而江西于大庾县要害把截，不与焉。若不此之察，必欲通待三省兵齐，然后进剿，则老师费财，为害匪细矣。今并力于上犹也，则姑遣人佯抚乐昌诸贼，以安其心。彼见广东既未有备，而湖广之兵又不及已，乃幸旦夕之生，必不敢越界以援上犹。及上犹既举，而湖广移兵以合广东，则乐昌诸贼其势已孤。二省兵力益专，其举益易，当是之时，龙川贼巢相去辽绝，自以为风马牛不相及，彼见江西之兵又彻，意必不疑。班师之日，出其不意，回军合击，蔑有不济者矣。疏上，朝廷许以便宜行事。桶冈既灭，湖广兵期始至。恐其徒劳远涉，即奖励统兵参将史春，使之即日回军，及计斩浰头，广东尚不及闻。皆与前议合。

四月，班师，立社学。

先生谓民风不善，由于教化未明。今幸盗贼稍平，民困渐息，一应移风易俗之事，虽未能尽举，姑且就其浅近易行者，开导训诲。即行告谕，发南、赣所属各县父老子弟，互相戒勉，兴立社学，延师教子，歌诗习礼。出入街衢，官长至，俱叉手拱立。先生或赞赏训诱之。久之，市民亦知冠服，朝夕歌声达于委巷，雍雍然渐成礼让之俗矣。

按：《训蒙大意示教读刘伯颂等》曰："今教童子者，当以孝悌忠信、礼义廉耻为专，务其培植涵养之方，则宜诱之歌诗，以发其志意；导之习礼，以肃其威仪；讽之读书，以开其知觉。今人往往以歌诗习礼为不切时务，此皆末俗庸鄙之见，乌足以知古人立教之意哉？大抵童子之情，乐嬉戏而惮拘检，如草木之始萌芽，舒畅之，则条达；摧挠之，则衰痿。故凡诱之歌诗者，非但发其志意而已，亦所以泄其跳号呼啸于咏歌，宣其幽抑结滞于音节也。导之习礼者，非但肃其威仪而已，亦所以周旋揖让，而动荡其血脉，拜起屈伸，而固束其筋骸也。讽之读书者，非但开其知觉而已，亦所以沉潜反复而存其心，抑扬讽诵以宣其志也。若责其检束，而不知导之以礼，求其聪明，而不知养之以善；彼视学舍如囹狱而不肯入，视师长如寇仇而不欲见矣：求其为善也得乎？"

五月，奏设和平县。

和平县治本和平峒羊子地，为三省贼冲要路。其中山水环抱，土地坦平，人烟辏集，千有余家。东去兴宁、长乐、安远，西抵河源，南界龙川，北际龙南，各有数日程。其山水阻隔，道路辽远，人迹既稀，奸宄多萃。相传原系循州龙川、雷乡一州二县之地，后为贼据，止存龙川一县。洪武中，贼首谢士真等相继作乱，遂极陵夷。先生谓宜乘时修复县治，以严控制；改和平巡检司于浰头，以遏要害。议上，悉从之。

六月，升都察院右副都御史，荫子锦衣卫，世袭百户。辞免，不允。

旌横水、桶冈功也，先生具疏辞免曰："臣过蒙国恩，授以巡抚之寄。时臣方抱病请告，偶值前官有托疾避难之嫌，朝廷谴之简书，臣遂狼狈莅事。当是时，兵耗财匮，盗炽民穷，束手无策。朝廷念民命之颠危，虑臣力之薄劣，本兵议假臣以赏罚，则从之；议给臣以旗牌，则从之；议改臣以提督，则从之；授之方略，而不拘以制；责其成功，而不限以时；由是臣得以伸缩如志，举动自由，一鼓而破横水，再鼓而灭桶冈。振旅复举，又一鼓而破三浰，再鼓而下九连。皆本兵之议，朝廷之断也。臣亦何功之有，而敢冒承其赏乎？况臣福过灾生，已尝恳疏求告；今乃求退获进，引咎蒙赉，其如赏功之典何？"奏人，不允。

七月，刻古本《大学》。

先生出入贼垒，未暇宁居，门人薛侃、欧阳德、梁焯、何廷仁、黄弘纲、薛俊、杨骥、郭治、周仲、周冲、周魁、郭持平、刘道、袁梦麟、王舜鹏、王学益、余光、黄槐密、黄鎏、吴伦、陈稷刘、鲁扶敝、吴鹤、薛侨、薛宗铨、欧阳昱，皆讲聚不散。至是回军休士，始得专意于朋友，日与发明《大学》本旨，指示入道之方。先生在龙场时，疑朱子《大学章句》非圣门本旨，手录古本，伏读精思，始信圣人之学本简易明白。其书止为一篇，原无经传之分。格致本于诚意，原无缺传可补。以诚意为主，而为致知格物之功，故不必增一敬字。以良知指示至善之本体，故不必假于见闻。至是录刻成书，傍为之释，而引以叙。

刻《朱子晚年定论》。

先生序略曰:“昔谪官龙场，居夷处困，动心忍性之余，恍若有悟。证诸《六经》《四子》，洞然无复可疑。独于朱子之说，有相牴牾，恒疚于心。切疑朱子之贤，而岂其于此尚有未察？及官留都，复取朱子之书而检求之。然后知其晚岁固已大悟旧说之非，痛悔极艾，至以为自诳诳人之罪，不可胜赎。世之所传《集注》《或问》之类，乃其中年未定之说，自咎以为旧本之误，思改正而未及。而其诸《语类》之属，又其门人挟胜心以附己见，固于朱子平日之说犹有大相缪戾者。而世之学者，局于见闻，不过持循讲习于此，其于悟后之论，概乎其未有闻。则亦何怪乎予言之不信，而朱子之心无以自暴于后世也乎？予既自幸说之不缪于朱子，又喜朱子之先得我心之同然，且慨夫世之学者，徒守朱子中年未定之说，而不复知求其晚岁既悟之论，竞相呶呶，以乱正学，不自知其已入于异端，辄采录而裒集之，私以示夫同志。庶几无疑于吾说，而圣学之明可冀矣。”

《与安之书》曰:“留都时，偶因饶舌，遂至多口，攻之者环四面。取朱子晚年悔悟之说，集为定论，聊藉以解纷耳。门人辈近刻之雩都，初闻甚不喜，然士夫见之，乃往往遂有开发者，无意中得此一助，亦颇省颊舌之劳。近年篁墩诸公尝有《道一》等编，见者先怀党同伐异之念，故卒不能有入，反激而怒。今但取朱子之所自言者表章之，不加一辞，虽有褊心，将无所施其怒矣。有志向者一出指示之。”

八月，门人薛侃刻《传习录》。

侃得徐爱所遗《传习录》一卷，序二篇，与陆澄各录一卷，刻于虔。

是年爱卒，先生哭之恸，爱及门独先，闻道亦早。尝游南岳，梦一瞿昙抚其背曰：“尔与颜子同德，亦与颜子同寿。”自南京兵部郎中告病归，与陆澄谋耕霅上之田以俟师。年才三十一。先生每语辄伤之。

九月，修濂溪书院。

四方学者辐辏，始寓射圃，至不能容，乃修濂溪书院居之。

先生大征既上捷，一日，设酒食劳诸生，且曰：“以此相报。”诸生瞿然问故。先生曰：“始吾登堂，每有赏罚，不敢肆，常恐有愧诸君。比与诸君相对久之，尚觉前此赏罚犹未也，于是思求其过以改之。直至登堂行事，与诸君相对时无少增损，方始心安。此即诸君之助，固不必事事烦口齿为也。”诸生闻言，愈省各畏。

十月，举乡约。

先生自大征后，以为民虽格面，未知格心，乃举乡约告谕父老子弟，使相警戒，辞有曰：“顷者顽卒倡乱，震惊远迩。父老子弟，甚忧苦骚动。彼冥顽无知，逆天叛伦，自求诛戮，究言思之，实足悯悼。然亦岂独冥顽者之罪，有司抚养之有缺，训迪之无方，均有责焉。虽然，父老之所以倡率饬励于平日，无乃亦有所未至欤？今倡乱渠魁，皆就擒灭，胁从无辜，悉已宽贷，地方虽以宁复，然创今图后，父老所以教约其子弟者，自此不可以不豫。故今特为保甲之法，以相警戒。聊属父老，其率子弟慎行之。务和尔邻里，齐尔姻族，德义相劝，过失相规，敦礼让之风，成淳厚之俗。”

十有一月，再请疏通盐法。

据户部覆疏，所允南、赣暂行盐税例止三年。先生念连年兵饷，不及小民，而止取盐税，所谓：不加赋而财足，所助不少。且广盐止行于南、赣，其利小，而淮盐必行于袁、临、吉，以滩高也。故三府之民，长苦乏盐。而私贩者，水发，舟多蔽河而下，寡不敌众，势莫能遏。乃上议以为广盐行，则商税集，而用资于军饷，赋省于贫民。广盐止，则私贩兴，而弊滋于奸宄，利归于豪右。况南、赣巢穴虽平，残党未尽，方图保安之策，未有撤兵之期。若盐税一革，军饷之费，苟非科取于贫民，必须仰给于内帑。夫民已贫而敛不休，是驱之从盗也；外已竭而殚其内，是复残其本也。臣窃以为宜开复广盐，著为定例。”朝廷从之，至今军民受其利。

年谱二 自正德己卯在江西至正德辛巳归越

十有四年己卯，先生四十八岁，在江西。

正月，疏谢升荫。

以三浰、九连功荫子锦衣卫，世袭副千户。上疏辞免，谓荫子实非常典，私心终有未安；疾病已缠，图报无日。疏入，不允。

疏乞致仕，不允。

以祖母疾亟故也。上书王晋溪琼曰："郴、衡诸处群孽，漏殄尚多。盖缘进剿之时，彼省土兵不甚用命，广兵防夹稍迟，是以致此。闽中之变，亦由积渐所致。始于延平，继于邵武，又发于建宁、于汀漳、于沿海诸卫所。将来之祸，不可胜言，固非迂劣如某所能办此也。又况近日祖母病危，日夜痛苦，方寸已乱。望改授，使全首领以归。"

六月，奉敕勘处福建叛军，十五日丙子，至丰城，闻宸濠反，遂返吉安，起义兵。

时福州三卫军人进贵等胁众谋叛，奉敕往勘。以六月初九日启行，十五日午，至丰城，知县顾佖迎，告濠反。先生遂返舟。

先是宁藩世蓄异志，至濠奸恶尤甚。正德初，与瑾纳结，尝风南昌诸生呈举孝行，抚按诸司表奏，以张声誉。安成举人刘养正素有词文名，屈致鼓众，株连富民，朘剥财产，纵大贼闵念四、凌十一等四出劫掠，以佐妄费。按察使陆完因濠器重，遂相倾附。及为本兵，首复护卫，树羽翼。而濠欲阴入第二子为武宗后，其内官阎顺等潜至京师，发奏，朝廷置不问，且谪顺等孝陵净军。濠益无忌。完改吏部。王琼代为本兵，度濠必反，乃申军律，督责抚臣修武备，以待不虞。而诸路戒严，捕盗甚急。凌十一系狱劫逃，琼责期必获。濠始恐，复风诸生颂己贤孝，挟当道奏之。武宗见奏，惊曰："保官好升，保宁王贤孝，欲何为耶？"是时江彬方宠幸，太监张忠欲附彬以倾钱宁，闻是言，乃密应曰："钱宁、臧贤交通宁王，其意未可测也。"太监张锐初通濠，复用南昌人张仪言，附忠、彬自固。而御史熊兰居南昌，素仇濠，少师杨廷和亦欲革护卫免患，交为内主。上乃令太监韦霖传旨。故事王府奏事人辞见有常，今稽违非制，于是试御史萧淮上疏曰："近奉敕旨，王人无事不得延留京师，臣有以仰窥陛下微意矣。臣不忍隐默，窃见宁王不遵祖训，包藏祸心，多杀无辜，横夺民产，虐害忠良，招纳亡命，私造兵器，潜谋不轨。交通官校有年，如致仕侍郎李仕实，前镇守太监毕真，及诸前后附势者，皆今日乱臣贼子，关系宗社安危，非细故也。或逮系至京，或坐名罢削。布政使郑岳、副使胡世宁，皆守正蒙害；宜亟起用，庶几人知顺逆，祸变可弥矣。"疏入，忠、彬等赞之，欲内阁降敕责镇巡，而给事中徐之鸾、御史沈约等又具奏其不法。廷和恐祸及，欲濠上护卫自赎。同官外廷不知也。

一日，驸马都尉崔元遣问琼曰："适闻宣召，明早赴阙，何事？"

琼问廷和。廷和佯惊曰："何事？"琼微笑曰："公勿欺我。"廷和忸怩徐曰："宣德中，有疑于赵，尝命驸马袁泰往谕，竟得释，或此意也。"明旦，琼至左顺门，见元领敕，谓曰："此大事，何不廷宣？"乃留，当廷领之。敕有曰："萧淮所言，关系宗社大计，朕念亲亲，不忍加兵，特遣太监赖义、驸马都尉崔元、都御史颜顾寿往谕，革其护卫。"元领敕既行，廷和复令兵部发兵观变。琼曰："此不可泄。近给事中孙懋易赞建议选兵操江，为江西流贼设备。疏入，留中日久，第请如拟行之，备兵之方无出此矣。"廷和默然。会濠侦卒林华者，闻朝议二三，不得实，书夜奔告。值濠生辰，宴诸司，闻言大惊，以为诏使此来，必用昔日蔡震擒荆藩故事。且旧制凡抄解宫眷，始遣驸马亲臣，固不记赵王事也。宴罢，密召士实、刘吉等谋之。养正曰："事急矣，明旦诸司入谢，即可行事。"是夜集兵以俟。比旦，诸司入谢，濠出立露台，宣言于众曰："汝等知大义否？"都御史孙燧对曰："不知。"濠曰："太后有密旨，令我起兵监国，汝保驾否？"燧曰："天无二日，民无二王，此是大义，不知其他。"濠怒令缚之。按察司副使许逵从下大呼曰："朝廷所遣大臣，反贼敢擅杀耶。"骂不绝口。校尉火信曳出惠民门外，同遇害。是时日午，天忽阴曀，遂劫镇巡诸司下狱，夺其印。于是太监王宏、御史王金、公差主事马思聪、金山布政使胡濂、参政陈杲、刘斐、参议许效廉、黄宏、佥事顾凤、都指挥许清、白昂，皆在系。思聪、宏不食死。濠乃伪置官属，以吉暨余钦、万锐等为太监，迎士实为太师，先期迎养正、南浦驿为国师，闵念四等各为都指挥，参政王伦为兵部尚书，季敩暨佥事潘鹏、师夔辈俱听役。胁布政使梁宸、按察使杨璋、副使唐锦、都指挥马骥，移咨府部，传檄远近，革年号，斥乘舆。分遣所亲娄伯、王春等四出收兵。

始濠闻武宗嬖伶官臧贤，乃遣秦荣就学音乐，馈万金及金丝宝壶。一日，武宗幸贤，贤以壶注酒，讶其精泽巧丽，曰："何从得此？"贤吐实。武宗曰："宁叔何不献我？"是时小刘新得幸，濠失贿，深衔之。比罢归，小刘笑曰："爷爷尚思宁王物，宁王不思爷爷物足矣。不记荐疏乎？"武宗乃益疑忠、彬，因赞萧疏，遂及贤，贤不知也。濠遣人留贤家，多复壁，外钥木橱，开则长巷，后通屋，甚隐，人无觉者。有旨大索贤家，林华遽走会同馆，得马，故速归。

初，宁献王臞仙传惠、靖、康三王，康王久无子，宫人南昌冯氏以成化丁酉生濠。康王梦蛇入宫，啖人殆尽，心恶之，欲弗举，以内人争免，遂匿优人家，与秦濼同寝处。稍长，淫宫中。康王忧愤且死，不令入诀。弘治丙辰袭位，通书史歌词。至是谋逆，期以八月十五日因入试官吏生校举事，比林华至，始促反。

十九日，疏上变。

濠既戕害守臣，因劫诸司据会城，乃悉拘护卫集亡命，括丁壮，号兵十万，夺运船顺下。戊寅，袭南康，知府陈霖等遁。己卯，袭九江，兵备曹雷、知府汪颖、指挥刘勋等遁，属县闻风皆溃。濠初谋欲径袭南京，遂犯北京，故乘胜克期东下。先生闻变，返舟，值南风急，舟弗能前，乃焚香拜泣告天曰："天若哀悯生灵，许我匡扶社稷，愿即反风。若无意斯民，守仁无生望矣。"须臾，风渐止，北帆尽起。濠遣内官喻才领兵追急，是夜乃与幕士萧禹、雷济等潜入鱼舟得脱。然念两京仓卒无备，欲沮挠之，使迟留旬月。于是故为两广机密大牌，备兵部咨及都御史颜咨云："率领狼达官兵四十八万江西公干。"令雷济等飞报摇之。濠见檄，果疑惧，迟延未发。先生四昼夜至吉安，明日庚辰，上疏告变。乃与知府伍文定等计，传檄四方，暴发逆濠罪状，檄列郡起兵以勤王。疏留。复命巡按御史谢源、伍希儒、纪功，张疑兵于丰城，又故张接济官军公移，备云兵部咨题，准令许泰、却永分领边军四万，从凤阳陆路进；刘晖、桂勇分领京边官军四万，从徐淮水陆并进，王守仁领兵二万，杨旦等领兵八万，陈金等领兵六万，分道并进，克期夹攻南昌。且以原奉机密敕旨为据，故令各兵徐行，待其出城，遮击前后以误之。又为李士实、刘养正内应伪书，贼将凌十一、闵念四投降密状，令济光等亲人计入于濠。濠乃留兵会城以观变。至七月三日，谍知非实，乃属宗支栱樤与万锐等留兵万余守南昌，遣潘鹏持檄说安庆，季敩说吉安，而自与宗支栱栟、士实、养正等东下。贼众六万人，号十万，以刘吉为监军，王纶参赞军务，指挥葛江为伪都督，总一百四十余队，分五哨。出鄱阳，过九江，令师夔守之，直趋安庆。时钦、凌等攻围虽已浃旬，知府张文锦、守备都指挥杨锐、指挥使崔文同守不下。

按：是时巡抚南畿都御史李克嗣飞章告变，琼请会议左顺门。众观望，犹不敢斥言濠反。琼独曰："竖子素行不义，今仓卒举乱，殆不足虑。都御史王守仁据上游蹑之，成擒必矣。"乃从直房顷刻覆十三疏，首请下诏削濠属籍，正贼名。次请命将出师，趋南都，命伯方寿祥防江都，御史俞谏率淮兵翊南都，尚书王鸿儒主给饷。次请命守仁率南赣兵由临、吉，都御史秦金率湖兵由荆、瑞会南昌，克嗣镇镇江，许廷光镇浙江，业兰镇仪真，遏贼冲。传檄江西诸路，但有忠臣义士，能倡义旅以擒反者，封侯。又请南京守备操江武职并五府掌印佥书官各自陈取上裁，务在得人，以固根本。诏悉从之。

先生在吉安，守益趋见曰："闻濠诱叶芳兵夹攻吉安。"先生曰：

"芳必不叛。诸贼旧以茅为屋，叛则焚之。我过其巢，许其伐钜木创屋万余。今其党各千余，不肯焚矣。"益曰："彼从濠，望封拜，可以寻常计乎？"先生默然良久曰："天下尽反，我辈固当如此做。"益惕然，一时胸中利害如洗。次早复见曰："昨夜思之，濠若遣逮老父奈何？已遣报之，急避他所。"

壬午，再告变。

叛党方盛，恐中途有阻，故再上。

疏乞便道省葬，不允。

先生起兵，未奉成命。上便道省葬疏，意示遭变暂留，姑为牵制攻讨，俟命师之至，即从初心。时奉旨："著督兵讨贼，所奏省亲事，待贼平之日来说。"

疏上伪檄。

六月二十二日，参政季敩同南昌府学教授赵承芳旗校十二人赍伪檄榜谕吉安府，至墨潭，领哨官缚送军门。先生即固封以进。其疏略曰："陛下在位一十四年，屡经变难，民心骚动，尚尔巡游不已，致使宗室谋动干戈，冀窃大宝。且今天下之觊觎，岂特一宁王？天下之奸雄，岂特在宗室？言念及此，懔骨寒心。昔汉武帝有轮台之悔，而天下向治；唐德宗下奉天之诏，而士民感泣。伏望皇上痛自克责，易辙改弦；罢出奸谀，以回天下豪杰之心；绝迹巡游，以杜天下奸雄之望；则太平尚有可图，群臣不胜幸甚。"

甲辰，义兵发吉安。丙午，大会于樟树。己酉，誓师。庚戌，次市汊。辛亥，拔南昌。

先生闻濠兵既出，乃促列郡兵克期会于樟树，自督知府伍文定等及通判谈储、推官王暐，以十三日甲辰发吉安。于是临江知府戴德孺、袁州知府徐琏、赣州知府邢珣、瑞州通判胡尧元、童琦、南安推官徐文英、赣州都指挥余恩、新淦知县李美、泰和知县李楫、宁都知县王天与、万安知县黄冕，各以其兵来赴。己酉，誓师于樟树，次丰城。谍知贼设伏于新旧厂，以为省城之应，乃遣奉新知县刘守绪领兵从间道夜袭破之。庚戌，发市汊，分布既定，薄幕齐发。辛亥黎时，各至信地。先是城中为备甚严，及厂贼溃奔入城，一城皆惊。又见我师骤集，益夺其气。众乘之，呼噪梯絙而登，遂入城，擒栱樤、万锐等千有余人，所遗宫眷纵火自焚。先生乃抚定居民，分释协从，封府库，收印信，人心始宁。于是胡濂、刘裴、许效廉、唐锦、赖凤、王玘等皆自投首。初，会兵樟树，众以安庆被围，急宜引兵赴之。先生曰："今南康、九江皆为贼据，我兵若越二城，直趋安庆，贼必回军死门，是我腹背受敌也。莫若先破南昌，贼失内据，势必归援。如此，则安庆之围自解，而贼成擒矣。"卒如计云。

遂促兵追濠。甲寅，始接战。乙卯，战于黄家渡。丙辰，战于八字脑。丁巳，获濠樵舍，江西平。

初，濠闻南昌告急，即欲归援，遂解安庆围，移沅子港。先分兵二万趋南昌，身旋继之。二十二日，先生侦知其故，问众计安出？多以贼势强盛，宜坚壁观衅，徐图进止。先生曰："贼势虽强，未逢大敌，惟以爵赏诱之。今进不得逞，退无所归，众已消沮。若出奇击惰，不战自溃：所谓先人有夺人之气也。"会抚州知府陈槐、进贤知县刘源清提兵亦至。乃遣伍文定、邢珣、徐琏、戴德孺各领兵五百，分道并进，击其不意。又遣余恩以兵四百，往来湖上诱致之。陈槐、胡尧元、童琦、谈储、王暐、徐文英、李美、李楫、王冕、王轼、刘守绪、刘源清等，各引兵百余，四面张疑设伏，候文定等合击之。分布既定，甲寅，乘夜急进。文定以正兵当贼锋，恩继之，珣绕出贼后，琏、德孺张两翼以分其势。乙卯，贼兵鼓噪乘风逼黄家渡，气骄甚。文定、恩佯北以致之。贼争趋利，前后不相及。珣从后横击，直贯其中。文定、恩乘之，夹以两翼，四面伏起。贼大溃，退保八字脑。濠惧，厚赏勇者，且令尽发九江、南康守城兵益之。是日建昌知府曾玙兵亦至。先生以为九江不破，则湖无外援；南康不复，则我难后蹑。乃遣槐领兵四百，合饶州知府林瑊兵攻九江，以广信知府周朝佐取南康。丙辰，贼复并力挑战。我兵少却，文定立铳炮间，火燎其须，殊死战。炮入濠副舟，贼大败，擒斩二千余，溺死者无算。乃聚樵舍，连舟为方阵，尽出金银赏士。先生乃密为火攻具，使珣击其左，琏、德孺出其右，恩等设伏，期火发以合。丁巳，濠方晨朝群臣，责不用命者，将引出斩之。争论未决，我兵掩至，火及濠副舟，众遂奔散。妃嫔与濠泣别，多赴水死。濠为知县王冕所执，与其世子眷属，及伪党士实、养正、刘吉、余钦、王纶、熊琼、卢衍、卢横、丁樻、王春、吴十三、秦荣、葛江、刘勋、何塘、王行、吴七、火信等数百，复执胁从官王宏、王金、杨璋、金山、王畴、程杲、潘鹏、梁宸、郏文、马骥，白昂等，擒斩三千，落水二万余，衣甲器械财物与浮尸横十余里。余贼数百艘逃溃，乃分兵追剿。戊午，及于昌邑，大破之。至吴城，复斩擒千余，死水中殆尽。己未，得槐等报，各擒斩复千余。盖自起兵至破贼，曾不旬日，纪功凡一万一千有奇。初先生屡疏力疾赴闽，值宁藩变，臣子义不容舍。又阖省方面并无一人，事势几会，间不容发，故复图为牵制攻守，以俟命师之至。疏入未报，即以捷闻。

洪尝见龙光述张疑行间事甚悉，尝问曰：“事济否？”先生曰：“未论济与不济，且言疑与不疑。”光曰：“疑固不免。”曰：“但得渠一疑，事济矣。”后遇河图为武林驿丞，又言公欲稽留宸濠，何时非间，何事非间。尝问光曰：“曾会刘养正否？”光对曰：“熟识。”即使光行间，移养正家属城内，善饮食之。缚赍檄人欲斩，济蹑足，遂不问。一日发牌票二百余，左右莫知所往。临省城，先以顺逆祸福之理谕官民。闻锐与瑞昌王助逆，遣其心腹胡景隆招回各兵，以离其党。徒见成功之易，而不知其伐谋之神也。黄弘纲闻安吉居人疑曰：“王公之戈，未知何向？”亟入告，先生笑而不答。出兵誓师，斩失律者殉营中，军士股慄，不敢仰视，不知即前赍檄人也。后贼平，张、许谤议百出，天下是非益乱，非先生自信于心，乌能遽白哉？

先是先生思豫备，会汀、漳兵备佥事周期雍以公事抵赣，知可与谋，且官异省，屏左右语之。雍归，即阴募骁勇，部勒以俟，故晨奉檄而夕就道。福建左布政使席书、岭东兵备佥事王大用，亦以兵来，道闻贼平，乃还。致仕都御史林俊闻变，夜范锡为佛狼机铳，并火药法，遣仆从间道来遗，勉以讨贼。

先生入城，日坐都察院，开中门，令可见前后。对士友论学不辍。报至，即登堂遣之。有言伍焚须状，暂如侧席，遣牌斩之。还坐，众咸色怖惊问。先生曰：“适闻对敌小却，此兵家常事，不足介意。”后闻濠已擒，问故行赏讫，还坐，咸色喜惊问。先生曰：“适闻宁王已擒，想不伪，但伤死者众耳。”理前语如常。傍观者服其学。

濠就擒，乘马入，望见远近街衢行伍整肃，笑曰：“此我家事，何劳费心如此。”一见先生，辄诧曰：“娄妃，贤妃也。自始事至今，苦谏未纳，适投水死，望遣葬之。”比使往，果得尸，盖周身皆纸绳内结，极易辨。娄为谅女，有家学，故处变能自全。

八月，疏谏亲征。

是时兵部会议命将讨贼。武宗诏曰：“不必命将，朕当亲率六师，奉天征讨。”于是假威武大将军镇国公行事，命太监张永、张忠、安边伯许泰、都督刘晖，率京边官军万余，给事祝续、御史张纶，随军纪功。虽捷音久上，不发，皆云：“元恶虽擒，逆党未尽，不捕必遗后患。”先生具疏谏止，略曰：“臣于告变之后，选将集兵，振威扬武，先攻省城，虚其巢穴，继战鄱湖，击其惰归。今宸濠已擒，谋党已获，从贼已扫，闽、广赴调军士已散，地方惊搅之民已帖。窃惟宸濠擅作辟威，睥睨神器，阴谋久蓄；招纳叛亡，辇毂之动静，探无遗迹；广置奸细，臣下之奏白，百不一通。发谋之始，逆料大驾必将亲征，先于沿途伏有奸党，期为博浪、荆轲之谋。今逆不旋踵，遂已成擒。法宜解赴阙门，式昭天讨。然欲付之部下各官，诚恐潜布之徒乘隙窃发；或虞意外，臣死有余憾矣。”盖时事方艰，贼虽擒，乱未已也。

是月疏免江西税，益王、淮王饷军，留朝觐官，恤重刑以实军伍；处置署印府县从逆人，参九江、南康失事，便道省葬，前后凡九上。

再乞便道省葬，不允。

与王晋溪书曰：“始恳疏乞归，以祖母鞠育之恩，思一面为诀。后竟牵滞兵戈，不及一见，卒抱终天之痛。今老父衰疾，又复日亟，而地方已幸无事，何惜一举手投足之劳，而不以曲全之乎？”

九月壬寅，献俘钱塘，以病留。

九月十一日，先生献俘发南昌。忠、泰等欲追还之，议将纵之鄱湖，俟武宗亲与遇战，而后奏凯论功。连遣人追至广信。先生不听，乘夜过玉山、草萍驿。张永候于杭，先生见永谓曰：“江西之民，久遭濠毒，今经大乱，继以旱灾，又供京边军饷，困苦既极，必逃聚山谷为乱。昔助濠尚为胁从，今为穷迫所激，奸党群起，天下遂成土崩之势。至是兴兵定乱，不亦难乎？”永深然之，乃徐曰：“吾之此出，为群小在君侧，欲调护左右，以默辅圣躬，非为掩功来也。但皇上顺其意而行，犹可挽回，万一若逆其意，徒激群小之怒，无救于天下大计矣。”于是先生信其无他，以濠付之，称病西湖净慈寺。

武宗尝以威武大将军牌遣锦衣千户追取宸濠，先生不肯出迎，三司苦劝。先生曰：“人子于父母乱命，若可告语，当涕泣以从，忍从谀乎？”不得已，令参随负敕同迎以入。有司问劳锦衣礼，先生曰：“止可五金。”锦衣怒不纳。次日来辞，先生执其手曰：“我在正德间下锦衣狱甚久，未见轻财重义有如公者。昨薄物出区区意，只求备礼。闻公不纳，令我惶愧。我无他长，止善作文字。他日当为表章，令锦衣知有公也。”于是复再拜以谢。其人竟不能出他语而别。奉敕兼巡抚江西。

十一月，返江西。

先生称病，欲坚卧不出，闻武宗南巡，已至维扬，群奸在侧，人情汹汹。不得已，从京口将径趋行在。大学士杨一清固止之。会奉旨兼巡抚江西，遂从湖口还。

忠等方挟宸濠搜罗百出，军马屯聚，糜费不堪。续、纶等望风附会，肆为飞语，时论不平。先生既还南昌，北军肆坐慢骂，或故冲导起衅。先生一不为动，务待以礼。豫令巡捕官谕市人移家于乡，而以老羸应门。始欲犒赏北军，泰等预禁之，令勿受。乃传示内外，谕北军离家苦楚，居民当敦主客礼。每出，遇北军丧，必停车问故，厚与之榇，嗟叹乃去。久之，北军咸服。会冬至节近，预令城市举奠。时新经濠乱，哭亡酹酒者声闻不绝。北军无不思家，泣下求归。先生与忠等语，不稍徇，渐已知畏。忠、泰自居所长，与先生较射于教场中，意先生必大屈。先生勉应之，三发三中，每一中，北军在傍哄然，举手啧啧。忠、泰大惧曰："我军皆附王都耶。"遂班师。

十有五年庚辰，先生四十九岁，在江西。

正月，赴召次芜湖。寻得旨，返江西。

忠、泰在南都谗先生必反，惟张永持正保全之。武宗问忠等曰："以何验反？"对曰："召必不至。"有诏面见，先生即行。忠等恐语相违，复拒之芜湖半月。不得已，入九华山，每日宴坐草庵中。适武宗遣人觇之，曰："王守仁学道人也，召之即至，安得反乎？"乃有返江西之命。始忠等屡矫伪命，先生不赴，至是永有幕士顺天、检校钱秉直急遣报，故得实。

先生赴召至上新河，为诸幸谗阻不得见。中夜默坐，见水波拍岸，汩汩有声。思曰："以一身蒙谤，死即死耳，如老亲何？"谓门人曰："此时若有一孔可以窃父而逃，吾亦终身长往不悔矣。"

江彬欲不利于先生，先生私计彬有他，即计执彬武宗前，数其图危宗社罪，以死相抵，亦稍偿天下之忿。徐得永解。其后刑部判彬有曰："虎旅夜惊，已幸寝谋于牛首；宫车宴驾，那堪遗恨于豹房。"若代先生言之者。

以晦日重过开先寺，留石刻读书台后，词曰："正德己卯六月乙亥，宁藩濠以南昌叛，称兵向阙，破南康、九江，攻安庆，远近震动。七月辛亥，臣守仁以列郡之兵复南昌，宸濠擒，余党悉定。当此时，天子闻变赫怒，亲统六师临讨，遂俘宸濠以归。于赫皇威。神武不杀，如霆之震，靡击而折。神器有归，孰敢窥窃。天鉴于宸濠，式昭皇灵，嘉靖我邦国。正德庚辰正月晦，提督军务都御史王守仁书。”从征官属列于左方。明日游白鹿洞，徘徊久之，多所题识。

二月，如九江。

先生以车驾未还京，心怀忧惶。是月出观兵九江，因游东林、天池、讲经台诸处。

是月，还南昌。

三月，请宽租。

江西自己卯三月不雨，至七月，禾苗枯死。继遭濠乱，小民乘隙为乱。先生尽心安戢，许乞优恤。至是部使数至，督促日追，先生上疏略曰:“日者流移之民，闻官军将去，稍稍胁息，延望归寻故业，足未入境，而颈已系于追求者之手矣。夫荒旱极矣，而因之以变乱；变乱极矣，而又加之以师旅；师旅极矣，而又加之以供馈。益之以诛求，亟之以征敛。当是之时，有目者不忍观，有耳者不忍闻，又从而剗其膏血，有人心者尚忍乎？宽恤之虚文，不若蠲租之实惠；赈济之难及，不若免税之易行。今不免租税，不息诛求，而徒曰宽恤赈济，是夺其口中之食，而曰吾将疗汝之饥；刳其腹肾之肉，而曰吾将救汝之死。凡有血气者，皆将不信之矣。”

按：是年与巡按御史唐龙、朱节上疏计处宁藩变产官银，代民上纳，民困稍苏。

三疏省葬，不允。

五月，江西大水，疏自劾。

是年四月，江西大水，漂溺公私庐舍，田野崩陷。先生上疏自劾四罪。且曰："自春入夏，雨水连绵，江湖涨溢，经月不退。自赣、吉、临、瑞、广、抚、南昌、九江、南康，沿江诸路，无不被害。黍苗沦没，室庐漂荡，鱼鳖之民聚栖于木杪，商旅之舟经行于闾巷，溃城决堤，千里为壑，烟火断绝，惟闻哭声。询之父老，皆谓数十年所未有也。伏惟皇上轸灾恤变，别选贤能，代臣巡抚。即不以臣为显戮，削其禄秩，黜还田里，以为人臣不职之戒，庶亦有位知警，民困可息，天变可弭，人怒可泄：而臣亦死无憾矣。"

按：是时武宗犹羁南畿，进谏无由，姑叙地方灾异以自劾，冀君心开悟而加意黎元也。

六月，如赣。

十四日，从章口入玉笥大秀宫。十五日，宿云储。十八日，至吉安，游青原山，和黄山谷诗，遂书碑。行至泰和，少宰罗钦顺以书问学。先生答曰："来教训某《大学》古本之复，以人之学，但当求之于内，而程、朱格物之说，不免求之于外，遂去朱子之分章，而削其所补之传。非敢然也。学岂有内外乎？《大学》古本乃孔门相传旧本耳。朱子疑其有脱误，而改正补缉之；在某则谓其本无脱误，悉从其旧而已矣。失在过信孔子则有之，非故去朱子之分章而削其传也。夫学贵得之心。求之于心而非也，虽其言之出于孔子，不敢以为是也，而况其未及孔子者乎？求之于心而是也，虽其言之出于庸常，不敢以为非也，而况其出于孔子者乎？且旧本之传数千载矣，今读其文辞，既明白而可通，论其功夫，又易简而可入，亦何所按据而断其此段之必在于彼，彼段之必在于此？与此之如何而缺，彼之如何而误？而遂正补缉之，无乃重于背朱而轻于叛孔已乎？来教谓：'如必以学不资于外求，但当反观内省以为务，则"正心诚意"四字，亦何不尽之有？何必入门之际，使困以格物一段工夫也？'诚然诚然。若语其要，则'修身'二字亦足矣，何必又言'正心'？'正心'二字亦足矣，何必又言'诚意'？'诚意'二字亦足矣，何必又言'致知'，又言'格物'？惟其工夫之详密，而要之只是一事，所以为精一之学，此正不可不思者也。夫理无内外，性无内外，故学无内外。讲习讨论，未尝非内也；反观内省，未尝遗外也。夫谓学必资于外求，是以己性为有外也，是义外也，用智者也；谓反观内省为求之于内，是以己性为有内也，是有我也，自私者也：是皆不知性之无内外也。故曰：'精义入神，以致用也；利用安身，以崇德也。'性之德也，合内外之道也。此可以知格物之学矣。格物者，《大学》之实下手处，彻首彻尾，自始学至圣人，只此工夫而已。非但入门之际，有此一段也。夫正心、诚意、致知、格物，皆所以修身而格物者，其所以用力日可见之地。故格物者，格其心之物也，格其意之物也，格其知之物也；正心者，正其物之心也；诚意者，诚其物之意也；致知者，致其物之知也：此岂有内外彼此之分哉？理一而已。以其理之凝聚而言，则谓之性；以其主宰而言，则谓之心；以其主宰之发动而言，则谓之意；以其发动之明觉而言，则谓之知；以其明觉之感应而言，则谓之物。故就物而言，谓之格；就知而言，谓之致，就意而言，谓之诚；就心而言，谓之正。正者，正此也；诚者，诚此也；致者，致此也；格者，格此也。皆所谓穷理以尽也。天下无性外之理，无性外之物。学之不明，皆由世之儒者认理为外，认物为外，而不知义外之说，孟子盖尝辟之，乃至袭陷其内而不觉，岂非亦有似是而难明者欤？不可以不察也。凡执事所以致疑于格物之说者，必谓其是内而非外也；必谓其专事于反观内省之为，而遗弃其讲习讨论之功也；必谓其一意于纲领本原之约，而脱略于支条节目之详也；必谓其沉溺于枯杭虚寂之偏，而不尽于物理人事之变也。审如是，岂但获罪于圣门，获罪于朱子？是邪说诬民，叛道乱正，人得而诛之也，而况于执事之正直哉？审如是，世之稍明训诂，闻先哲之绪纶者，皆知其非也，而况执事之高明乎哉？凡某之所谓格物，其于朱子九条之说，皆包罗统括于其中；但为之有要，作用不同：正所谓毫厘之差耳。然毫厘之差，而千里之谬实起于此，不可不辨。"

是月至赣。

先生至赣，大阅士卒，教战法。江彬遣人来观动静。相知者俱请回省，无蹈危疑。先生不从，作《啾啾吟》解之。有曰："东家老翁防虎患，虎夜入室衔其头。西家小儿不识虎，持竿驱虎如驱牛。"且曰："吾在此与童子歌诗习礼，有何可疑？"门人陈九川等亦以为言。先生曰："公等何不讲学，吾昔在省城，处权竖，祸在目前，吾亦帖然；纵有大变，亦避不得。吾所以不轻动者，亦有深虑焉耳。"

洪昔葺师疏，《便道归省》与《再报濠反疏》同日而上，心疑之，岂当国家危急存亡之日而暇及此也？当是时，倡义兴师，濠且旦夕擒矣，犹疏请命将出师，若身不与其事者。至《谏止亲征疏》，乃叹古人处成功之际难矣哉。

七月，重上江西捷音。

武宗留南都既久，群党欲自献俘袭功。张永曰："不可。昔未出京，宸濠已擒，献俘北上，过玉山，渡钱塘，经人耳目，不可袭也。"

于是以大将军钧帖令重上捷音。先生乃节略前奏，入诸人名于疏内，再上之。始议北旋。

尚书霍韬曰："是役也，罪人已执，犹动众出师；地方已宁，乃杀民奏捷。误先朝于过举，摇国是于将危。盖忠、泰之攘功贼义，厥罪滔天，而续、纶之诡随败类，其党恶不才亦甚矣。"御史黎龙曰："平藩事，不难于成功，而难于倡义。盖以逆濠之反，实有内应，人怀观望，而一时勤王诸臣，皆捐躯亡家，以赴国难。其后忌者构为飞语，欲甘心之，人心何由服乎？后有事变，谁复肯任之者？"费文献公宏《送张永还朝序》曰："兹行也，定祸乱而不必功出于己：开主知而不使过归乎上；节财用不欲久困乎民；扶善类而不欲罪移非辜。且先是发瑾罪状，首以规护卫为言，实以逆谋之成，萌于护卫之复，其早辨预防，非有体国爱民之心，不能及此。"

洪谓："平藩事不难于倡义，而难于处忠、泰之变。盖忠、泰挟天子以偕乱，莫敢谁何？豹房之谋，无日不在畏，即据上游不敢骋，卒能保乘舆还宫，以起世宗之正始。开先勒石所谓：'神器有归，孰敢窥窃。'又曰：'嘉靖我邦国。'则改元之兆先征于兹矣。噫。岂偶然哉。"

先生在赣时，有言万安上下多武士者。先生令参随往纪之。命之曰："但多膂力，不问武艺。"已而得三百余人。龙光问曰："宸濠既平，纪此何为？"曰："吾闻交址有内难，出其不意而捣之，一机会也。"后二十年，有登庸之役，人皆相传先生有预事谋，而不知当时计有所在也。

八月，咨部院雪冀元亨冤状。

先是宸濠揽结名士助己，凡仕江右者，多隆礼际。武陵冀元亨为公子正宪师，忠信可托，故遣往谢，佯与濠论学。濠大笑曰:“人痴乃至此耶。”立与绝。比返赣述故，先生曰:“祸在兹矣。”乃卫之间道归。及是张、许等索衅不得，遂逮元亨，备受考掠，无片语阿顺。于是科道交疏论辩，先生备咨部院白其冤。世宗登极，诏将释。前已得疾，后五日卒于狱。同门陆澄、应典辈备棺殓。讣闻，先生为位恸哭之。元亨字惟乾，举乡试。其学以务实不欺为主，而谨于一念。在狱视诸囚不异一体，诸囚日涕泣，至是稍稍听学自慰。湖广逮其家，妻李与二女俱不怖，曰:“吾夫平生尊师讲学，肯有他乎？”手治麻枲不辍。暇则诵《书》歌《诗》。事白，守者欲出之。李曰:“不见吾夫，何归？”按察诸僚妇欲相会，辞不敢赴。已乃洁一室，就视则囚服不释麻枲。有问者，答曰:“吾夫之学不出闺门衽席间。”闻者悚愧。元亨既卒，先生移文恤其家。

罗洪先赠女兄夫周汝方序略曰:“忆龙冈尝自赣病归，附庐陵刘子吉舟。刘与阳明先生素厚善，会母死，往请墓志。实濠事暗相邀结，不合而返。至舟，顾龙冈呻吟昏瞀，意其熟寝也。呼门人王储，叹曰:‘初意专倚阳明，两日数调以言，若不喻意，更不得一肯綮，不上此船明矣。此事将遂已乎，且吾安得以一身当重担也？’储拱手曰:‘先生气弱，今天下属先生，先生安所退托？阳明何足为有无哉？’刘曰:‘是固在我，多得数人更好。阳明曾经用兵尔。’储曰:‘先生以阳明为才乎，吾见其怯也。’刘曰:‘诚然。赣州峒贼，髦头耳，乃终日练兵，若对大敌，何其张皇哉？’相与大笑而罢。龙冈反舍，语予若此，己卯二月也。其年六月，濠反，子吉与储附之。七月，阳明先生以兵讨贼。八月俘濠。是时议者纷然，予与龙冈窃叹莫能辨。比见诋先生者，问之曰:‘吾恶其言是而行非，盖其伪也。

龙冈舌尚在，至京师，见四方人士，犹有为前言者否乎？盍以语予者语之。’其后养正既死，先生过吉安，令有司葬其母，复为文以奠。辞曰：‘嗟嗟。刘生子吉，母死不葬，爰及干戈；一念之差，遂至于此，呜呼哀哉。今吾葬子之母，聊以慰子之魂。盖君臣之义，虽不得私于子之身，而朋友之情，犹得以尽于子之母也，呜呼哀哉。’其事在是年六月。”

闰八月，四疏省葬，不允。

初，先生在赣，闻祖母岑太夫人讣，及海日翁病，欲上疏乞归，会有福州之命。比中途遭变，疏请命将讨贼，因乞省葬。朝廷许以贼平之日来说。至是凡四请。尝闻海日翁病危，欲弃职逃归，后报平复，乃止。一日，问诸友曰:“我欲逃回，何无一人赞行？”门人周仲曰：“先生思归一念，亦似著相。”先生良久曰：“此相安能不著？”

九月，还南昌。

先生再至南昌。武宗驾尚未还宫，百姓嗷嗷，乃兴新府工役，檄各院道取濠废地逆产，改造贸易，以济饥代税，境内稍苏。尝遗守益书曰：“自到省城，政务纷错，不复有相讲习如虔中者。虽自己舵柄不敢放手，而滩流悍急，须仗有力如吾谦之者持篙而来，庶能相助更上一滩耳。”泰州王银服古冠服，执木简，以二诗为贽，请见。先生异其人，降阶迎之。既上坐，问：“何冠？”曰：“有虞氏冠。”问:“何服？”曰:“老莱子服。”曰:“学老莱子乎？”曰:“然。”曰:“将止学服其服，未学上堂诈跌掩面啼哭也？”银色动，坐渐侧。及论致知格物，悟曰：“吾人之学，饰情抗节，矫诸外；先生之学，精深极微，得之心者也。”遂反服执弟子礼。先生易其名为“艮”，字以“汝止。”

进贤舒芬以翰林谪官市舶，自恃博学，见先生问律吕。先生不答，且问元声。对曰："元声制度颇详，特未置密室经试耳。"先生曰："元声岂得之管灰黍石间哉？心得养则气自和，元气所由出也。《书》云'诗言志'，志即是乐之本；'歌永言'，歌即是制律之本。永言和声，俱本于歌。歌本于心，故心也者，中和之极也。"芬遂跃然拜弟子。

是时陈九川、夏良胜、万潮、欧阳德、魏良弼、李遂、舒芬及袭衍日侍讲席，而巡按御史唐龙、督学佥事邵锐，皆守旧学相疑，唐复以彻讲择交相劝。先生答曰："吾真见得良知人人所同，特学者未得启悟，故甘随俗习非。今苟以是心至，吾又为一身疑谤，拒不与言，于心忍乎？求真才者，譬之淘沙而得金，非不知沙之汰者十去八九，然未能舍沙以求金为也。"当唐、邵之疑，人多畏避，见同门方巾中衣而来者，俱指为异物。独王臣、魏良政、良器、钟文奎、吴子金等挺然不变，相依而起者日众。

十有六年辛巳，先生五十岁，在江西。

正月，居南昌。

是年先生始揭致良知之教。先生闻前月十日武宗驾入宫，始舒忧念。自经宸濠、忠、泰之变，益信良知真足以忘患难，出生死，所谓考三王，建天地，质鬼神，俟后圣，无弗同者。乃遗书守益曰："近来信得致致良知三字，真圣门正法眼藏。往年尚疑未尽，今自多事以来，只此良知无不具足。譬之操舟得舵，平澜浅濑，无不如意，虽遇颠风逆浪，舵柄在手，可免没溺之患矣。"一日，先生喟然发叹。九川问曰："先生何叹也？"曰："此理简易明白若此，乃一经沉埋数百年。"九川曰："亦为宋儒从知解上入，认识神为性体，故闻见日益，障道日深耳。今先生拈出‘良知’二字，此古今人人真面目，更复奚疑？”先生曰：“然譬之人有冒别姓坟墓为祖墓者，何以为辨？只得开圹将子孙滴血，真伪无可逃矣。我此‘良知’二字，实千古圣圣相传一点滴骨血也。”又曰：“某于此良知之说，从百死千难中得来，不得已与人一口说尽。只恐学者得之容易，把作一种光景玩弄，不实落用功，负此知耳。”先生自南都以来，凡示学者，皆令存天理去人欲以为本。有问所谓，则令自求之，未尝指天理为何如也。间语友人曰：“近欲发挥此，只觉有一言发不出，津津然如含诸口，莫能相度。”久乃曰：“近觉得此学更无有他，只是这些子了此更无余矣。”旁有健羡不已者，则又曰：“连这些子亦元放处。”今经变后，始有良知之说。

录陆象山子孙。

先生以象山得孔、孟正传，其学术久抑而未彰，文庙尚缺配享之典，子孙未沾褒崇之泽，牌行抚州府金溪县官吏，将陆氏嫡派子孙，仿各处圣贤子孙事例，免其差役；有俊秀子弟，具名提学道送学肄业。

按：象山与晦翁同时讲学，自天下崇朱说，而陆学遂泯。先生刻《象山文集》，为序以表彰之。席元山尝闻先生论学于龙场，深病陆学丕显，作《鸣冤录》以寄先生。称其身任斯道，庶几天下非之而不顾。

五月，集门人于白鹿洞。

是月，先生有归志，欲同门久聚，共明此学。适南昌府知府吴嘉聪欲成府志，时蔡宗兖为南康府教授，主白鹿洞事，遂使开局于洞中，集夏良胜、舒芬、万潮、陈九川同事焉。先生遗书促邹守益曰：“醉翁之意盖有在，不专以此烦劳也。区区归遁有日。圣天子新政英明。如谦之亦宜束装北上，此会宜急图之，不当徐徐而来也。”

庚辰春，甘泉湛先生避地发履冢下，与霍兀崖韬、方叔贤同时家居为会，先生闻之曰：“英贤之生，何幸同时共地，又可虚度光阴，失此机会耶？”是秋，兀崖过洪都，论《大学》，辄持旧见。先生曰：“若传习书史，考正古今，以广吾见闻则可；若欲以是求得入圣门路，譬之采摘枝叶，以缀本根，而欲通其血脉，盖亦难矣。”至是，甘泉寄示《学庸测》，叔贤寄《大学》《洪范》。先生遗书甘泉曰：“随处体认天理，是真实不诳语。究兄命意发端，却有毫厘未协。修齐治平，总是格物，但欲如此节节分疏，亦觉说话太多。且语意务为简古，比之本文，反更深晦。莫若浅易其词，略指路径，使人自思得之，更觉意味深长也。”遗书叔贤曰：“道一而已。论其大本一原，则《六经》、《四书》无不可推之而同者，又不特《洪范》之于《大学》而已。譬之草木，其同者生意也；其花实之疏密，枝叶之高下，亦欲尽比而同之，吾恐化工不如是之雕刻也。君子论学固惟是之从，非以必同为贵。至于入门下手处，则有不容于不辨者。”先是伦彦式以训尝过虔中问学，是月遣弟以谅遗书问曰：“学无静根，感物易动，处事多悔，如何？”先生曰：“三言者病亦相因。惟学而别求静根，故感物而惧其易动；感物而惧其易动，是故处事而多悔也。心无动静者也，故君子之学，其静也常觉，而未尝无也，故常应常寂，动静皆有事焉，是之谓集义。集义故能无祇悔，所谓‘动亦定，静亦定’者也。心一而已，静其体也，而复求静根焉，是挠其体也；动其用也，而惧其易动焉，是废其用也。故求静之心即动也，恶动之心非静也，是之谓动亦动，静亦动，将迎起伏相迎于无穷矣。故循理之谓静，从欲之谓动。”

六月，赴内召，寻止之，升南京兵部尚书，参赞机务。遂疏乞便道省葬。

六月十六日，奉世宗敕旨，以“尔昔能剿平乱贼，安静地方，朝廷新政之初，特兹召用。敕至，尔可驰驿来京，毋或稽迟。”先生即于是月二十日起程，道由钱塘。辅臣阻之，潜讽科道建言，以为“朝廷新政，武宗国丧，资费浩繁，不宜行宴赏之事”。先生至钱塘，上疏恳乞便道归省。朝廷准令归省，升南京兵部尚书，参赞机务。按《乞归省疏》略曰：“臣自两年以来，四上归省奏，皆以亲老多病，恳乞暂归省视。复权奸谗嫉，恐罹暧昧之祸，故其时虽以暂归为请，而实有终身丘壑之念矣。既而天启神圣，人承大统，亲贤任旧，向之为谗嫉者，皆以诛斥，阳德兴而公道显。臣于斯时，若出陷阱而登之春台也，岂不欲朝发夕至，一快其拜舞踊跃之私乎？顾臣父老且病，顷遭谗构，朝夕常有父子不相见之痛。今幸脱洗殃咎，复睹天日，父子之情，固思一见颜面以叙其悲惨离隔之怀。况臣取道钱塘，迂程乡土，止有一日。此在亲交之厚，将不能已于情，而况父子乎？然不以之明请于朝，而私窃行之，是欺君也；惧稽延之戮，而忍割情于所生，是忘父也。欺君者不忠，忘父者不孝：故臣敢冒罪以请。”

与陆澄论养生：“京中人回，闻以多病之故，将从事于养生。区区往年盖尝毙力于此矣。后乃知养德、养身只是一事。元静所云‘真我’者，果能戒谨恐惧而专心于是，则神住、气住、精住，而仙家所谓长生久视之说，亦在其中矣。老子、彭篯之徒，乃其禀赋有若此者，非可以学而至。后世如白玉蟾、丘长春之属，皆是彼所称述以为祖师者，其得寿皆不过五六十。则所谓长生之说，当必有所指也。元静气弱多病，但宜清心寡欲，一意圣贤，如前所谓‘真我’之说；不宜轻信异道，徒自惑乱聪明，毙精竭神，无益也。”

八月，至越。

九月，归余姚省祖茔。

先生归省祖茔，访瑞云楼，指藏胎衣地，收泪久之，盖痛母生不及养，祖母死不及殓也。日与宗族亲友宴游，随地指示良知。德洪昔闻先生讲学江右，久思及门，乡中故老犹执先生往迹为疑，洪独潜伺动支，深信之，乃排众议，请亲命，率二侄大经、应扬及郑寅、俞大本，因王正心通贽请见。明日，夏淳、范引年、吴仁、柴凤、孙应奎、诸阳、徐珊、管州、谷钟秀、黄文涣、周于德、杨珂等凡七十四人。

十月二日，封新建伯。

制曰："江西反贼剿平，地方安定，各该官员，功绩显著。你部里既会官集议，分别等第明白。王守仁封新建伯，奉天翊卫推诚宣力守正文臣，特进光禄大夫柱国，还兼两京兵部尚书，照旧参赞机务，岁支禄米壹千石，三代并妻一体追封，给与诰卷，子孙世世承袭。正德十六年十二月十九日，准兵部吏部题。"差行人赍白金文绮慰劳。兼下温旨存问父华于家，赐以羊酒。至日，适海日翁诞辰，亲朋咸集，先生捧觞为寿。翁蹙然曰："宁濠之变，皆以汝为死矣而不死，皆以事难平矣而卒平。谗构朋兴，祸机四发，前后二年，岌乎知不免矣。天开日月，显忠遂良，穹官高爵，滥冒封赏，父子复相见于一堂，兹非其幸欤。然盛者衰之始，福者祸之基，虽以为幸，又以为惧也。"先生洗爵而跪曰："大人之教，儿所日夜切心者也。"闻者皆叹会遇之隆，感盈盛之戒。

年谱三 自嘉靖壬午在越至嘉靖己丑丧归越

嘉靖元年壬午，先生五十一岁，在越。

正月，疏辞封爵。

先是先生平贼擒濠，俱琼先事为谋，假以便宜行事，每疏捷，必先归功本兵，宰辅憾焉。至是，欲阻先生之进，乃抑同事诸人，将纪功册改造，务为删削。先生曰："册中所载，可见之功耳。若夫帐下之士，或诈为兵檄，以挠其进止；或伪书反间，以离其腹心；或犯难走役，而填于沟壑；或以忠抱冤，而构死狱中，有将士所不与知，部领所未尝历，幽魂所未及泄者，非册中所能尽载。今于其可见之功，而又裁削之，何以励效忠赴义之士耶。"乃上疏乞辞封爵，且谓："殃莫大于叨天之功，罪莫大于掩人之善，恶莫深于袭下之能，辱莫重于忘己之耻：四者备而祸全。此臣之不敢受爵者，非以辞荣也，避祸焉尔已。"疏上，不报。

二月，龙山公卒。

二月十二日己丑，海日翁年七十，疾且革。时朝廷推论征藩之功，进封翁及竹轩、槐里公，俱为新建伯。是日，部咨适至，翁闻使者已在门，促先生及诸弟出迎，曰："虽仓遽，乌可以废礼？"

问已成礼，然后瞑目而逝。先生戒家人勿哭，加新冕服拖绅，饬内外含襚诸具，始举哀，一哭顿绝，病不能胜。门人子弟纪丧，因才任使。以仙居金克厚谨恪，使监厨。克厚出纳品物惟谨，有不慎者追还之，内外井井。室中斋食，百日后，令弟侄辈稍进干肉，曰："诸子豢养习久，强其不能，是恣其作伪也。稍宽之，使之各求自尽可也。"越俗宴吊，客必列饼糖，设文绮，烹鲜割肥，以竞丰侈，先生尽革之。惟遇高年远客，素食中间肉二器，曰："斋素行于幕内，若使吊客同孝子食，非所以安高年而酬宾旅也。"后甘泉先生来吊，见肉食不喜，遗书致责。先生引罪不辩。是年克厚与洪同贡于乡，连举进士，谓洪曰："吾学得司厨而大益，且私之以取科第。先生常谓学必操事而后实，诚至教也。"

先生卧病，远方同志日至，乃揭帖于壁曰："某鄙劣无所知识，且在忧病奄奄中，故凡四方同志之辱临者，皆不敢相见；或不得已而相见。亦不敢有所论说，各请归而求诸孔、孟之训可矣。夫孔、孟之训，昭如日月，凡支离决裂，似是而非者，皆异说也。有志于圣人之学者，外孔、孟之训而他求，是舍日月之明，而希光于萤爝之微也，不亦缪乎？"

七月，再疏辞封爵。

七月十九日，准吏部咨："钦奉圣旨：卿倡义督兵，剿除大患，尽忠报国，劳绩可嘉，特加封爵，以昭公义。宜勉承恩命，所辞不允。"先是先生上疏辞爵，乞普恩典，盖以当国者不明军旅之赏，而阴行考察，或赏或否，或不行赏而并削其绩，或赏未及播而罚已先行，或虚受升职之名而因使退闲，或冒蒙不忠之号而随以废斥，乃叹曰："同事诸臣，延颈而待且三年矣。此而不言，谁复有为之论列者？

均秉忠义之气，以赴国难，而功成行赏，惟吾一人当之，人将不食其余矣。”乃再上疏曰：“日者宸濠之变，其横气积威，虽在千里之外，无不震骇失措，而况江西诸郡县近切剥床者乎？臣以逆旅孤身，举事其间。然而未受巡抚之命，则各官非统属也；未奉讨贼之旨，其事乃义倡也，若使其时郡县各官，果畏死偷生，但以未有成命，各保土地为辞，则臣亦可如何哉？然而闻臣之调，即感激奋励，挺身而来，是非真有捐躯赴难之义，戮力报主之忠，孰肯甘粉齑之祸，从赤族之诛，以希万一难冀之功乎？然则凡在与臣共事者，皆有忠义之诚者也。夫考课之典，军旅之政，固并行而不相悖，然亦不可混而施之。今也将明旅之赏，而阴以考课之意行于其间，人但见其赏未施而罚已及，功不录而罪有加，不能创奸警恶，而徒以阻忠义之气，快谗嫉之心；譬之投杯醪于河水，而求饮者之醉，可得乎？”疏上不报。

时御史程启充、给事毛玉倡议论劾，以遏正学，承宰辅意也。陆澄时为刑部主事，上疏为六辩以折之。先生闻而止之曰：“无辩止谤，尝闻昔人之教矣。况今何止于是。四方英杰，以讲学异同，议论纷纷，吾侪可胜辩乎？惟当反求诸己，苟其言而是欤，吾斯尚有未信欤，则当务求其非，不得辄是己而非人也。使其言而非欤，吾斯既以自信欤，则当益求于自慊，所谓默而成之，不言而信者也。然则今日之多口，孰非吾侪动心忍性，砥砺切磋之地乎？且彼议论之兴，非必有所私怨于我，亦将以为卫夫道也。况其说本自出于先儒之绪论，而吾侪之言骤异于昔，反若凿空杜撰者，固宜其非笑而骇惑矣。未可专以罪彼为也。”

是月德洪赴省城，辞先生请益。先生曰：“胸中须常有舜、禹有天下不与气象。”德洪请问。先生曰：“舜、禹有天下而身不与，又何得丧介于其中？”

二年癸未，先生五十二岁，在越。

二月。

南宫策士以心学为问，阴以辟先生。门人徐珊读《策问》，叹曰：“吾恶能昧吾知以幸时好耶。”不答而出。闻者难之。曰：“尹彦明后一人也。”同门欧阳德、王臣、魏良弼等直接发师旨不讳，亦在取列，识者以为进退有命。德洪下第归，深恨时事之乖。见先生，先生喜而相接曰：“圣学从兹大明矣。”德洪曰：“时事如此，何见大明？”先生曰：“吾学恶得遍语天下士？今会试录，虽穷乡深谷无不到矣。吾学既非，天下必有起而求真是者。”

邹守益、薛侃、黄宗明、马明衡、王艮等侍，因言谤议日炽。先生曰：“诸君且言其故。”有言先生势位隆盛，是以忌嫉谤；有言先生学日明，为宋儒争异同，则以学术谤；有言天下从游者众，与其进不保其往，又以身谤。先生曰：“三言者诚皆有之，特吾自知诸君论未及耳。”请问。曰：“吾自南京已前，尚有乡愿意思。在今只信良知真是真非处，更无掩藏回护，才做得狂者。使天下尽说我行不掩言，吾亦只依良知行。”请问乡愿狂者之辨。曰：“乡愿以忠信廉洁见取于君子，以同流合污无忤于小人，故非之无举，刺之无刺。然究其心，乃知忠信廉洁所以媚君子也，同流合污所以媚小人也，其心已破坏矣，故不可与人尧、舜之道。狂者志存古人，一切纷嚣俗染，举不足以累其心，真有凤凰翔于千仞之意，一克念即圣人矣。惟不克念，故阔略事情，而行常不掩。惟其不掩，故心尚未坏而庶可与裁。”曰：“乡愿何以断其媚世？”曰：“自其议狂狷而知之。狂狷不与俗谐，而谓生斯世也，为斯世也，善斯可矣，此乡愿志也。故其所为皆色取不疑，所以谓之‘似’。三代以下，士之取盛名于时者，不过得乡愿之似而已。然究其忠信廉洁，或未免致疑于妻子也。虽欲纯乎乡愿，亦未易得，而况圣人之道乎？”曰：“狂狷为孔子所思，然至于传道，终不及琴张辈而传曾子，岂曾子亦狷者之流乎？”先生曰：“不然，琴张辈狂者之禀也，虽有所得，终止于狂。曾子中行之禀也，故能悟入圣人之道。”

先生《与黄宗贤书》曰:“近与尚谦、子华、宗明讲《孟子》‘乡愿狂狷’一章，颇觉有所警发，相见时须更一论。四方朋友来去无定，中间不无切磋砥励之益，但真有力量能担荷得者，亦自少见。大抵近世学者无有必为圣人之志，胸中有物，未得清脱耳。闻引接同志，孜孜不怠，甚善。但论议须谦虚简明为佳。若自处过任，而词意重复，却恐无益而有损。”

《与尚谦书》曰:“谓自咎罪疾只缘轻傲二字，足知用力恳切。但知轻傲处便是良知，致此良知，除却轻傲，便是格物。得致知二字，千古人品高下真伪，一齐觑破，毫发不容掩藏:前所论乡愿，可熟味也。二字在虔时终日论此，同志中尚多未彻。近于古本序中改数语，颇发此意，然见者往往亦不能察。今寄一纸，幸更熟味。此乃千古圣学之秘，从前儒者多不善悟到，故其说入于支离外道而不觉也。”

九月，改葬龙山公于天柱峰。郑太夫人于徐山。

郑太夫人尝附葬余姚穴湖，既改殡郡南石泉山，及合葬公，开圹有水患，先生梦寐不宁，遂改葬。

十有一月，至萧山。

见素林公自都御史致政归，道钱塘，渡江来访，先生趋迎于萧山，宿浮峰寺。公相对感慨时事，慰从行诸友，及时勉学，无负初志。

张元冲在舟中问：“二氏与圣人之学所差毫厘，谓其皆有得于性命也。但二氏于性命中著些私利，便谬千里矣。今观二氏作用，亦有功于吾身者，不知亦须兼取否？”先生曰：“说兼取，便不是。圣人尽性至命，何物不具，何待兼取？二氏之用，皆我之用：即吾尽性至命中完养此身谓之仙；即吾尽性至命中不染世累谓之佛。但后世儒者不见圣学之全，故与二氏成二见耳。譬之厅堂三间共为一厅，儒者不知皆吾所用，见佛氏，则割左边一间与之；见老氏，则割右边一间与之；而己则自处中间，皆举一而废百也。圣人与天地民物同体，儒、佛、老、庄皆吾之用，是之谓大道。二氏自私其身，是之谓小道。”

三年甲申，先生五十三岁，在越。

正月。

门人日进。

郡守南大吉以座主称门生，然性豪旷不拘小节，先生与论学有悟，乃告先生曰：“大吉临政多过，先生何无一言？”先生曰：“何过？”大吉历数其事。先生曰：“吾言之矣。”大吉曰：“何？”曰：“吾不言，何以知之？”曰：“良知。”先生曰：“良知非我常言而何？”大吉笑谢而去。居数日，复自数过加密，且曰：“与其过后悔改，曷若预言不犯为佳也。”先生曰：“人言不如自悔之真。”大吉笑谢而去。居数日，复自数过益密，且曰：“身过可勉，心过奈何？”先生曰：“昔镜未开，可得藏垢；今镜明矣，一尘之落，自难住脚。此正人圣之机也，勉之。”于是辟稽山书院，聚八邑彦士，身率讲习以督之。于是萧谬、杨汝荣、杨绍芳等来自湖广，杨仕鸣、薛宗铠、黄梦星等来自广东，王艮、孟源、周冲等来自直隶，何秦、黄弘纲等来自南赣，刘邦采、刘文敏等来自安福，魏良政、魏良器等来自新建，曾忭来自泰和。宫刹卑隘，至不能容。盖环坐而听者三百余人。先生临之，只发《大学》万物同体之旨，使人各求本性，致极良知以至于至善，功夫有得，则因方设教。故人人悦其易从。

海宁董沄，号萝石，以能诗闻于江湖，年六十八，来游会稽，闻先生讲学，以杖肩其瓢笠诗卷来访。入门，长揖上坐。先生异其气貌，礼敬之，与之语连日夜。沄有悟，因何秦强纳拜。先生与之徜徉山水间。沄日有闻，忻然乐而忘归也。其乡子弟社友皆招之反，且曰："翁老矣，何乃自苦若是？"沄曰："吾方幸逃于苦海，悯若之自苦也，顾以吾为苦耶。吾方扬鬐于渤澥，而振羽于云霄之上，安能复投网罟而入樊笼乎？去矣，吾将从吾之所好。"遂自号曰从吾道人，先生为之记。

八月，宴门人于天泉桥。

中秋月白如昼，先生命侍者设席于碧霞池上，门人在侍者百余人。酒半酣，歌声渐动。久之，或投壶聚算，或击鼓，或泛舟。先生见诸生兴剧，退而作诗，有"铿然舍瑟春风里，点也虽狂得我情"之句。明日，诸生入谢。先生曰："昔者孔子在陈，思鲁之狂士。世之学者，没溺于富贵声利之场，如拘如囚，而莫之省脱。及闻孔子之教，始知一切俗缘，皆非性体，乃豁然脱落。但见得此意，不加实践以入于精微，则渐有轻灭世故，阔略伦物之病。虽比世之庸庸琐琐者不同，其为未得于道一也。故孔子在陈思归，以裁之使入于道耳。诸君讲学，但患未得此意。今幸见此，正好精诣力造，以求至于道。无以一见自足而终止于狂也。"

是月，舒柏有敬畏累洒落之问，刘侯有入山养静之问。先生曰：“君子之所谓敬畏者，非恐惧忧患之谓也，戒慎不睹，恐惧不闻之谓耳。君子之所谓洒落者，非旷荡放逸之谓也，乃其心体不累于欲，无入而不自得之谓耳。夫心之本体，即天理也。天理之昭明灵觉，所谓良知也。君子戒惧之功，无时或间，则天理常存，而其昭明灵觉之本体，自无所昏蔽，自无所牵扰，自无所歉馁愧怍，动容周旋而中礼，从心所欲而不逾：斯乃所谓真洒落矣。是洒落生于天理之常存，天理常存生于戒慎恐惧之无间。孰谓敬畏之心反为洒落累耶？”谓刘侯曰：“君子养心之学如良医治病，随其虚实寒热而斟酌补泄之，是在去病而已，初无一定之方，必使人人服之也。若专欲入坐穷山，绝世故，屏思虑，则恐既已养成空寂之性，虽欲勿流于空寂，不可得矣。”

论圣学无妨于举业。

德洪携二弟德周仲实读书城南。洪父心渔翁往视之。魏良政、魏良器辈与游禹穴诸胜，十日忘返。问曰：“承诸君相携日久，得无妨课业乎？”答曰：“吾举子业无时不习。”家君曰：“固知心学可以触类而通，然朱说亦须理会否？”二子曰：“以吾良知求晦翁之说，譬之打蛇得七寸矣，又何忧不得耶？”家君疑未释，进问先生。先生曰：“岂特无妨，乃大益耳。学圣贤者，譬之治家，其产业、第宅、服食、器物皆所自置，欲请客，出其所有以享之；客去，其物具在，还以自享，终身用之无穷也。今之为举业者，譬之治家不务居积，专以假贷为功，欲请客，自厅事以至供具，百物莫不遍借，客幸而来，则诸贷之物一时丰裕可观；客去，则尽以还人，一物非所有也；若请客不至，则时过气衰，借贷亦不备；终身奔劳，作一窭人而已。是求无益于得，求在外也。”明年乙酉大比，稽山书院钱楩与魏良政并发解江、浙。家君闻之笑曰：“打蛇得七寸矣。”

是时大礼议起，先生夜坐碧霞池，有诗曰：“一雨秋凉入夜新，池边孤月倍精神。潜鱼水底传心诀，楼鸟枝头说道真。莫谓天机非嗜欲，须知万物是吾身。无端礼乐纷纷议，谁与青天扫旧尘？”又曰：“独坐秋庭月色新，乾坤何处更闲人？高歌度与清风去，幽意自随流水春。千圣本无心外诀，《六经》须拂镜中尘。却怜扰扰周公梦，未及惺惺陋巷贫。”盖有感时事，二诗已示其微矣。

四月，服阕，朝中屡疏引荐。霍兀涯、席元山、黄宗贤、黄宗明先后皆以大礼问，竟不答。

十月，门人南大吉续刻《传习录》。

《传习录》薛侃首刻于虔，凡三卷。至是年，大吉取先生论学书，复增五卷，续刻于越。

四年乙酉，先生五十四岁，在越。

正月，夫人诸氏卒。四月，祔葬于徐山。

是月，作稽山书院《尊经阁记》。略曰：“圣人之扶人极忧后世而述《六经》也，犹之富家者之父祖，虑其产业库藏之积，其子孙者或至于遗亡失散，卒困穷而无以自全也，而记籍其家之所有以贻之，使之世守其产业库藏之积而享用焉，以免于困穷之患。故《六经》者，吾心之记籍也，而《六经》之实则具于吾心；犹之产业库藏之实，种种色色，具存于其家，其记籍者，特名状数目而已。而世之学者不知求《六经》之实于吾心，而徒考索于影响之间，牵制于文义之末，硁硁然以为是《六经》矣。是犹富家之子孙，不务守成规享用其产业库藏之实积，日遗忘散失，至于窭人丐夫，而犹嚣嚣然指其记籍曰：‘斯吾产业库藏之积也。’何以异于是？”

按：是年南大吉匾莅政之堂曰“亲民堂”。山阴知县吴瀛重修县学，提学佥事万潮与监察御史潘仿拓新万松书院于省城南，取试士之未尽录者廪饩之，咸以记请，先生皆为作记。

六月，礼部尚书席书荐。

先生服阕，例应起复，御史石金等交章论荐，皆不报。尚书席书为疏特荐曰：“生在臣前者见一人，曰杨一清；生在臣后者见一人，曰王守仁。且使亲领诰卷，趋阙谢恩。”于是杨一清入阁办事。明年有领卷谢恩之召，寻不果。

九月，归姚省墓。

先生归，定会于龙泉寺之中天阁，每月以朔望初八廿三为期。书壁以勉诸生曰：“虽有天下易生之物，一日暴之，十日寒之，未有能生者也。承诸君子不鄙，每予来归，咸集于此，以问学为事，甚盛意也。然不能旬日之留，而旬日之间又不过三四会。一别之后，辄复离群索居，不相见者动经年岁。然则岂惟十日之寒而已乎？若是而求萌蘖之畅茂条达，不可得矣。故予切望诸君勿以予之去留为聚散，或五六日，八九日，虽有俗事相妨，亦须破冗一会于此。务在诱掖奖劝，砥砺切磋，使道德仁义之习日亲日近，则势利纷华之染亦日远日疏：所谓相观而善，百工居肆以成其事者也。相会之时，尤须虚心逊志，相亲相敬。大抵朋友之交，以相下为益，或议论未合，要在从容涵育，相感以成；不得动气求胜，长傲遂非，务在默而成之，不言而信。其或矜己之长，攻人之短，粗心浮气，矫以沽名，讦以为道，挟胜心而行愤嫉，以圮族败群为志，则虽日讲时习于此，亦无益矣。”

答顾东桥璘书有曰：“朱子所谓格物云者，是以吾心而求理于事事物物之中，如求孝子之理于其亲之谓也。求孝之理果在于吾之心耶？抑果在于亲之身耶？假而果在于亲之身，而亲没之后，吾心遂无孝之理与？见孺子之入井，必有恻隐之理，是恻隐之理果在孺子之身与？抑在于吾身之良知与？以是例之，万事万物之理，莫不皆然。是可以见析心与理为二之非矣。若鄙人所谓致知格物者，致吾心之良知于事事物物也。吾心之良知，即所谓天理也。致吾心之天理于事事物物，则事事物物皆得其理矣。故曰：‘致吾心之良知者，致知也。事事物物皆得其理者，格物也。’是合心与理而为一者也。合心与理而为一，则凡区区前之所云，与朱子晚年之论，皆可不言而喻矣。”又曰：“心者身之主也，而心之虚灵明觉，即所谓本然良知也。其虚灵明觉之良知应感而动者，谓之意；有知而后有意，无知则无意矣。知非意之体乎？意之所用，必有其物，物即事也，如意用于事亲，即事亲为一物；意用于治民，则治民为一物；意用于读书，即读书为一物；意用于听讼，即听讼为一物；凡意之所在，无有无物者，有是意，即有是物，无是意，即无是物。物非意之用乎？‘格’字之义，有以‘至’字训者。如‘格于文祖’，必纯孝诚敬，幽明之间，无一不得其理，而后谓之格；有苗之顽，实文德诞敷而后格，则亦兼有‘正’字之义在其间，未可专以‘至’字尽之也。如‘格其非心’，‘大臣格君心之非’之类，是则一皆正其不正以归于正之义，而不可以‘至’字为训矣。且《大学》格物之训，又安知不以‘正’字为义乎？如以‘至’字为义者，必曰穷至事物之理，而后其说始通。是其用功之要全在一‘穷’字，用力之地全在一‘理’字也。若上去一‘穷’字，下去一‘理’字，而直曰‘致知在至物’，其可通乎？夫穷理尽性，圣人之成训见于《系辞》者也。苟格物之说而果即穷理之义，则圣人何不直曰‘致知在穷理’，而必为此转折不完之语，以启后世之弊耶？盖《大学》格物之说，自与《系辞》穷理大旨虽同，而微有分辨。穷理者，兼格致城正而为功也；故言穷理，则格致诚正之功皆在其中；言格物，则必兼举致知、诚意、正心，而后其功始备而密。今偏举格物而遂谓之穷理，此非惟不得格物之旨，并穷理之义而失之矣。”其末继以拔本塞源之论，其略曰：“圣人之心，视天下之人无内外远近，凡有血气，皆其昆弟赤子之亲，莫不安全而教养之，以遂其万物一体之念。天下之人心，其始亦非有异于圣人也，特其间于有我之私，隔于物欲之蔽；大者以小，通者以塞，甚有视其父子、兄弟如仇仇者。圣人有忧之，是以推其天地万物一体之仁以教天下，使之皆有以克其私、去其蔽，以复其心体之同然。其教之大端，则尧、舜、禹之相授，所谓‘道心惟微，惟精惟一，允执厥中’。而其节目，则舜之命契，所谓‘父子有亲，君臣有义，夫妇有别，长幼有序，朋友有信’五者而已。当是之时，人无异见，家无异习，安此者谓之圣，勉此者谓之贤，而背此者，虽启明如朱，亦谓之不肖。下至闾井田野农工商贾之贱，莫不皆有是学，而惟以成其德行为务。何者？无有闻见之杂，记诵之烦，辞章之靡滥，功利之驰逐，而但使之孝其亲，弟其长，信其朋友，以复其心体之同然，则人亦孰不能之乎？学校之中，惟以成德为事；有长于礼乐，长于政教，长于水土播植者，则就其成德而因使益精其能。迨夫举德而任，则用之者惟知同心一德，以共安天下之民，视才之称否，而不以崇卑为轻重；效用者亦惟知同心一德，以共安天下之民，苟当其能，则终身安于卑琐而不以为贱。当是时，才质之下者，则安其农工商贾之分，各勤其业以相生相养，而无有乎希高慕外之心；才能之异若皋、夔、稷、契者，则出而各效其能，或营衣食，或通有无，或备器用，集谋并力，以求遂其仰事俯育之愿。譬之一身，目不耻其无聪，而耳之所涉，目必营焉；足不耻其无执，而手之所探，足必前焉；盖其元气充周，血脉条畅，是以痒疴呼吸，感触神应，有不言而喻之妙。此圣人之学所以惟在复心体之同然，而知识技能，非所以与论也。三代以降，教者不复以此为教，而学者不复以此为学。霸者之徒，窃取先生之近似者，假之于外以内济其私，天下靡然宗之，圣人之道遂以芜塞。世之儒者慨然悲伤，蒐猎先圣王之典章法制，而掇拾修补于煨烬之余，圣学之门墙遂不可复观。于是乎有训诂之学，而传之以为名；有记诵之学，而言之以为博；有词章之学，而侈之以为丽。相矜以知，相轧以势，相争以利，相高以技能，相取以声誉。其出而仕也，理钱谷者，则欲并夫兵刑；典礼乐者，又欲与于铨轴；处郡县，则思藩臬之高；居台谏，则望宰执之要。故不能其事，则不得以兼其官；不通其说，则不可以要其誉；记诵之广，适以长其敖也；知识之多，适以行其恶也；闻见之博，适以肆其辩也；辞章之富，适以饰其伪也。呜呼。以若是之积染，以若是之心志，而又讲之以若是之学术，宜其闻吾圣人之教，而视之以为赘疣柄凿矣。非豪杰之士无所待而兴者，吾谁与望乎。”

十月，立阳明书院于越城。

门人为之也。书院在越城西郭门内光相桥之东。后十二年丁酉，巡按御史门人周汝员建祠于楼前，匾曰“阳明先生祠”。

五年丙戌，先生五十五岁，在越。

三月，与邹守益书。

守益谪判广德州，筑复古书院以集生徒，刻《谕俗礼要》以风民俗。书至，先生复书赞之曰："古之礼存于世者，老师宿儒当年不能穷其说，世之人苦其烦且难，遂皆废置而不行。故今之为人上而欲导民于礼者，非详且备之为难，惟简切明白而使人易行之为贵耳。中间如四代位次，及袝祭之类，向时欲稍改以从俗者，今昔斟酌为之，于人情甚协。盖天下古今之人，其情一而已矣。先王制礼，皆因人情而为之节文，是以行之万世而皆准。其或反之吾心而有所未安者，非其传记之讹阙，则必古今风气习俗之异宜者矣。此虽先王未之有，亦可以义起，三王之所以不相袭礼也。后世心学不讲，人失其情，难乎与之言礼。然良知之在人心，则万古如一日，苟顺吾心之良知以致之，则所谓不知足而为屦，我知其不为蒉矣。非天子不议礼制度，今之为此，非以议礼为也，徒以末世废礼之极，聊为之兆以兴起之，故特为此简易之说，欲使之易知易从焉耳。冠婚丧祭之外，附以乡约，其于民俗亦甚有补。至于射礼，似宜别为一书以教学者，而非所以求谕于俗。今以附于其间，却恐民间以非所常行，视为不切；又见其说之难晓，遂并其冠婚丧祭之易晓者而弃之也。文公《家礼》所以不及于射，或亦此意也与？"

按：祠堂位袝之制。

或问："文公《家礼》高曾祖祢之位皆西上，以次而东，于心切有未安。"先生曰："古者庙门皆南向，主皆东向。合祭之时，昭之迁主列于北牖，穆之迁主列于南牖，皆统于太祖东向之尊，是故西上，以次而东。今祠堂之制既异于古，而又无太祖东向之统，则西上之说诚有所未安。”曰：“然则今当何如？”曰：“礼以时为大，若事死如事生，则宜以高祖南向，而曾祖祢东西分列，席皆稍降而弗正对，似于人心为安。曾见浦江之祭，四代考妣皆异席，高考妣南向，曾祖祢考皆西向，妣皆东向，各依世次，稍退半席。其于男女之别，尊卑之等，两得其宜。但恐民间厅事多浅隘，而器物亦有所不备，则不能以通行耳。”又问：“无后者之祔，于己之子侄，固可下列矣，若在高曾之行，宜何如祔？”先生曰：“古者大夫三庙，不及其高矣。适士二庙，不及其曾矣。今民间得祀高曾，盖亦体顺人情之至，例以古制，则既为僭，况在行之无后者乎？”古者士大夫无子，则为之置后，无后者鲜矣。后世人情偷薄，始有弃贫贱而不嗣者。古所谓无后，皆殇子之类耳。祭法：王下祭殇五，适子，适孙，适曾孙，适玄孙，适来孙。诸侯下祭三，大夫二，适士及庶人祭子而止。则无后之祔，皆子孙属也。今民间既得假四代之祀，以义起之，虽及弟侄可矣。往年湖湘一士人家，有曾伯祖与堂叔祖皆贤而无后者，欲为立嗣，则族众不可，欲弗祀，则思其贤有所不忍。以闻于某。某曰：‘不祀二三十年矣，而追为之祀，势有所不行矣。若在士大夫家，自可依古族属之义，于春秋二社之次，特设一祭。凡族之无后而亲者，各以昭穆之次配祔之，于义亦可也。’”

四月，复南大吉书。

大吉入觐，见黜于时，致书先生，千数百言，勤勤恳恳，惟以得闻道为喜，急问学为事，恐卒不得为圣人为忧，略无一字及于得丧荣辱之间。先生读之叹曰：“此非真有朝闻夕死之志者，未易以涉斯境也。”于是复书曰：“世之高抗通脱之士，捐富贵，轻利害，弃爵禄，决然长往而不顾者，亦皆有之。彼其或从好于外道诡异之说，投情于诗酒山水技艺之乐，又或奋发于意气，牵溺于嗜好，有待于物以相胜，是以去彼取此而后能。及其所之既倦，意衡心郁，情随事移，则忧愁悲苦，随之而作，果能捐富贵，轻利害，弃爵禄，快然终身，无入而不自得已乎？夫惟有道之士，真有以见其良知之昭明灵觉，廓然于太虚而同体。太虚之中，何物不有，而无一物能为太虚之障碍。故凡慕富贵，忧贫贱，欣戚得丧，爱憎取舍之类，皆足以蔽吾聪明睿知之体，窒吾渊泉时出之用。如明目之中而翳之以尘沙，聪耳之中而塞之以木楔也。其疾痛郁逆，将必速去之为快，而何能忍于时刻乎？关中自古多豪杰。横渠之后，此学不讲，或亦于四方无异矣。自此有所振发兴起，变气节为圣贤之学，将必自吾元善昆季始也。今日之归，谓天为无意乎？"

答欧阳德书。

德初见先生于虔，最年少，时已领乡荐。先生恒以"小秀才"呼之。故遣服役，德欣欣恭命，虽劳不怠。先生深器之。嘉靖癸未第进士，出守六安州。数月，奉书以为初政倥偬，后稍次第，始得于诸生讲学。先生曰："吾所讲学，正在政务倥偬中。岂必聚徒而后为讲学耶？"又尝与书曰："良知不因见闻而有，而见闻莫非良知之用。故良知不滞于见闻，而亦不离于见闻。孔子云：'吾有知乎哉？无知也。'良知之外，则无知矣。故致良知是圣门教人第一义。今云专求之见闻之末，则落在第二义矣。若曰致其良知而求之见闻，则语意之间未免为二。此与专求之见闻之末者，虽稍不同，其为未得精一之旨则一也。"

德洪与王畿并举南宫，俱不廷对，偕黄弘纲、张元冲同舟归越。

先生喜，凡初及门者，必令引导，俟志定有入，方请见。每临坐，默对焚香，无语。

八月，答聂豹书。

是年夏，豹以御史巡按福建，渡钱塘来见先生。别后致书，谓："思、孟、周、程无意相遭于千载之下，与其尽信于天下，不若真信于一人。道固自在，学亦自在。"先生答书略曰："读来谕，诚见君子不见是而无闷之心，乃区区则有大不得已者存乎其间，非以计人之信与不信也。夫人者，天地之心；天地万物，本吾一体者也。生民之困苦荼毒，孰非疾痛之切于吾身者乎？不知吾身之疾痛，无是非之心者也。是非之心，不虑而知，不学而能，所谓良知也。良知之在人心，无间于圣愚，天下古今之所同也。世之君子惟务致其良知，则自能公是非，同好恶，视人犹己，视国犹家，而以天地万物为一体，求天下无治不可得矣。古之人所以能见善不啻若己出，见恶不啻若己入，视民之饥溺，犹己之饥溺，而一夫不获，若己推而纳诸沟中者，非故为是而蕲天下之信己也；务致其良知，求其自慊而已矣。后世良知之学不明，天下之人外假仁义之名，而内以行私利之实：诡词以阿俗，矫行以干誉；掩人之善，而袭以为己长。讦人之私，而窃以为己直；忿以相胜，而犹谓之徇义；险以相倾，而犹谓之疾恶；妒贤嫉能，而犹自以为公是非；恣情纵欲，而犹自以为同好恶。相凌相贼，自其一家骨肉之亲，已不能无彼此藩篱之隔，而况于天下之大，民物之众，又何能一体而视之乎。仆诚赖天之灵，偶有见于良知之学，以为必由此而后天下可得而治，是以每念斯民之陷溺，则为之戚然痛心，忘其身之不肖，而思以此救之，亦不自知其量者。天下之人，见其若是，遂相于非笑而诋斥，以为是病狂丧心之人耳。呜呼。吾方疾痛之切体，而暇计人之非笑乎。昔者孔子之在当时，有议其为谄者，有议其为佞者，有毁其未贤，诋其为不知礼，而侮之以为“东家丘”者，有嫉而阻之者，有恶而欲杀之者。晨门荷蒉之徒，皆当时之贤士，且曰:“是知其不可而为之者与？鄙哉硁硁乎，莫己知也，斯已而已矣。”虽子路在升堂之列，尚不能无疑于其所见，不悦于其所欲往，而且以之为迂。则当时之不信夫子者，岂特十之一二而已乎？然而夫子汲汲遑遑，若求亡子于道路，而不假于暖席者，宁以蕲人之信我知我而已哉？仆之不肖，何敢以夫子之道为己任？顾其心亦已稍知疾痛之在身，是以彷徨四顾，相求其有助于我者，相与讲去其病耳。今诚得豪杰同志之士，共明良知之学于天下，使天下之人皆知自致其良知，一洗谗妒胜忿之习，以跻于大同，则仆之狂病，固将脱然以愈，而终免于丧心之患矣，岂不快哉。会稽素号山水之区，深林长谷，信步皆是，寒暑晦明，无时不宜。良朋四集，道义日新。天地之间，宁复有乐于是者？孔子云：‘不怨天，不尤人，下学而上达。’仆与二三同志，方将请事斯语，奚暇外慕？独其切肤之痛，乃有未能恝然者，辄复云尔。”

按：豹初见称晚生，后六年出守苏州，先生已违世四年矣。见德洪、王畿曰：“吾学诚得诸先生，尚冀再见称贽，今不及矣。兹以二君为证，具香案拜先生。”遂称门人。

十一月庚申，子正亿生。

继室张氏出。先生初得子，乡先达有静斋、六有者，皆逾九十，闻而喜，以二诗为贺。先生次韵谢答之，有曰“何物敢云绳祖武？他年只好共爷长”之句，盖是月十有七日也。

先生初命名正聪，后七年壬辰，外舅黄绾因时相避讳，更今名。

十二月，作《惜阴说》。

刘邦采合安福同志为会，名曰“惜阴”，请先生书会籍。先生为之说曰：“同志之在安成者，间月为会五日，谓之‘惜阴’，其志笃矣。然五日之外，孰非惜阴时乎？离群而索居，志不能无少懈，故五日之会，所以相稽切焉耳。呜乎。天道之运，无一息之或停，吾心良知之运，亦无一息之或停。良知即天道，谓之‘亦’，则犹二之矣。知良知之运无一息之或停者，则知惜阴矣。知惜阴者，则知致其良知矣。子在川上曰：‘逝者如斯夫。不舍昼夜。’此其所以学如不及，至于发愤忘食也。尧、舜兢兢业业，成汤日新又新，文王纯亦不已，周公坐以待旦：惜阴之功，宁独大禹为然？子思曰：‘戒慎乎其所不睹，恐惧乎其所不闻，知微之显，可以入德矣。’或曰：鸡鸣而起，孳孳为利，凶人为不善，亦惟日不足，然则小人亦可谓之惜阴乎？”

按：先生明年丁亥过吉安，寄安福诸同志书曰：“诸友始为惜阴之会，当时惟恐只成虚语，迩来乃闻远近豪杰闻风而至者以百数，此可以见良知之同然，而斯道大明之几于此亦可以卜之矣。明道有云：‘宁学圣人而不至，不以一善而成名。’此为有志圣人而未能真得圣人之学者，则可如此说。若今日所讲良知之说，乃真是圣学之的传，但从此学圣人，却无不至者。惟恐吾侪尚有一善成名之意，未肯专心致志于此耳。

六年丁亥，先生五十六岁，在越。

正月。

先生与宗贤书曰：“人在仕途，比之退处山林时，工夫难十倍；非得良友时时警发砥砺，平日志向鲜有不潜移默夺，弛然日就颓靡者。近与诚甫言，京师相与者少，二君必须彼此约定，便见微有动气处，即须提起致良知话头，互相规切。凡人言语正到快意时，便截然能忍默得；意气正到发扬时，便翕然能收敛得；愤怒嗜欲正到腾沸时，便廓然能消化得：此非天下之大勇不能也。然见得良知亲切时，其功夫又自不难，缘此数病，良知之所本无，只因良知昏昧蔽塞而后有，若良知一提醒时，即如白日一出，魍魉自消矣。《中庸》谓：'知耻近乎勇。'只是耻其不能致得自己良知耳。今人多以言语不能屈服得人，意气不能陵轧得人，愤怒嗜欲不能直意任情为耻；殊不知此数病者，皆是蔽塞自己良知之事，正君子之所宜深耻者。古之大臣，更不称他知谋才略，只是一个断断无他技，休休如有容而已。诸君知谋才略，自是超然出于众人之上，所未能自信者，只是未能致得自己良知，未全得断断休休体段耳。须是克去己私，真能以天地万物为一体，实康济得天下，挽回三代之治，方是不负如此圣明之君，方能不枉此出世一遭也。"

四月，邹守益刻《文录》于广德州。

守益录先生文字请刻。先生自标年月，命德洪类次，且遗书曰："所录以年月为次，不复分别体类，盖专以讲学明道为事，不在文辞体制间也。"明日，德洪掇拾所遗请刻，先生曰："此便非孔子删述《六经》手段。三代之教不明，盖因后世学者繁文盛而实意衰，故所学忘其本耳。比如孔子删《诗》，若以其辞，岂止三百篇；惟其一以明道为志，故所取止。此例《六经》皆然。若以爱惜文辞，便非孔子垂范后世之心矣。"德洪曰："先生文字，虽一时应酬不同，亦莫不本于性情；况学者传诵日久，恐后为好事者搀拾，反失今日裁定之意矣。"先生许刻附录一卷，以遗守益，凡四册。

五月，命兼都察院左都御史，征思、田。

六月，疏辞，不允。

先是广西田州岑猛为乱，提督都御史姚镆征之。奏称猛父子悉擒，已降敕论功行赏讫。遗目卢苏、王受构众煽乱，攻陷思恩。镆复合四省兵征之，久弗克；为巡按御史石金所论。朝议用侍郎张璁、桂萼荐，特起先生总督两广及江西、湖广军务，度量事势，随宜抚剿，设土官流官孰便，并核当事诸臣功过以闻；且责以体国为心，毋或循例辞避。先生闻命，上疏言："臣伏念君命之召，当不俟驾而行，矧兹军旅，何敢言辞？顾臣患痰疾增剧，若冒疾轻出，至于偾事，死无及矣。臣又复思，思、田之役，起于土官仇杀，比之寇贼之攻劫郡县，荼毒生灵者，势尚差缓。若处置得宜，事亦可集。镆素老成，一时利钝，亦兵家之常。御史石金据事论奏，所以激励镆等，使之善后，收之桑榆也。臣以为今日之事，宜专责镆等，隆其委任，重其威权，略其小过，假以岁月，而要其成功。至于终无底绩，然后别选才能，兼谙民情土俗，如尚书胡世宁、李承勋者，往代其任，事必有济。"疏入，诏镆致仕，遣使敦促上道。

八月。

先生将入广，尝为《客坐私祝》曰："但愿温恭直谅之友，来此讲学论道，示以孝友谦和之行，德业相劝，过失相规，以教训我子弟，使无陷于非僻；不愿狂躁惰慢之徒，来此博弈饮酒，长傲饰非，导以骄奢淫荡之事，诱以贪财黩货之谋，冥顽无耻，扇惑鼓动，以益我子弟之不肖。呜乎。由前之说，是谓良士；由后之说，是为凶人；我子弟苟远良士而近凶人，是谓逆子。戒之戒之。嘉靖丁亥八月，将有两广之行，书此以戒我子弟，并以告夫士友之辱临于斯者，请一览教之。”

九月壬午，发越中。

是月初八日，德洪与畿访张元冲舟中，因论为学宗旨。畿曰:“先生说知善知恶是良知，为善去恶是格物，此恐未是究竟话头。”德洪曰：“何如？”畿曰：“心体既是无善无恶，意亦是无善无恶，知亦是无善无恶，物亦是无善无恶。若说意有善有恶，毕竟心亦未是无善无恶。”德洪曰：“心体原来无善无恶，今习染既久，觉心体上见有善恶在，为善去恶，正是复那本体功夫。若见得本体如此，只说无功夫可用，恐只是见耳。”畿曰：“明日先生启行，晚可同进请问。”是日夜分，客始散，先生将入内，闻洪与畿候立庭下，先生复出，使移席天泉桥上。德洪举与畿论辩请问。先生喜曰：“正要二君有此一问。我今将行，朋友中更无有论证及此者，二君之见正好相取，不可相病。汝中须用德洪功夫，德洪须透汝中本体。二君相取为益，吾学更无遗念矣。”德洪请问。先生曰:“有只是你自有，良知本体原来无有，本体只是太虚。太虚之中，日月星辰，风雨露雷，阴霾饐气，何物不有？而又何一物得为太虚之障？人心本体亦复如是。太虚无形,一过而化,亦何费纤毫气力？德洪功夫须要如此，便是合得本体功夫。”畿请问。先生曰：“汝中见得此意，只好默默自修，不可执以接人。上根之人，世亦难遇。一悟本体，即见功夫，物我内外，一齐尽透，此颜子、明道不敢承当，岂可轻易望人？二君已后与学者言，务要依我四句宗旨：无善无恶是心之体，有善有恶是意之动，知善知恶是良知，为善去恶是格物。以此自修，直跻圣位；以此接人，更无差失。”。畿曰：“本体透后，于此四句宗旨何如？”先生曰：“此是彻上彻下语，自初学以至圣人，只此功夫。

初学用此，循循有入，虽至圣人，穷究无尽。尧、舜精一功夫，亦只如此。”先生又重嘱付曰：“二君以后再不可更此四句宗旨。此四句中人上下无不接着。我年来立教，亦更几番，今始立此四句。人心自有知识以来，已为习俗所染，今不教他在良知上实用为善去恶功夫，只去悬空想个本体，一切事为，俱不著实。此病痛不是小小，不可不早说破。”是日洪、畿俱有省。

甲申，渡钱塘。

先生游吴山、月岩、严滩，俱有诗。过钓台曰：“忆昔过钓台，驱驰正军旅。十年今始来，复以兵戈起。空山烟雾深，往迹如梦里。微雨林径滑，肺病双足胝。仰瞻台上云，俯濯台下水。人生何碌碌？高尚乃如此。疮痛念同胞，至人匪为己。过门不遑入，忧劳岂得已。滔滔良自伤，果哉末难已。”跋曰：“右正德己卯献俘行在，过钓台而弗及登，今兹复来，又以兵革之役，兼肺病足疮，徒顾瞻怅望而已。书此付桐庐尹沈元材刻置亭壁，聊以纪经行岁月云耳。时从行进士钱德洪、王汝中、建德尹杨思臣及元材，凡四人。”

丙申，至衢。

西安雨中，诸生出候，因寄德洪、汝中，并示书院诸生：“几度西安道，江声暮雨时。机关鸥鸟破，踪迹水云疑。仗钺非吾事，传经愧尔师。天真泉石秀，新有鹿门期。”德洪、汝中方卜筑书院，盛称天真之奇，并寄及之：“不踏天真路，依稀二十年。石门深竹径，苍峡泻云泉。泮壁环胥海，龟畴见宋田。文明原有象，卜筑岂无缘？”今祠有仰止祠、环海楼、太极云、泉泻云诸亭。

戊戌，过常山。

诗曰：长生徒有慕，苦乏大药资。名山遍深历，悠悠鬓生丝。

微躯一系念，去道日远而。中岁忽有觉，九还乃在兹。非炉亦非鼎，何坎复何离？本无终始究，宁有死生期？彼哉游方士，诡辞反增疑。纷然诸老翁，自传困多岐。乾坤由我在，安用他求为？千圣皆过影，良知乃吾师。”

十月，至南昌。

先生发舟广信，沿途诸生徐樾，张士贤、桂輗等请见，先生俱谢以兵事未暇，许回途相见。徐樾自贵溪追至余干，先生令登舟。樾方自白鹿洞打坐，有禅定意。先生目而得之，令举似。曰：“不是。”已而稍变前语。又曰：“不是。”已而更端。先生曰：“近之矣。此体岂有方所，譬之此烛，光无不在，不可以烛上为光。”因指舟中曰：“此亦是光，此亦是光。”直指出舟外水面曰：“此亦是光。”樾领谢而别。明日至南浦，父老军民俱顶香林立，填途塞巷，至不能行。父老顶舆传递入都司。先生命父老军民就谒，东入西出，有不舍者，出且复入，自辰至未而散，始举有司常仪。明日谒文庙，讲《大学》于明伦堂，诸生屏拥，多不得闻。唐尧臣献茶，得上堂旁听。初尧臣不信学，闻先生至，自乡出迎，心已内动。比见拥谒，惊曰：“三代后安得有此气象耶。”及闻讲，沛然无疑。同门有黄文明、魏良器辈笑曰：“逋逃主亦来投降乎？”尧臣曰：“须得如此大捕人，方能降我，尔辈安能？”

至吉安，大会士友螺川。

诸生彭簪、王钊、刘阳、欧阳瑜等偕旧游三百余，迎入螺川驿中。先生立谈不倦，曰：“尧、舜生知安行的圣人，犹兢兢业业，用困勉的工夫。吾侪以困勉的资质，而悠悠荡荡，坐享生知安行的成功，岂不误己误人？”又曰：“良知之妙，真是周流六虚，变通不居。若假以文过饰非，为害大矣。”临别嘱曰：“工夫只是简易真切，愈真切，愈简易；愈简易，愈真切。”

十一月，至肇庆。

是月十八日抵肇庆。先生寄书德洪、畿曰：“家事赖廷豹纠正，而德洪、汝中又相与薰陶切劘于其间，吾可以无内顾矣。绍兴书院中同志，不审近来意向如何？德洪、汝中既任其责，当能振作接引，有所兴起。会讲之约，但得不废，其间纵有一二懈弛，亦可因此夹持，不致遂有倾倒。余姚又得应元诸友作兴鼓舞，想益日异而月不同。老夫虽出山林，亦每以自慰。诸贤皆一日千里之足，岂俟区区有所警策，聊亦以此视鞭影耳。即日已抵肇庆，去梧不三四日可到。方入冗场，绍兴书院及余姚各会同志诸贤，不能一一列名字。”

乙未，至梧州，上谢恩疏。

二十日，梧州开府。十二月朔，上疏曰：“田州之事，尚未及会议审处。然臣沿途咨访，颇有所闻，不敢不为陛下一言其略。臣惟岑猛父子固有可诛之罪，然所以致彼若是者，则前此当事诸人，亦宜分受其责。盖两广军门专为诸瑶、僮及诸流贼而设，事权实专且重，若使振其兵威，自足以制服诸蛮。夫何军政日坏，上无可任之将，下无可用之兵，有警必须倚调土官狼兵，若猛之属者，而后行事。故此辈得以凭恃兵力，日增桀骜。及事之平，则又功归于上，而彼无所与，固不能以无怨愤。始而征发愆期，既而调遣不至。上嫉下愤，日深月积，劫之以势而威益亵，笼之以诈而术愈穷。由是谕之而益梗，抚之而益疑，遂至于有今日。今山瑶海贼，乘衅摇动，穷追必死之寇，既从而煽诱之，贫苦流亡之民，又从而逃归之，其可忧危奚啻十百于二酋者之为患。其事已兆，而变已形，顾犹不此之虑，而汲汲于二酋，则当事者之过计矣。臣又闻诸两广士民之言，皆谓流官久设，亦徒有虚名，而受实祸。诘其所以，皆云未设流官之前，土人岁出土兵三千，以听官府之调遣；既设流官之后，官府岁发民兵数千，以防土人之反覆。即此一事，利害可知。且思恩自设流官，十八九年之间，反者数起，征剿日无休息。浚良民之膏血，而涂诸无用之地，此流官之无益，亦断可识矣。论者以为既设流官，而复去之，则有更改之嫌，恐招物议，是以宁使一方之民久罹涂炭，而不敢明为朝廷一言，宁负朝廷，而不敢犯众议。甚哉。人臣之不忠也。苟利于国而庇于民，死且为之，而何物议之足计乎。臣始至，虽未能周知备历，然形势亦可概见矣。田州切近交趾，其间深山绝谷，瑶、僮盘据，动以千百。必须存土官，藉其兵力，以为中土屏蔽。若尽杀其人，改土为流，则边鄙之患，我自当之；自撤藩篱，后必有悔。”奏下，尚书王时中持之，得旨：“守仁才略素优，所议必自有见。事难遥度，俟其会议熟处，要须情法得中，经久无患。事有宜亟行者，听其便宜，勿怀顾忌，以贻后患。”

初，总督命下，具疏辞免；及豫言处分思、田机宜，凡当路相知者，皆寓书致意。与杨少师曰：“惟大臣报国之忠，莫大于进贤去谗。自信山林之志已坚，而又素受知己之爱，不复嫌避，故辄言之。乃今适为己地也。昔有以边警荐用彭司马者，公独不可，曰：‘彭始成功，今或少挫，非所以完之矣。’公之爱惜人才，而欲成全之也如此，独不能以此意推之某乎？果不忍终弃，病痊，或使得备散局，如南北太常国子之任，则图报当有日也。”与黄绾书曰：“往年江西赴义将士，功久未上，人无所动，再出，何面目见之？且东南小丑，特疮疥之疾；百辟谗嫉朋比，此则腹心之祸，大为可忧者。

诸公任事之勇，不思何以善后？大都君子道长，小人道消，疾病既除，元气自复。但去病太亟，亦耗元气，药石固当以渐也。”又曰：“思、田之事，本无紧要，只为从前张皇太过，后难收拾：所谓生事事生是已。今必得如奏中所请，庶图久安，否则反覆未可知也。”与方献夫书曰：“圣主聪明不世出，今日所急，惟在培养君德，端其志向，于此有立，是谓一正君而国定。然非真有体国之诚，其心断断休休者，亦徒事其名而已。”又曰：“诸公皆有荐贤之疏，此诚君子立朝盛节，但与名其间，却有所未喻者。此天下治乱盛衰所系，君子小人进退存亡之机，不可以不慎也。譬诸养蚕，便杂一烂蚕其中，则一筐好蚕尽为所坏矣。凡荐贤于朝，与自己用人不同：自己用人，权度在我；若荐贤于朝，则评品宜定。小人之才，岂无可用，如砒硫芒硝，皆有攻毒破痈之功，但混于参苓蓍术之间而进之，鲜不误矣。”又曰：“思、田之事已坏，欲以无事处之。要已不能；只求减省一分，则地方亦可减省一分之劳扰耳。此议深知大拂喜事者之心，然欲杀敌千无罪之人，以求成一将之功，仁者之所不忍也。”

十有二月，命暂兼理巡抚两广，疏辞，不允。

七年戊子，先生五十七岁，在梧。

二月，思、田平。

先生疏略曰：“臣奉有成命，与巡按纪功御史石金、布政使林富等，副使祝品、林文辂等，参将李璋、沈希仪等，会议思、田之役，兵连祸结，两省荼毒，已逾二年，兵力尽于哨守，民脂竭于转输，官吏罢于奔走；今日之事，已如破坏之舟，漂泊于颠风巨浪，覆溺之患，汹汹在目，不待知者而知之矣。”因详其十患十善，二幸四毁，反覆言之。且曰：“臣至南宁乃下令尽撤调集防守之兵，数日之内，解散而归者数万。惟湖兵数千，道阻且远，不易即归，仍使分留宾宁，解甲休养，待间而发。初苏、受等闻臣奉命处勘，始知朝廷无必杀之意，皆有投生之念，日夜悬望，惟恐臣至之不速。已而闻太监、总兵相继召还，至是又见守兵尽撤，其投生之念益坚，乃遣其头目黄富等先赴军门诉苦，愿得扫境投生，惟乞宥免一死。臣等谕以朝廷之意，正恐尔等有所亏枉，故特遣大臣处勘，开尔等更生之路；尔等果能诚心投顺，决当贷尔之死。因复露布朝廷威德，使各持归省谕，克期听降。苏、受等得牌，皆罗拜踊跃，欢声雷动；率众扫境，归命南宁城下，分屯四营。苏、受等囚首自缚，与其头目数百人赴军门请命。臣等谕以朝廷既赦尔等之罪，岂复亏失信义；但尔等拥众负固，虽由畏死，然骚动一方，上烦九重之虑，下疲三省之民，若不示罚，何以泄军民之愤？于是下苏、受于军门，各杖之一百，乃解其缚，谕于今日宥尔一死者，朝廷天地好生之仁，必杖尔示罚者，我等人臣执法之义。于是众皆叩首悦服，臣亦随至其营，抚定其众，凡一万七千，濈濈道路，踊跃欢闻，皆谓朝廷如此再生之恩，我等誓以死报，且乞即愿杀贼立功赎罪。臣因谕以朝廷之意，惟欲生全尔等，今尔等方来投生，岂忍又驱之兵刃之下。尔等逃窜日久，且宜速归，完尔家室，修复生理。至于诸路群盗，军门自有区处，徐当调发尔等。于是又皆感泣欢呼，皆谓朝廷如此再生之恩，我等誓以死报。臣于是遂委布政使林富、前副总张祐督令复业，方隅平安。是皆皇上神武不杀之威，风行于庙堂之上，而草偃于百蛮之表，是以班师不待七旬，而顽夷即尔来格，不折一矢，不戮一卒，而全活数万生灵。是所谓绥之斯来，动之斯和者也。”疏入，敕遣行人奖励，赏银五十两，纻丝四袭，所司备办羊酒，其余各给赏有差。先生为文勒石曰："嘉靖丙戌夏，官兵伐田，随与思、恩之人相比相煽，集军四省，汹汹连年。于时皇帝忧悯元元，容有无辜而死者乎？乃令新建伯王守仁曷往视师，其以德绥，勿以兵虔。班师撤旅，信义大宣。诸夷感慕，旬日之间，自缚来归者一万七千。悉放之还农，两省以安。昔有苗徂征，七旬来格；今未期月而蛮夷率服，绥之斯来，速于邮传，舞于之化，何以加焉。爰告思、田，毋忘帝德。爰勒山石，昭此赫赫。文武圣神，率土之滨。凡有血气，莫不尊亲。"

四月，议迁都台于田州，不果。

先是有制，王守仁暂令兼理巡抚两广，既受命，先生乃疏言："臣以迂疏多病之躯，谬承总制四省军务之命，方怀不胜其任之忧，今又加以巡抚之责，岂其所能堪乎？且两广之事，实重且难，巡抚之任，非得才力精强者，重其事权，进其官阶，而久其职任，殆未可求效于岁月之间也。致仕副都御史伍文定，往岁宁藩之变，常从臣起兵，具见经略；侍郎梁材、南赣副都御史汪鋐，亦皆才能素著，足堪此任；愿选择而使之。"会侍郎方献夫建白，宜于田州特设都御史一人，抚绥诸夷，下议。先生复疏言："布政使林富可用，或量改宪职，仍听臣等节制，暂于思、田住札，抚绥其众。然而要之蛮夷之区，不可治以汉法，虽流官之设，尚且弗便，而又可益之以都台乎？今且暂设，凡一切廪饩车马，悉取办于南宁府卫，取给于军饷，不以干思、田之人。俟年余经略有次，思、田止责知府理治，或设兵备宪臣一人于宾州，或以南宁兵备兼理；如此，则目前既得辑宁之效，而日后又可免烦劳之扰矣。"又以柳庆缺参将，特荐用沈希仪，且请起用前副总兵张祐，俾与富协心共事。未几，升富副都御史，抚治郧阳以去。先生再荐布政使王大用、按察使周期雍，又以边方缺官，且言副使陈槐、施儒、杨必进，知府朱衮，皆堪右江兵备之任；知州林宽可为田州知府；推官李乔木可为同知。且言：“任贤图治，得人实难，其在边方反覆多事之地，其难尤甚。盖非得忠实、勇果、通达、坦易之才，未易以定其乱。有其才矣，使不谙其土俗，则亦未易以得其本心。得其心矣，使不耐其水土，亦不能以久居其地，以成其功。故用人于边方，必兼是三者而后可。如前四人者，固皆可用之才；今乃皆为时例所拘，弃置不用，而更劳心远索，则亦过矣。”疏上，俱未果行。

兴思、田学校。

先生以田州新服，用夏变夷，宜有学校，但疮痍逃窜，尚无受廛之民，即欲建学，亦为徒劳。然风化之原，又不可缓也。乃案行提学道，著属儒学，但有生员，无拘廪增，愿改田州府学，及各处儒生愿附籍入学者，本道选委教官，暂领学事，相与讲肄游息，兴起孝弟，或倡行乡约，随事开引，渐为之兆。俟建有学校，然后将各生徒通发该学肄业，照例充补廪增起贡。

五月，抚新民。

先生因左江道参议等官汪必东等称：“古陶、白竹、石马等贼，近虽诛剿，然尚有流出府江诸处者。诚恐日后为患，乞调归顺土官岑瓛兵一千名，万承、龙英共五百名，或韦贵兵一千名，住扎平南、桂平冲要地方。”及该府知府程云鹏等亦申量留湖兵，及调武靖州狼兵防守。乃谕之曰：“始观论议，似亦区画经久之计；徐考成功，终亦支吾目前之计。盖用兵之法，伐谋为先；处夷之道，攻心为上。今各瑶征剿之后，有司即宜诚心抚恤，以安其心。若不服其心，而徒欲久留湖兵，多调狼卒，凭藉兵力，以威劫把持，谓为可久之计，则亦末矣。殊不知远来客兵，怨愤不肯为用，一也。供馈之需，稍不满意，求索訾詈，将无抵极，二也。就居民间，骚扰浊乱，易生仇隙，三也。困顿日久，资财耗竭，适以自弊，四也。欲借此以卫民，而反为民增一苦；欲借此以防贼，而反为吾招一寇，其可行乎？合行知府程云鹏、公同指挥周胤宗，及各县知县等官，亲至已破贼巢各邻近良善村寨，以次加厚抚恤，给以告示，犒以鱼盐，待以诚信，敷以德恩。谕以朝廷所以诛剿各贼者，为其稔恶不悛，若尔等良善守分村寨，我官府何尝轻动尔等一草一木？尔等各宜益坚向善之心，毋为彼所扇惑摇动。从而为之推选众所信服，立为酋长，以连属之。若各贼果能改恶迁善，实心向化，今日来投，今日即待以良善，决不追既往之恶。尔等即可以此意传告开谕之。我官府亦就实心抚安招来，量给盐米，为之经纪生业。亦就为之选立酋长，使有统率，毋令涣散。一面清查侵占田土，开立里甲，以息日后之争。禁约良民，毋使乘机报复，以激其变。如农夫之植嘉禾，以去稂莠，深耕易耨，芸菑灌溉，专心一事，勤诚无惰，必有秋获。夫善者益知所动，则助恶者日衰；恶者益知所惩，则向善者益众。此抚柔之道，而非专有恃于甲兵者也。”又曰：“该府议欲散撤顾倩机快等项，调取武靖州土兵，使之就近防守一节，区画颇当。然以三千之众，而常在一处屯顿坐食，亦未得宜。必须分作六班，每五百名为一班，每两个月日而更一次。若有雕剿等项，然后通行起调，然必须于城市别立营房，毋使与民杂处，然后可免于骚扰嫌隙。盖以十家牌门之兵，而为守土安民之本；以武靖起调之兵，而备追捕剿截之用，此亦经权交济相须之意也。自今以后，免其秋调各处哨守等役，专在浔州地方听凭守备参将调用。凡遇紧急调取，即要星驰赴信地，不得迟违时刻。守巡各官仍要时加戒谕抚辑，毋令日久玩弛，又成虚应故事。”

六月，兴南宁学校。

先生谓：“理学不明，人心陷溺，是以士习日偷，风教不振。”日与各学顺生朝夕开讲，已觉渐有奋发之志。又恐穷乡僻邑，不能身至其地，委原任监察御史降合浦县丞陈逅主教灵山诸县，原任监察御史降揭阳县主簿季本主教敷文书院。仍行牌谕曰：“仰本官每日拘集该府县学诸生，为之勤勤开诲，务在兴起圣贤之学，一洗习染之陋。其诸生该赴考试者，临期起送；不该赴试者，如常朝夕聚会。考德问业之外，或时出与经书论策题目，量作课程；就与讲析文义，以无妨其举业之功。大抵学绝道丧之余，未易解脱旧闻旧见，必须包蒙俯就，涵育薰陶，庶可望其渐次改化。谅本官平素最能孜孜汲引，则今日必能循循善诱。诸生之中有不率教者，时行槚楚，以警其情。本院回军之日，将该府县官员师生查访勤惰，以示劝惩。”

又牌谕曰：“照得安上治民，莫善于礼，冠婚丧祭，固宜家喻而户晓者。今皆废而不讲，欲求风俗之美，其可得乎？况兹边方远郡，土夷错杂，顽梗成风，有司徒具刑驱势迫，是谓以火济火，何益于治？若教之以礼，庶几所谓小人学道则易使矣。福建莆田生员陈大章前来南宁游学，叩以冠婚乡射诸仪，颇能通晓。近来各学诸生类多束书高阁，饱食嬉游，散漫度日。岂若使与此生朝夕讲习于仪文节度之间，亦足以收其放心，固其肌肤之会，筋骸之束，不犹愈于博弈之为贤乎？仰南宁府官吏即便馆谷陈生于学舍，于各学诸生之中，选取有志习礼及年少质美者，相与讲解演习。自此诸生得于观感兴起，砥砺切磋，修之于其家，而被于里巷，达于乡村；则边徼之地，遂化为邹鲁之乡，亦不难矣。”

七月，袭八寨、断藤峡，破之。

八寨、断藤峡诸蛮贼有众数万，负固稔恶，南通交趾诸夷，西接云、贵诸蛮，东北与牛场、仙台、花相、风门、佛子及柳庆、府江、古田诸瑶回旋连络，延袤二千余里，流劫出没，为害岁久。比因有事思、田，势不暇及。至是，先生以思、田既平，苏、受新附，乃因湖广保靖归师之便，令布政使林富、副总兵张祐等，出其不意，分道征之。富、祐率右江及思、田兵进剿八寨诸贼。参议汪必东、副使翁素、佥事汪溱，率左江及永、保土兵进剿断藤峡诸贼。令该道分巡兵备收解，纪功御史册报，及行太监张赐并各镇巡知会，一月之内，大破其众，斩获三千有奇。先生见诸贼巢穴既已扫荡，而我兵疾疫，遂班师奏捷。

按：疏言：“断藤峡诸贼，犄角屯聚，自国初以来，屡征不服。至天顺间，都御史韩雍统兵二十万，然后破其巢穴。撤兵无何，贼复攻陷浔州，据城大乱。后复合兵，量从剿抚。自后窃发无时，凶恶成性，不可改化。至于八寨诸贼，尤为凶猛，利镖毒弩，莫当其锋；且其寨壁天险，进兵无路。自国初都督韩观，尝以数万之众围困其地，亦不能破，竟从招抚而罢。报后兴师合剿，一无所获，反多挠丧。惟成化间，土官岑瑛尝合狼兵深入，斩获二百。已而贼势大涌，力不能支，亦从抚罢。今因湖广之回兵，而利导其顺便之势，作思、田之新附，而善用其报效之机。两地进兵，各不满八千之众，而三月报捷，共已逾三千之功。两广父老皆以为数十年来未有此举也。”

疏请经略思、田及八寨、断藤峡。

初，先生既平思、田，乃上疏曰："臣以迂庸，缪当兵事于兹土，承制假以抚剿便宜。是陛下之心惟在于除患安民，未尝有所意必也。又谕令贼平之后，议设土流孰便。是陛下之心惟在于安民息乱，未尝有所意必也。始者思、田梗化，既举兵而加诛矣，因其悔罪投降，遂复宥而释之。固亦莫非仰承陛下不嗜杀人之心，惓惓忧悯赤子之无辜也。凡为经略事宜有三：特设流官知府以制土官之势；仍立土官知府以顺土夷之情；分设土官巡检以散各夷之党。拟府名为'田宁'，以应谶谣，而定人心。设州治于府之西北，立猛第三子邦相为吏目。待其有功，渐升为知州。分设思恩土巡检司九，田州土巡检司十有八，以苏、受并土目之为众所服者世守之。"既而复破八寨、断藤峡。又上疏曰："臣因督兵亲历诸巢，见其形势要害，各有宜改立卫所，开设县治以断其脉络，而扼其咽喉者。若失今不为，则数年之间，贼复渐来，必归聚生息；不过十年，又有地方之患矣。臣以遵制便宜，相度举行，凡为经略事宜有六：移南丹卫城于八寨；改筑思恩府治于荒田；改凤化县治于三里；增设隆安县治；置流官于思龙，以属田宁；增筑守镇城堡于五屯。"事下，本兵持之，户部复请覆勘，学士霍韬等上疏曰："臣等广人也，是役也，臣等尝为守仁计曰：'前当事者，凡若三省兵若干万，梧州军门费用军储若干万，复从广东布政司支用银米若干万，杀死、疫死官兵、土兵若干万，仅得田州小宁五十日，而思恩叛矣。'今守仁不杀一卒，不费斗米，直宣扬威德，遂使思、田顽叛，稽首来服。虽舜格有苗，何以过此？乃若八寨贼、断藤峡贼，又非思、田之比。八寨为诸贼渊薮，而断藤峡为八寨羽翼也。广西有八寨诸贼，犹人有心腹病也。

八寨不平，则两广无安枕期也。今守仁沉机不露，一举平之。百数十年豺虎窟穴，扫而清之，如拂尘然。臣等是以叹服守仁能体陛下之仁，以怀绥思、田向化之民；又能体陛下之义，以讨服八寨、断藤梗化之贼，仁义两得之也。夫守仁之成功，有八善焉：乘湖兵归路之便，兵不调而自集，一也。因思、田效命之助，劳而不怨，二也。机出意外，贼不能遁，所诛者渠恶，非滥杀报功者比，三也。因归师无粮运费，四也。一举成功，民不知扰，五也。平八寨、平断藤峡，则极恶者先诛，其细小巢穴，可渐德化，得抚剿之宜，六也。八寨不平，则西而柳、庆，东而罗旁、禄水、新宁、思平之贼，合数千里，共为窟穴，虽调兵数十万，未易平伏，今八寨平定，则诸贼可以渐次抚剿，两广良民可以渐次安业，纾圣明南顾之忧，七也。韩雍虽平断藤峡贼矣，旋复有倡乱者，八寨乃百六十年所不能诛之剧贼。今守仁既平其巢窟，即徙建城邑以镇定之，则恶贼失险，后日不能为变，逋贼来归，且化为良民矣。诛恶绥良，得民父母之体，八也。或议：'守仁奉命有事思、田，遂剿八寨，可乎？'臣则曰：昔吴、楚反攻梁，景帝诏周亚夫救梁。亚夫不奉诏，而绝吴、楚粮道，遂破吴、楚，而平七国，安汉社稷。传曰：'阃以外，将军制之。'又曰：'大夫出疆，有可以安国家、利社稷，专之可也，古之道也。'是故亚夫知制吴、楚，在绝其食道，而不在于救梁；是故虽有诏命，有所不受。今守仁知思、田可以德怀也，遂纳其降而安定之。知八寨诸贼未易服也，遂因时仗义而讨平之。虽无诏命，先发后闻可也，况有便宜从事之旨乎？或曰：'建置城邑，大事也；区处钱粮，户部职也；不先奉命而辄兴工，可乎？'臣则曰：昔者范仲淹之守西边也，欲筑大顺城，虑敌人争之，乃先具版筑，然后巡边，急速兴工，一月成城。西夏觉而争之，已不及矣。守仁于建置城邑之役，不仰足户部而后有处，其以一肩而分圣明南顾之忧，不以为功，反以为过，可乎？臣等目击八寨之贼，为地方大患百数十年，一旦仰赖圣明，任用守仁，以底平定，不胜庆忭，今兵部功赏未行，户部覆题再勘，臣恐机会一失，大功遂阻，城保不筑，逋贼复聚，地方可虑。是故冒昧建言，唯圣明察焉。”

九月，疏谢奖励赏赉。

赏思、田功也。九月初八日，行人冯恩赍捧钦赐至镇，故有谢疏。

与德洪、畿书：“地方事幸遂平息，相见渐可期矣。近年不审同志聚会如何，得无法堂前今已草深一丈否？想卧龙之会，虽不能大有所益，亦不宜遂尔荒落；且存饩羊，后或兴起，亦未可知。余姚得应元诸友相与倡率，为益不小。近有人自家乡来，闻龙山之讲，至今不废，亦殊可喜。书到，望遍寄声，益相与勉之。九十弟与正宪辈，不审早晚能来亲近否？诱掖接引之功，与人为善之心，当不俟多喋也。魏廷豹决能不负所托，儿辈或不能率教，亦望相与夹持之。”

十月，疏请告。

先生以疾剧，上疏请告，具言：“臣自往年承乏南、赣，为炎毒所中，遂患咳痢之疾。岁益滋甚。其后退休林野，稍就医药，而疾亦终不能止。自去岁入广，炎毒益甚。力疾从事，竣事而出，遂尔不复能兴。今已舆至南宁，移卧舟次，将遂自梧道广，待命于韶、雄之间，夫竭忠以报国，臣之素志也。受陛下之深恩，思得粉身齑骨以自效，又臣之所日夜切心者也。病日就危，而尚求苟全以图后报，而为养病之举，此臣之所以大不得已也。”疏入，未报。

谒伏波庙。

先生十五岁时尝梦谒伏波庙，至是拜祠下，宛然如梦中，谓兹行殆非偶然。因识二诗。其一曰："四十年前梦里诗，此行天定岂人为？徂征敢倚风云阵，所过如同时雨师。尚喜远人知向望，却惭无术救疮痍。从来胜算归廊庙，耻说兵戈定四夷。"其二诗曰："楼船金鼓宿乌蛮，鱼丽群舟夜上滩。月绕旌旗千嶂静，风传铃木九溪寒。荒夷未必先声服，神武由来不杀难。想见虞廷新气象，两阶干羽五云端。"是月与豹书："近岁山中讲学者，往往多说勿忘勿助工夫甚难。问之，则云：'才著意，便是助；才不著意，便是忘；所以甚难。'区区因问之云：'忘是忘个甚么？助是助个甚么？'其人默然无对，始请问。区区因与说：'我此间讲学，却只说个必有事焉，不说勿忘勿助。必有事焉者，只是时时去集义。若时时去用必有事的工夫，而或有时间断，此便是忘了，即须勿忘。时时去用必有事的工夫，而或有时欲速求效，此便是助了，即须勿助。其工夫全在必有事焉上用，勿忘勿助，只就其间提撕警觉而已。若是工夫原不间断，即不须更说勿忘；原不欲速求效，即不须更说勿助。此其工夫何等明白简易，何等洒脱自在。今却不去必有事上用工，而乃悬空守着一个勿忘勿助，漭漭荡荡，只做得个沉空守寂，学成一个痴骙汉，事来，即便牵滞纷扰，不复能经纶宰制。此皆由学术误人之故，甚可悯矣。'"

又与邹守益书曰："随处体认天理，勿忘勿助之说，大约未尝不是。只要根究下落，即未免捕风捉影。纵令鞭辟向里，亦与圣门致良知之功尚隔一尘。若复失之毫厘，便有千里之缪矣。世间无志之人，既已见驱于声利辞章之习，间有知得自己性分当求者，又被一种似是而非之学兜绊羁縻，终身不得出头。缘人未有真为圣人之志，未免挟有见小欲速之私，则此种学问极足支吾眼前得过。是以虽在豪杰之士，而任重道远，志稍不力，即且安顿其中者多矣。”

祀增城先庙。

先生五世祖讳纲者，死苗难，庙祀增城。是月，有司复新祠宇，先生谒祠奉祀。过甘泉先生庐，题诗于壁曰："我祖死国事，肇礼在增城。荒祠幸新复，适来奉初蒸。亦有兄弟好，念言思一寻。苍苍见葭色，宛隔环瀛深。入门散图史，想见抱膝吟。贤郎敬父执，童仆意相亲。病躯不遑宿，留诗慰殷勤。落落千百载，人生几知音。道同著形迹，期无负初心。"又题甘泉居曰："我闻甘泉居，近连菊坡麓。十年劳梦思，今来快心目。徘徊欲移家，山南尚堪屋。渴饮甘泉泉，饥食菊坡菊。行看罗浮云，此心聊复足。"与德洪、畿书:"书来见近日工夫之有进，足为喜慰。而余姚、绍兴诸同志又能相聚会讲切，奋发兴起，日勤不懈，吾道之昌，真有火燃泉达之机矣，喜幸当何如哉。此间地方悉已平靖，只因二三大贼巢，为两省盗贼之根株渊薮，积为民患者，心亦不忍不为一除剪，又复迟留二三月；今亦了事矣，旬月间便当就归途也。守俭、守文二弟近承夹持启迪，想亦渐有所进。正宪尤极懒惰，若不痛加针砭，其病未易能去。父子兄弟之间，情既迫切，责善反难，其任乃在师友之间。想平日骨肉道义之爱，当不俟于多嘱也。"与何性之书："区区病势日狼狈，自至广城，又增水泻，日夜数行不得止。至今遂两足不能坐立，须稍定，即逾岭而东矣。诸友皆不必相候。果有山阴之兴，即须早鼓钱塘之舵，得与德洪、汝中辈一会聚，彼此当必有益。区区养病本去已三月，旬日后必得旨。亦遂发舟而东，纵未能遂归田之愿，亦必得一还阳明洞，与诸友一面而别，且后会又有可期也。千万勿复迟疑，徒耽误日月。总及随舟而行，沿途官吏送迎请谒，断亦不能有须臾之暇。宜悉此意，书至即拨冗。德洪、汝中辈，亦可促之早为北上之图。伏枕潦草。”

十一月乙卯，先生卒于南安。

是月廿五日，逾梅岭至南安。登舟时，南安推官门人周积来见。先生起坐，咳喘不已。徐言曰：“近来进学如何？”积以政对。遂问道体无恙。先生曰：“病势危亟，所未死者，元气耳。”积退而迎医诊药。廿八日晚泊，问：“何地？”侍者曰：“青龙铺。”明日，先生召积人。久之，开目视曰：“吾去矣。”积泣下，问“何遗言？”先生微哂曰：“此心光明，亦复何言？”顷之，瞑目而逝，二十九日辰时也。赣州兵备门人张思聪追至南安，迎入南野驿，就中堂沐浴衾敛如礼。先是先生出广，布政使门人王大用备美材随舟。思聪亲敦匠事，铺梱设褥，表里裼袭。门人刘邦采来奔丧事。十二月三日，思聪与官属师生设祭入棺。明日，舆榇登舟。士民远近遮道，哭声振地，如丧考妣。至赣，提督都御史汪鋐迎祭于道，士民沿途拥哭如南安。至南昌，巡按御史储良材、提学副使门人赵渊等请改岁行，士民昕夕哭奠。

八年己丑正月，丧发南昌。

是月连日逆风，舟不能行。赵渊祝于柩曰：“公岂为南昌士民留耶？越中子弟门人来候久矣。”忽变西风，六日直至弋阳。先是德洪与畿西渡钱塘，将入京殿试，闻先生归，遂迎至严滩，闻讣，正月三日成丧于广信，讣告同门。是日，正宪至。初六日，会于弋阳。

初十日，过玉山，弟守俭、守文，门人栾惠、黄洪、李珙、范引年、柴凤至。

二月庚午，丧至越。

四日，子弟门人奠柩中堂，遂饰丧纪，妇人哭门内，孝子正宪携弟正亿与亲族子弟哭门外，门人哭幕外，朝夕设奠如仪。每日门人来吊者百余人，有自初丧至卒葬不归者。书院及诸寺院聚会如师存。是时朝中有异议，爵荫赠谥诸典不行，且下诏禁伪学。詹事黄绾上疏曰:“忠臣事君，义不苟同;君子立身，道无阿比。臣昔为都事，今少保桂萼时为举人，取其大节，与之交友。及臣为南京都察院经历，见大礼不明，相与论列。相知二十余年，始终无间。昨臣荐新建伯王守仁堪以柄用，萼与守仁旧不相合，因不谓然，小人乘间构隙。然臣终不以此废萼平生也。但臣于事君之义，立身之道，则有不得不明者。臣所以深知守仁者，盖以其功与学耳。然功高而见忌，学古而人不识，此守仁之所以不容于世也。盖其功之大者有四：其一，宸濠不轨，谋非一日，内而内臣如魏彬等，嬖幸如钱宁、江彬等，文臣如陆完等，为之内应；外而镇守如毕真、刘朗等，为之外应；故当时中外诸臣，多怀观望。若非守仁忠义自许，身任讨贼之事，不顾赤族之祸，倡义以勤王，运筹以伐谋，则天下安危未可知。今乃皆以为伍文定之功，是轻发纵而重走狗，岂有兵无胜算，而濠可徒搏而擒者乎？其二，大帽、茶寮、浰头、桶冈诸贼寨势连四省，兵连累岁。若非蚤平，南方自此多事。守仁临镇，次第底定。其三，田州、思恩构衅有年，事不得息，民不得已，故起守仁以往，定以兵机，感以诚信，乃使卢、王之徒崩角来降，感泣受杖，遂平一方之难。其四，自来八寨为两广腹心之疾，其间守戍官军，与贼为党，莫可奈何。守仁假永顺狼兵，卢、王降卒，并而袭之，遂去两广无穷之巨害，实得兵法便宜之算。夫兵凶战危，守仁所立战功，皆除大患，卒之以死勤事。夫兵政国之大事，宜为后世法，可以终泯其功乎？其学之大要有三：一曰'致良知'，实本先民之言，盖致知出于孔氏，而良知出于孟轲性善之论。二曰'亲民'，亦本先民之言，盖《大学》旧本所谓亲民者，即百姓不亲之亲，凡亲贤乐利，与民同其好恶，而为洁矩之道者是已。此所据以从旧本之意，非创为之说也。三曰'知行合一'，亦本先民之言，盖知至至之，知终终之，只一事也。守仁发此，欲人言行相顾，勿事空言以为学也。是守仁之学，弗诡于圣，弗畔于道，乃孔门之正传也，可以终废其学乎？"然以萼之非守仁，遂致陛下失此良弼，. 使守仁不获致君尧、舜，谁之过与？臣不敢以此为萼是也。况赏罚者，御世之权。以守仁之功德，劳于王事，乃常典不及，削罚有加，废褒忠之典，倡党锢之禁，非所以辅明主也。守仁客死，妻子孱弱，家童载骨，藁埋空山，鬼神有知，当为恻然。臣实不忍见圣明之世有此事也。假使守仁生于异世，犹当追崇，况在今日哉？且永顺之众，卢、王之徒，素慕守仁威德；如此举措，恐失其望，关系夷情，亦非细故。臣昔与守仁为友，几二十年。一日愤寡过之不能，守仁从而觉之，若有深省，遂复师事之。是臣于守仁，实非苟然相信，如世俗师友者也。臣于君父之前，处师友之间，既有所怀，不敢不尽。昔萼为小人所谗，臣为之愤；既而得白，臣为之喜；固非臣之私也。今守仁之抱冤，亦犹萼之负屈。伏愿扩一视之仁，特敕所司，优以恤典赠谥，仍与世袭，并开学禁，以昭圣政。若此事不明，则萼之与臣，终不能以自忘。故臣敢言及于此，所以盖事陛下之忠，且以补萼之过，亦以尽臣之义也。"疏入，不报。于是给事中周延抗疏论列，谪判官。

十一月，葬先生于洪溪。

是月十一日发引，门人会葬者千余人，麻衣衰屦，扶柩而哭。四方来观者莫不交涕。洪溪去越城三十里，入兰亭五里，先生所亲择也。先是，前溪入怀与左溪会，冲啮右麓，术者心嫌，欲弃之。有山翁梦神人绯袍玉带立于溪上，曰："吾欲还溪故道。"明日雷雨大作，溪泛，忽从南岸，明堂周阔数百尺，遂定穴。门人李珙等筑治，更番，昼夜不息者月余，而墓成。

年谱附录一 自嘉靖庚寅建精舍于天真山至隆庆丁卯复伯爵

嘉靖九年庚寅五月，门人薛侃建精舍于天真山，祀先生。

天真距杭州城南十里，山多奇岩古洞，下瞰八卦田，左抱西湖，前临胥海，师昔在越讲学时，尝欲择地当湖海之交，目前常见浩荡，图卜筑以居，将终老焉。起征思、田，洪、畿随师渡江，偶登兹山，若有会意者。临发以告，师喜曰："吾二十年前游此，久念不及，悔未一登而去。"至西安，遗以二诗，有"天真泉石秀，新有鹿门期"及"文明原有象，卜筑岂无缘"之句。侃奔师丧，既终葬，患同门聚散无期，忆师遗志，遂筑祠于山麓。同门董沄、刘侯、孙应奎、程尚宁、范引年、柴凤等董其事，邹守益、方献夫、欧阳德等前后相役；斋庑庖湢具备，可居诸生百余人。每年祭期，以春秋二仲月仲丁日，四方同志如期陈礼仪，悬钟磬，歌诗，侑食。祭毕，讲会终月。

十年辛卯五月，同门黄弘纲会黄绾于金陵，以先生胤子王正亿请婚。

先是师殡在堂，有忌者行谮于朝，革锡典世爵。有司默承风旨媒孽，其家乡之恶少遂相煽，欲以鱼肉其子弟。胤子正亿方四龄，与继子正宪离仳窜逐，荡析厥居。明年夏，门人大学士方献夫署吏部，择刑部员外王臣升浙江佥事，分巡浙东，经纪其家，奸党稍阻。弘纲以洪，畿拟是冬赴京殿试，恐失所托。适绾升南京礼部侍郎，弘纲问计。绾曰："吾室远莫计，有弱息，愿妻之。情关至戚，庶得处耳。"是月，洪、畿趋金陵为正亿问名。绾曰："老母家居，未得命，不敢专。"洪、畿复走台，得太夫人命，于是同门王艮遂行聘礼焉。

十一年壬辰正月，门人方献夫合同志会于京师。

自师没，桂萼在朝，学禁方严。薛侃等既遭罪谴，京师讳言学。至是年，编修欧阳德、程文德、杨名在翰林，侍郎黄宗明在兵部，戚贤、魏良弼、沈谧等在科，与大学士方献夫俱主会。于时黄绾以进表入，洪、畿以趋廷对入，与林春、林大钦、徐樾，朱衡、王惟贤、傅颐等四十余人始定日会之期，聚于庆寿山房。

九月，正亿趋金陵。

正亿外侮稍息，内衅渐萌。深居家扃，同门居守者，或经月不得见，相怀忧逼。于是同门佥事王臣、推官李逢，与欧阳德、王艮、薛侨、李珙、管州议以正亿趋金陵，将依舅氏居焉。至钱塘，恶少有蹑其后载者。迹既露，诸子疑其行。请卜，得鼎二之上吉，乃佯言共分胤子金以归。恶党信为实，弛谋。有不便者，遂以分金腾谤，流入京师。臣以是被中黜职。

十二年癸巳，门人欧阳德合同志会于南畿。

自师没，同门既襄事于越。三年之后归散四方，各以所入立教，合并无时。是年，欧阳德、季本、许相卿、何廷仁、刘阳、黄弘纲嗣讲东南，洪亦假事入金陵。远方志士四集，类萃群趋，或讲于城南诸刹，或讲于国子鸡鸣。倡和相稽，疑辩相绎，师学复有继兴之机矣。

十三年甲午正月，门人邹守益建复古书院于安福，祀先生。

师在越时，刘邦采首创惜阴会于安福间月为会五日，先生为作《惜阴说》。既后，守益以祭酒致政归，与邦采、刘文敏、刘子和、刘阳、欧阳瑜、刘肇衮、尹一仁等建复古、连山、复真诸书院，为四乡会。春秋二季，合五郡，出青原山，为大会。凡乡大夫在郡邑者，皆与会焉。于是四方同志之会，相继而起，惜阴为之倡也。

三月，门人李遂建讲舍于衢麓，祀先生。

先自师起征思、田，舟次西安，门人栾惠、王玑等数十人雨中出候。师出天真二诗慰之。明年师丧，还玉山，惠偕同门王修、徐霈、林文瓒等迎榇于草萍驿，凭棺而哭者数百人。至西安，诸生追师遗教，莫知所寄。洪、畿乃与玑、应典等定每岁会期。是年遂为知府，从诸生请，筑室于衢之麓。设师位，岁修祀事。诸生柴惟道、徐天民、王之弼、徐惟缉、王之京、王念伟等，又分为龙游、水南会，徐用检、唐汝礼、赵时崇、赵志皋等为兰西会，与天真远近相应，往来讲会不辍，衢麓为之先也。

五月，巡按贵州监察御史王杏建王公祠于贵阳。

师昔居龙场，诲扰诸夷。久之，夷人皆式崇尊信。提学副使席书延至贵阳，主教书院。士类感德，翕然向风。是年杏按贵阳，闻里巷歌声，蔼蔼如越音；又见士民岁时走龙场致奠，亦有遥拜而祀于家者；始知师教入人之深若此。门人汤哻、叶梧、陈文学等数十人请建祠以慰士民之怀。乃为赎白云庵旧址立祠，置膳田以供祀事。杏立石作《碑记》。记略曰："诸君之请立祠，欲追崇先生也。立祠足以追崇先生乎？构堂以为宅，设位以为依，陈俎豆以为享，祀似矣。追崇之实，会是足以尽之乎？未也。夫尊其人，在行其道，想像于其外，不若佩教于其身。先生之道之教，诸君所亲承者也。德音凿凿，闻者饫矣；光范丕丕，炙者切矣；精蕴渊渊，领者深矣。诸君何必他求哉？以闻之昔日者而倾耳听之，有不以道，则曰：'非先生之法言也，吾何敢言？'以见之昔日者而凝目视之，有不以道，则曰'非先生之德行也，吾何敢行？'以领之昔日者而潜心会之，有不以道，则曰:'非先生之精思也，吾何敢思？'言先生之言，而德音以接也；行先生之行，而光范以睹也；思先生之思，而精蕴以传也，其为追崇也何尚焉。"

十四年乙未，刻先生《文录》于姑苏。

先是洪、畿奔师丧，过玉山，检收遗书。越六年，洪教授姑苏，过金陵，与黄绾、闻人诠等议刻《文录》。洪作《购遗文疏》，遣诸生走江、浙、闽、广、直隶搜猎逸稿。至是年二月，鸠工成刻。

巡按直隶监察御史曹煜建仰止祠于九华山，祀先生。

九华山在青阳县，师尝两游其地，与门人江□□、柯乔等宿化城寺数月。寺僧好事者，争持纸索诗，通夕洒翰不倦。僧蓄墨迹颇富，思师夙范，刻师像于石壁，而亭其上，知县祝增加葺之。是年煜因诸生请，建祠于亭前，扁曰"仰止"。邹守益捐资，令僧买赡田，岁供祀事。越隆庆戊辰，知县沈子勉率诸生讲学于斯，增葺垣宇赡田。煜祭文见《青阳志》。

十五年丙申，巡按浙江监察御史张景、提学佥事徐阶，重修天真精舍，立祀田。

门人礼部尚书黄绾作《碑记》。记曰："今多书院，兴必由人，或仕于斯，或游于斯，或生于斯，或功德被于斯；必其人实有足重者，表表在人，思之不见，而后立书院以祀之。聚四方有志，树之风声，讲其道以崇其化。浙江之上龙山之麓，有曰天真书院，立祀阳明先生者也。盖先生尝游于斯，既没，故于斯创精舍，讲先生之学，以明先生之道。夫人知之，岂待予言哉？正德己卯，宁濠之变，起事江右，将窥神器，四方岌岌，日危于死。浙为下游，通衢八道，财赋称甲。濠意欲先得之。故阴置腹心，计为之应。因先生据其上游，奋身独当之，濠速败，浙赖以宁，卒免锋刃荼毒之苦：皆先生之功也。则今日书院之创，非徒讲学，又以明先生之功也。书院始于先生门人行人薛侃、进士钱德洪、王畿，合同志之资为之。继而门人佥事王臣、主事薛侨，有事于浙，又增治之，始买田七十余亩。蒸尝辑理，岁病不给。侍御张君按浙，乃跻书院而叹曰，'先生之学，论同性善。先生之功，在于社稷。皆所宜祀，矧覆泽兹土尤甚，恶可忽哉。'乃属提学佥事徐君阶，命绍兴推官陈让，以会稽废寺田八十余亩为庄，属之书院。又出法台赎金三百两，命杭州推官罗大用及钱塘知县王钍买宋人所为龟畴田九十余亩以益之。于是需足人聚，风声益树，而道化行矣。昔宋因书院而为学校，今于学校之外复立书院，盖久常特新之意与？予尝登兹山，坐幽岩，步危磴，俯江流之洄浙，引苍渤之冥茫，北览西湖，南目禹穴，云树苍苍，晴岚窅窅于是怆然而悲，悄然而戚，恍见先生之如在而能不忘也。乃知学校之设既远，远则常，常则玩，玩则怠，怠则学之道其疏乎？书院之作既近，近则新，新则惕，惕则励，励则学之道其修乎？兹举也，立政立教之先务，益于吾浙多矣。"

十六年丁酉十月，门人周汝员建新建伯祠于越。

是年汝员以御史按浙。先是师在越，四方同门来游日众，能仁、光相、至大、天妃各寺院，居不能容。同门王艮、何秦等乃谋建楼居斋舍于至大寺左，以居来学。师没后，同门相继来居，依依不忍去。是年，汝员与知府汤绍恩拓地建祠于楼前。取南康蔡世新肖师像，每年春秋二仲月，郡守率有司主行时祀。

十一月，佥事沈谧建书院于文湖，祀先生。

文湖在秀水县北四十里，广环十里，中横一州，四面澄碧，书院创焉。谧初读《传习录》，有悟师学，即期执贽请见。师征思、田，弗遂。及闻讣，追悼不已。后为行人，闻薛子侃讲学京师，乃叹曰："师虽没，天下传其道者尚有人也。"遂拜薛子，率同志王爱等数十人讲学于其中，置田若干亩以赡诸生。是年，巡按御史周汝员立师位于中堂，春秋二仲月，率诸生虔祀事，歌师诗以侑食。既后，谧起佥江西，为师遍立南赣诸祠。比没，参政孙宏轼、副使刘悫设谧位，附食于师。谧子进士启原增置赡田，与爱等议附薛子位。祭期定季丁日。同志与祭天真者俱趋文湖，于今益盛。

十七年戊戌，巡按浙江监察御史傅凤翔建阳明祠于龙山。

龙山在余姚县治右。辛巳年，师归省祖茔，门人夏淳、孙升、吴仁、管州、孙应奎、范引年、柴凤、杨珂、周于德、钱大经、应扬、谷钟秀、王正心、正思、俞大本、钱德、周仲实等，侍师讲学于龙泉寺之中天阁。师亲书三八会期于壁。吴仁聚徒于阁中，合同志讲会不辍。丁亥秋，师出征思、田，每遗书洪、畿，必念及龙山之会。是年传以诸生请建祠于阁之上方，每年春秋二仲月，有司主行时祀。

十八年己亥，江西提学副使徐阶建仰止祠于洪都，祀先生。

自阶典江西学政，大发师门宗旨，以倡率诸生。于是同门吉安邹守益、刘邦采、罗洪先，南昌李遂、魏良弼、良贵、王臣、裘衍、抚州陈九川、傅默、吴悌、陈介等，与各郡邑选士俱来合会焉。魏良弼立石纪事。

吉安士民建报功祠于庐陵，祀先生。

祠在庐陵城西隅。师自正德庚午莅庐陵，日进父老子弟告谕之，使之息争睦族，兴孝悌，敦礼让，民渐向化。兴利剔蠹，赈疫禳灾，皆有实惠。七越月而去，民追思之。既提督南赣，扫荡流贼，定逆濠之乱，皆切民命。及闻师讣，丧过河下，沿途哀号，如丧考妣。乃相与筑祠，名曰："报功"，岁修私祀。后曾孔化、贺钧、周祉、王时椿、时槐、陈嘉谟等相与协成，制益宏丽，春秋郡有司主祀。

十九年庚子，门人周桐、应典等建书院于寿岩，祀先生。

寿岩在永康西北乡，岩多瑞石，空洞塏爽，四山环翠，五峰前拥。桐、典与同门李珙、程文德讲明师旨。嵌岩作室，以居来学。诸生卢可久、程梓等就业者百有余人。立师位于中堂，岁时奉祀，定期讲会，至今不辍。

二十一年壬寅，门人范引年建混元书院于青田，祀先生。

书院在青田县治。引年以经师为有司延聘主青田教事，讲艺中时发师旨。诸生叶天秩七十有余人，闻之惕然有感，复肃仪相率再拜，共进师学。又惧师联无所，树艺不固，乃纠材筑室，肖师像于中堂；谓范子之学出于王门，追所自也。范子卒，春秋配食。乞洪作《仰止祠碑记》，御史洪恒纪其详。后提学副使阮鹗增建为心极书院，畿作《碑记》。记略曰："心极之义，其昉诸古乎？孔子'《易》

有太极，是生两仪’，以至定吉凶而生大业，所以通神明之德，类万物之情，而冒天下之道，无非《易》也。《易》者无他，吾心寂感、有无相生之机之象也。天之道为阴阳，地之道为刚柔，人之道为仁义，三极于是乎立。象也者，像此者也。阴阳相摩，刚柔相荡，仁义相禅，藏乎无扃之键，行乎无辙之途，立乎无所倚之地，而神明出焉，万物备焉。故曰：‘无思也，无为也，寂然不动，感而遂通天下之故。’此孔子之精蕴也。当时及门之徒，惟颜氏独得其宗。观夫喟然之叹，有曰：‘如有所立，卓尔。’有无之间不可以致诘，虽欲从之，未由也已。故曰‘发圣人之蕴，颜子也。’颜子没而圣学遂亡。后千余载，濂溪周子始复追寻其绪，发为‘无极而太极’之说，盖几之矣。而后儒纷纷之议，尚未能一无惑乎。千载之寥寥也。盖汉之儒者泥于有象，一切仁义、忠孝、礼乐、教化、经纶之迹，皆认以为定理，必先讲求穷索，执为典要，而后以为应物之则，是为有得于太极似矣，而不知太极为无中之有，不可以有名也。隋、唐以来，老、佛之徒起而攘臂其间，以经纶为糟粕，乃复矫以窃冥玄虚之见，甚至掊击仁义，荡灭礼教，一切归之于无，是为有得于无极似矣，而不知无极为有中之无，非可以无名也。周子洞见二者之弊，转相谬溺，不得已而救之，建立《图说》，以显圣学之宗，定之以中正仁义而主静。中正仁义云者，太极之谓；而主静云者，无极之谓；人极于是乎立焉。议者乃以无极之言谓出于老氏，分中正仁义为动静，而不悟主静无欲之旨，亦独何哉？夫自伏羲一画以启心极之原，神无方而易无体，即无极也。孔子固已言之矣，而周子之得圣学之传无疑也。夫圣学以一为要。一者，无欲也。人之欲大约有二：高者蔽于意见；卑者蔽于嗜欲：皆心之累也。无欲则一；无欲则明通公溥而圣可学矣。

君子寡欲，故修之而吉；小人多欲，故悖之而凶。吉凶之几，极之立与不立于此焉分，知此则知函峰阮子所谓心极之说矣。”

二十三年甲辰，门人徐珊建虎溪精舍于辰州，祀先生。

精舍在府城隆兴寺之北。师昔还自龙场，与门人冀元亨、蒋信、唐愈贤等讲学于龙兴寺，使静坐密室，悟见心体。是年，珊为辰同知，请于当道，与诸同志大作祠宇、置赡田。邹守益为作《精舍记》，罗洪先作《性道堂记》，又有见江亭、玉芝亭、鸥鹭轩，珊与其弟杨珂俱多题志。

二十七年戊申八月，万安同志建云兴书院，祀先生。

书院在白云山麓，前对芙蓉峰，幕下秀出如圭，大江横其下。同志朱衡、刘道、刘弼、刘岘、王舜韶、吴文惠、刘中虚等迎予讲学于精修观，诸生在座者百五十人有奇。晚游城烟，见民居井落，邑屋华丽。洪曰：“民庶且富，而诸君敷教之勤若此，可谓礼义之乡矣。”衡曰：“是城四十年前犹为赤土耳。”问之。曰：“南、赣峒贼，流劫无常，妻女相率而泣曰：‘贼来曷避，惟一死可恃耳。’师来，荡平诸峒，百姓始得筑城生聚，乃有今日，皆师之赐也。”洪嘉叹不已。乃谓曰：“沐师德泽之深若此，南来郡邑，俱有祠祀，何是地独无？”众皆蹙然曰：“有志未遂耳。”乃责洪作疏纠材。是夕来相助者盈二百金。举人周贤宣作文祀土，众役并兴。中遭异议，止之。至嘉靖甲子，衡为尚书，贤宣为方伯，与太仆卿刘悫复完书业，祭祀规制大备，名曰“云兴书院”云。

九月，门人陈大伦建明经书院于韶，祀先生。

书院在府城。先是同门知府郑骝作明经馆，与诸生课业，倡明师学。至是大伦守韶，因更建书院，立师位，与陈白沙先生并祀。

是月，洪谒甘泉湛先生，逾庾岭，与诸生邓鲁、骆尧知、胡直、王城、刘应奎、钟大宾、魏良佐、潘槐、莫如德、张昂等六十三人谒师祠，相与人南华二贤阁，与邓鲁、胡直等共阐师说。至隆庆己巳，知府李渭大修祠宇，集诸生与黄城等身证道要，师教复振。

二十九年庚戌正月，吏部主事史际建嘉义书院于溧阳，祀先生。

书院在溧阳救荒淹。史际因岁青，筑淹塘以活饥民，塘成而建书院于上。延四方同志讲会，馆谷之。籍其田之所入，以备一邑饥荒，名曰“嘉义”，钦玉音也。际与吕光洵议延洪主教事。乃先币聘，越三年，兹来定盟。是月，同志周贤宣、赵大河，诸生彭若思、彭适、袁端化、王襞、徐大经、陈三谟等数十人，际率子侄史继源、继志、史铨、史珂、史继书、继辰、致詹，偕吾子婿叶迈、郑安元、钱应度、应量、应礼、应乐定期来会，常不下百余人。立师与甘泉湛先生位，春秋奉祀。

《天成篇》揭嘉义堂示诸生曰：“吾人与万物混处于天地之中，为天地万物之宰者，非吾身乎？其能以宰乎天地万物者，非吾心乎？心何以能宰天地万物也？天地万物有声矣，而为之辨其声者谁欤？天地万物有色矣，而为之辨其色者谁欤？大地力物有味矣，而为之辨其味者谁欤？天地万物有变化矣，而神明其变化者谁欤？是天地万物之声非声也，由吾心听，斯有声也；天地万物之色非色也，由吾心视，斯有色也；天地万物之味非味也，由吾心尝，斯有味也；天地万物之变化非变化也，由吾心神明之，斯有变化也：然则天地万物也，非吾心则弗灵矣。吾心之灵毁，则声、色、味，变化不得而见矣。声、色、味变化不可见，则天地万物亦几乎息矣。故曰：‘人者，天地之心，万物之灵也，所以主宰乎天地万物者也。’吾心为天地万物之灵者，非吾能灵之也。吾一人之视，其色若是矣，凡天下之有目者，同是明也；一人之听，其声若是矣，凡天下之有耳者，同是聪也；一人之尝，其味若是矣，凡天下之有口者，同是嗜也；一人之思虑，其变化若是矣，凡天下之有心知者，同是神明也。匪徒天下为然也，凡前乎千百世已上，其耳目同，其口同，其心知同，无弗同也；后乎千百世已下，其耳目同，其口同，其心知同，亦无弗同也。然则明非吾之目也，天视之也；聪非吾之耳也，天听之也；嗜非吾之口也，天尝之也；变化非吾之心知也，天神明之也。故目以天视，则尽乎明矣；耳以天听，则竭乎听乎；口以天尝，则不爽乎嗜矣；思虑以天动，则通乎神明矣。天作之，天成之，不参以人，是之谓天能，是之谓天地万物之灵。

吾心为天地万物之灵，惟圣人为能全之，非圣人能全之也，夫人之所同也。圣人之视色与吾目同矣，而目能不引于色者，率天视也；圣人之听声与吾耳同矣，而耳能不蔽于声者，率天听也；圣人之嗜味与吾口同矣，而口能不爽于味者，率天尝也；圣人之思虑与吾心知同矣，而心知不乱于思虑者，通神明也。吾目不引于色，以全吾明焉，与圣人同其视也；吾耳不蔽于声，以全吾聪焉，与圣人同其听也；吾口不爽于味，以全吾嗜焉，与圣人同其尝也；吾心知不乱于思虑，以全吾神明焉，与圣人同其变化也。故曰："圣人可学而至，谓吾心之灵与圣人同也。然则非学圣人也，能自率吾天也。"

吾心之灵与圣人同，圣人能全之，学者求全焉。然则何以为功耶？有要焉，不可以支求也。吾目蔽于色矣，而后求去焉，非所以全明也；吾耳蔽于声矣，而后求克焉，非所以全聪也；吾口爽于味矣，而后求复焉，非所以全嗜也；吾心知乱于思虑矣，而后求止焉，非所以全神明也。灵也者，心之本体也，性之德也，百体之会也；彻动静，通物我，亘古今，无时乎弗灵，无时乎或间者也。或生而知之，或学而知之，或困而知之，皆自率是灵以通百物，勿使间于欲焉已矣。其功虽不同，其灵未尝不一也。吾率吾灵而发之于目焉，自辨乎色而不引乎色，所以全明也；发之于耳焉，自辨乎声而不蔽乎声，所以全聪也；发之于口焉，自辨乎味而不爽乎味，所以全嗜也；发之于思虑焉，万感万应，不动声臭，而其灵常寂大者，立而百体通，所以全神明也。人一能之，己百之；人十能之，己千之；必率是灵而无间于欲焉，是天作之，人复之，是之谓天成，是之谓致知之学。”

增刻先生《朱子晚年定论》。《朱子定论》，师门所刻止一卷，今洪增录二卷，共三卷，际令其孙致詹梓刻于书院。

重刻先生《山东甲子乡试录》。《山东甲子乡试录》皆出师手笔，同门张峰判应天府，欲番刻于嘉义书院，得吾师继子正宪氏原本刻之。

四月，门人吕怀等建大同楼于新泉精舍，设师像，合讲会。

精舍在南畿崇礼街。初，史际师甘泉先生，筑室买田为馆谷之资。是年，怀与李遂、刘起宗、何迁、余胤绪、吕光洵、欧阳塾、欧阳瑜、王与槐、陆光祖、庞嵩、林烈及诸生数十人，建楼于精舍，设师与甘泉像为讲会。会毕，退坐昧昧室，默对终夕而别。是月，洪送王正亿人胄监。至金山，遂人金陵趋会焉。何迁时为吏部文选司郎中，偕四司同僚邀余登报恩寺塔，坐第一层，问曰：“闻师门禁学者静坐，虑学者偏静沦枯槁也，似也。今学者初入门，此心久濡俗习，沦浃肤髓，若不使求密室，耳目与物无所睹闻，澄思绝虑，深入玄漠，何时得见真面目乎？师门亦尝言之，假此一段以补小学之功。又云：‘心罹疾痼，如镜面斑垢，必先磨去，明体乃见，然后可使一尘不容。’今禁此一法，恐令人终无所入。”洪对曰：“师门未尝禁学者静坐，亦未尝立静坐法以入人。”曰：“舍此有何法可入？”曰：“只教致良知。良知即是真面目。良知明，自能辨是与非，自能时静时动，不偏于静。”曰：“何言师门不禁静坐？”曰：“程门叹学者静坐为善学，师门亦然。但见得良知头脑明白，更求静处精炼，使全体著察，一滓不留；又在事上精炼，使全体著察，一念不欺。此正见吾体动而无动，静而无静，时动时静，不见其端，为阴为阳，莫知其始：斯之谓动静皆定之学。”曰：“偏于求静，终不可与入道乎？”曰：“离喜怒哀乐以求中，必非未发之中；离仁敬孝慈以求止，必非缉熙之止；离视听言动以求仁，必非天下归仁之仁。是动静有间矣，非合内合外，故不可与语入道。”曰：“师门亦有二教乎？”曰：“师尝言之矣，‘吾讲学亦尝误人，今较来较去，只是致良知三字无病。’”众皆起而叹曰：“致知则存乎心悟，致知焉尽矣。”下塔，由画廊指《真武流形图》曰：“观此亦可以证儒佛之辩。”众皆曰：“何如？”曰：“真武山中久坐，无得，欲弃去。感老妪磨针之喻，复入山中二十年，遂成至道。今若画《尧流形图》，必从克明峻德，亲九族，以至协和万邦；画《舜流形图》，必从舜往于田，自耕稼陶渔，以至七十载陟方；又何时得在金碧山水中枯坐二三十年，而后可以成道耶？”诸友大笑而别。

三十年辛亥，巡按贵州监察御史赵锦建阳明祠于龙场。

龙场旧有龙冈书院，师所手植也。至是锦建祠三楹于书院北，旁翼两序，前为门，仍题曰“龙冈书院”，周垣缭之，奠师位于中堂。

巡抚都御史张鹗翼、廉使张尧年、参政万虞恺、提学副使谢东山，共举祠祀。罗洪先撰《祠碑记》。记略曰：“予尝考龙场之事，于先生之学有大辨焉。夫所谓良知云者，本之孩童固有，而不假于学虑，虽匹夫匹妇之愚，固与圣人无异也。乃先生自叙，则谓困于龙场三年，而后得之。固有不易者，则何以哉？今夫发育之功，天地之所固有也。然天地不常有其功，一气之敛，闭而成冬，风露之撼薄，霜霰之严凝，陨积摧败，生意萧然，其可谓寂莫而枯槁矣。郁极而轧，雷霆奋焉。百蛰启，群草茁，氤氲动荡于宇宙之间者，则向之风霰为之也。是故藏不深则化不速，蓄不固则致不远，屈伸剥复之际，天地且不违，而况于人乎？先生以豪杰之才，振迅雄伟，脱屣于故常，于是一变而为文章，再变而为气节。当其倡言于逆瑾蛊政之时，挞之朝而不悔，其忧思恳款，意气激烈，议论铿訇，真足以凌驾一时而托名后世，岂不快哉。及其摈斥流离而于万里绝域，荒烟深箐，狸鼯豺虎之区，形影孑立，朝夕惴惴，既无一可骋者；而且疾病之与居，瘴疠之与亲，情迫于中，忘之有不能，势限于外，去之有不可，辗转烦瞀，以需动忍之益，盖吾之一身已非吾有，而又何有于吾身之外。至于是，而后如大梦之醒，强者柔，浮者实，凡平日所挟以自快者，不惟不可以常恃，而实足以增吾之机械，盗吾之聪明。其块然而生，块然而死，与吾独存而未始加损者，则固有之良知也。然则先生之学，出之而愈张，晦之而愈光。鼓舞天下之人至于今日不怠者，非雷霆之震，前日之龙场，其风霰也哉？嗟乎。今之言良知者，莫不曰固有固有。问其致知之功，任其固有焉耳，亦尝于枯槁寂寞而求之乎？所谓盗聪明、增机械者，亦尝有辨于中否乎？生于忧患，死于安乐，岂有待于人乎？”

三十一年壬子，提督南赣都御史张烜建复阳明王公祠于郁孤山。

祠在赣州郁孤台前，濂溪祠之后。嘉靖初年，军卫百姓思师恩德不已，百姓乃纠材建祠于郁孤台，以虔尸祝。军卫官兵建祠于学宫右，塑像设祀，俱有成式。继后异议者，移郁孤祠像于报功祠后，湫隘慢亵，军民怀忿。至是，署兵备佥事沈谧访询其故，父老子弟相与涕泣申告。谧谒师像，为之泫然出涕。报功祠旧有赡田米三十八石，见供春秋二祭。郁孤祠则取诸赣县，均平银两。乃具申军门。

烜如其议，修葺二祠，迎师像于郁孤台，庙貌严饰，焕然一新。军卫有司各申虔祝，父老子弟岁腊骏奔。烜作记，立石纪事。

师自征三浰，山寇尽平。即日班师，立法定制。令赣属县俱立社学，以宣风教。城中立五社学，东曰“义泉书院”，南曰“正蒙书院”，西曰“富安书院”，又西曰“镇宁书院”，北曰“龙池书院”。选生儒行义表俗者，立为教读。选子弟秀颖者，分入书院，教之歌诗习礼，申以孝悌，导之礼让。未期月而民心不变，革奸宄而化善良。市廛之民皆知服长衣，叉手拱揖而歌诵之声溢于委巷。浸浸乎三代之遗风矣。继后异议者尽堕成规，而五院为强暴者私据，礼乐之教息矣。至是，谧询士民之情，罪逐僭据，修举废坠，五社之学复完。慎选教读子弟而淬砺之，风教复兴，渢渢乎如师在日矣。

建复阳明王公祠于南安。

南安青龙铺，师所属纩之地也，士民哀号哭泣，相与建祠于学宫之右。岁时父老子弟奔走祝奠，有司即为崇祀，庙貌宏丽。后为京师流言，承奉风旨者，遂迁祠于委巷，隘陋污秽，人心不堪。谧与有司师生议，复旧址原制，楼五楹，前门五楹，取委巷祠址之值于民助。完工作，具申军门。烜从之。自是师祠与圣庙并垂不朽矣。

三十二年癸丑，江西佥事沈谧修复阳明王公祠于信丰县。

按谧《虔南公移录》曰："赣州府所属十一县，俱有前都察院右副都御史阳明王公祠，巍然并存。盖因前院功业文章，足以匡时而华国；谋猷军旅，足以御暴而捍灾。南、赣士民咸思慕之。歌颂功德，久而不衰，尚有谈及而下泪者。本县原有祠堂，后有塞门什主者，废为宴憩之所，是诚何心哉。为此仰本县官史照牌事例，限三日内即查究清理，仍为洒扫立主，因旧为新。不惟一邑师生故老，得以俱兴瞻仰之私，而凡过信丰之墟者，咸得以尽展拜俎豆之礼。古人所谓爱礼存羊，礼失求野之意，即是可见矣。"时谧署南赣兵备事，故云。

三月，改建王公祠于南康。

南康旧有祠，在学宫右。后因异议者迁师像于旭山韩公祠内。谧往谒祠，见二像并存于一室：王公有祭而无祠；韩公有祠而无祭。其室且卑陋。访祠西有乡约所，前有堂三间，后有阁一座，规模颇胜。乃置师像于堂而复其祭。韩公祠另为立祭。使原有祠者，因祠而举祭；原有祭者，因祭而立祠。则两祠之势并峙，而各全其尊；报功之典同行，而咸尽其义矣。

三月，安远县知县吴卜相请建王公报功祠。

安远旧无师祠，百姓私立牌于小学，父老子弟相率馈奠，始伸岁腊之情。卜相见之，乃惕然曰："此吾有司之责也。"乃具申旧院道谓："前都御史阳明王公，功在天下，而安远为用武之地；教在万世，而虔州为首善之区。本县正德年间中，有广寇叶芳拥众数千，肆行剽掠，民不聊生。自受本院抚剿以来，立籍当差，无异于土著之齐民；后生小子，不忘乎良知之口授。今询舆情，择县西旧堤备所空处，堪以修建祠堂。本县将日逐自理词讼银两，买办供费，庶财省而功倍，祀专而民悦。”嘉靖二十九年，申据前提督军门卢，俱如议行之。见今像貌森严，祠宇宏丽，申兵备佥事沈、提督军门张，扁其堂曰“仰止”，门曰“报功祠”。烜为作记，立石纪事。

四月，瑞金县知县张景星请建王公报功祠。

按《虔南公移录》，景星申称：“正德初年，岁祲民饥，畲贼冲炽，民不聊生，逃亡过半。赖提督军门王公剪除凶恶，宣布德威，发粟赈饥，逃民复业。感恩思德，欲报无酎。今有耆民苏等愿自助财鸠工，拓乡校右，以崇祠像；李珩禄愿自助旱田八十亩，以承春秋尸祝。”佥事沈谧嘉奖之，申照军门，张烜严立规制，题曰“报功”，立石纪事。

六月，崇义县知县王廷耀重修阳明王公祠。

崇义县在上犹、大庾、南康之中，相距各三百余里，师所奏建也。数十年来，居民井落，草木茂密，生聚繁衍。百姓追思功德，家设像以致奠祝。至是，廷耀请于前军门卢会民，建师祠于儒学东隅。卢从之。佥事沈谧、巡县廷耀，请新旧制。谧为增其未备，设制定祀如信丰诸县，立石纪事。

九月，太仆少卿吕怀、巡按御史成守节改建阳明祠于琅琊山。

山去城五里。旧有祠在丰乐亭右，湫隘不容俎豆。兹改建紫薇泉上。是年，畿谒师祠，与怀、戚贤等数十人大会于祠下。十月，洪自宁国与贡安国谒师祠，见同门高年，犹有能道师教人初人之功者。

三十三年甲寅，巡按直隶监察御史闾东、宁国知府刘起宗建水西书院，祀先生。

水西在泾县、大溪之西，有上中下三寺。初与诸生会集，寓于各寺方丈。既而诸生日众，僧舍不能容，乃筑室于上寺之隙地，以备讲肄。又不足，提学御史黄洪毗与知府刘起宗创议建精舍于上寺右。未就，巡按御史闾东、提学御史赵镗继至。起宗复申议。于是属知县邱时庸恢弘其制，督成之。邑之士民好义者，竞来相役。南陵县有寡妇陈氏，曹按妻也，遣其子廷武输田八十亩有奇，以廪饩来学。于时书院馆谷具备，遂成一名区云。起宗礼聘洪、畿间年至会。

三十四年乙卯，欧阳德改建天真仰止祠。

德揭天真祠曰："据师二诗，石门、苍峡、龟畴、胥海皆上院之景，吾师神明所依也。今祠建山麓，恐不足以安师灵。"适其徒御史胡宗宪、提学副使阮鹗，俱有事吾浙，即责其改建祠于其上院，扁其额曰"仰止"。江西提学副使王宗沐访南康生祠，塑师像，遣生员徐应隆迎至新祠，为有司公祭，下祠塑师燕居像，为门人私祭。邹守益撰《天真仰止祠记》。记曰："嘉靖丙辰，钱子德洪聚青原、连山之间，议葺《阳明先生年谱》，且曰：'仰止之祠，规模耸旧观矣，宜早至一记之。'未果趋也。乃具颠末以告。天真书院本天真、天龙、净明三寺地。岁庚寅，同门王子臣、薛子侃、王子畿暨德洪建书院，以祀先生新建伯。中为祠堂，后为文明阁、藏书室、望海亭，左为嘉会堂、游艺所、传经楼，右为明德堂、日新馆，傍为翼室。置田以供春秋祭祀。岁甲寅，今总制司马梅林胡公宗宪按浙，今中丞阮公鹗视学，谋于同门黄子弘纲、主事陈子宗虞，改祠于天真上院，距书院半里许。以薛子侃、欧阳子德、王子臣附，俱有事师祠也。左为叙勋堂，右为斋堂，后崖为云泉楼，前为祠门。门之左通慈云岭，磴道横亘若虹。立石牌坊于岭上，题曰‘仰止’。下接书院，百步一亭，曰‘见畤’，曰‘泻云’，曰‘环海’。右拓基为净香庵，以居守僧。外为大门，合而题之曰‘阳明先生祠’。门外半壁池。跨池而桥曰‘登云桥’。外即龟田亭。其上曰‘太极’云。岁丁巳春，总制胡公平海夷而归，思敷文教以戢武士，命同门杭二守、唐尧臣重刻先生《文录》《传习录》于书院，以嘉惠诸生。重修祠宇，加丹堙泉石之胜，辟凝霞、玄阳之洞，梯上真，蹑蟾窟，经苍峡，采十真以临四眺，湘烟越峤，纵足万状，穷岛怒涛，坐收樽俎之间。四方游者愕然，以为造物千年所秘也。文明有象，先生尝咏之。而一旦尽发于群公，鬼神其听之矣。守益拜首而复曰：真之动以天也微矣，果畤而仰应，又畤而止之。先师之训曰：‘有而未尝有，是真有也；无而未尝无，是真无也；见而未尝见，是真见也。’而反覆师旨，慨乎颜子知几之传。故其诗曰：‘无声无臭，而乾坤万有基焉’，是无而未尝无也。又曰：‘不离日用常行，而直造先天未画焉’，是有而未尝有也。无而未尝无，故视听言动于天则，欲罢而不能；有而未尝有，故天则穆然，无方无体，欲从而末由。兹颜氏之所以为真见也。吾侪之服膺师训久矣，饬励事为，而未达行著习察之蕴，则倚于滞像，研精性命，而不屑人伦庶物之实；则倚于浚虚，自迩而远，自卑而高，未免于歧也。而入门升堂，奚所仰而止乎。独知一脉，天德所由立，而王道所由四达也。慎之为义，从心从真，不可人力加损。稍涉加损，便入人为而伪矣。古之人受命如舜，无忧如文，继志述事如武王、周公，格帝飨庙，运天下于掌，举由孝弟以达神明，无二涂辙。故曰：夫微之显，诚之不可掩如此，指真之动以天也。先师立艰履险，磨瑕去垢，从直谏远谪，九死一生，沛然有悟于千圣相传之诀。析支离于众淆，融阙漏于二氏，独揭良知以醒群梦。故惠流于穷民，威袭于巨寇，功昭于宗社，而教思垂于喜类。虽罹谗而遇娼，欲掩而弥章。身没三十年矣，干戈倥偬中，表扬日力。此岂声音笑貌可袭取哉？惟梅林子尝学于金台，至取师门学术勋烈相与研之。既令余姚，谙练淬励，荐拜简命，神谋鬼谋，出入千古，旁观骇汗，而竟以成功，若于先师有默解者。继自今督我同游暨于来学，骏奔咏歌，务尽斋明盛服之实。其望也若跂，其至也若休，将三千三百，盎然仁体，罔俾支离阙漏。杂之以古所称忠信笃敬，参前倚衡，蛮貊无异于州里，省刑薄敛，亲上死长，持挺于秦、楚。是发先师未展之秘，达为赤舄，隐为陋巷，俾圣代中和位育之休熙，光天化日之中，是谓仰止之真。”

三十五年丙辰二月，提学御史赵镗修建复初书院，祀先生。

书院在广德州治。初邹守益谪判广德，创建书院，置赡田，以延四方来学。率其徒濮汉、施天爵过越，见师而还。复初之会，遂振不息。后汉、天爵出宦游，是会兴复不常者二十年。至洪、畿主水西会，往来广德，诸生张槐、黄中、李天秩等邀会五十人，过必与停骖信宿。是年，汉、天爵致政归，知州庄士元、州判何光裕，申镗复大修书院，设师位，以岁修祀事。

五月，湖广兵备佥事沈宠建仰止祠于崇正书院，祀先生。

书院在蕲州麒麟山。宠与州守同门谷钟秀建书院，以合州之选士，讲授师学。是年，与乡大夫顾问、顾阙，迎洪于水西。诸生钟沂、史修等一百十人有奇，合会于立诚堂。宠率州守首举祀事。属洪撰《仰止祠记》。其略曰：“二三子，尔知天下有不因世而异，不以地而隔，不为形而拘者，非良知之谓乎？夫子于诸生，世异地隔形疏，而愿祠而祀之，尸而祝之，非以良知潜通于其间乎？昔舜、文之交也，世之相后，千有余岁；地之相去千有余里，揆其道则若合符节者，何也？为其良知同也。苟求其同，岂惟舜、文为然哉？赤子之心与大人同；夫妇之愚不肖与圣人同；蒸民之不识不知与帝则同。故考诸往圣而非古也；俟诸百世而非今也；无弗同也，无弗足也。故历千载如一日焉，地不得而间也；通千万人如一心焉，形不得而狗也。三代而降，世衰道微，而良知真体炯然不灭。故夫子一登其端，而吾人一触其几，恍然如出幽谷而睹天日。故诸生得之易而信之笃者，为良知同也。虽然，诸生今日得之若易，信之若笃矣，亦尚思其难而拟其信之若未至乎？昔者夫子之始倡是学也，天下非笑诋訾，几不免于陷阱者屡矣。夫子悯人心之不觉也，忘其身之危困，积以诚心，稽以实得，见之行事。故天下之同好者，共起而以身承之，以政明之。故诸生之有今日，噫亦难矣。诸生今日之得若火燃泉达，能继是无间，必信其燎原达海，以及于无穷，斯为真信也已。是在二三子图之。”

四十二年癸亥四月，先师年谱成。

师既没，同门薛侃、欧阳德、黄弘纲、何性之、王畿、张元冲谋成年谱，使各分年分地搜集成藁，总裁于邹守益。越十九年庚戌，同志未及合并。洪分年得师始生至谪龙场，寓史际嘉义书院，具稿以复守益。又越十年，守益遣书曰：“同志注念师谱者，今多为隔世人矣，后死者宁无惧乎？”谱接龙场，以续其后，修饰之役，吾其任之。”洪复寓嘉义书院具稿，得三之二。壬戌十月，至洪都，而闻守益讣。遂与巡抚胡松吊安福，访罗洪先于松原。洪先开关有悟，读《年谱》若有先得者。乃大悦，遂相与考订。促洪登怀玉，越四月而谱成。

八月，提学御史耿定向、知府罗汝芳建志学书院于宣城，祀先生。

洪、畿初赴水西会，过宁国府，诸生周怡、贡安国、梅守德、沈宠、余珊、徐大行等二百人有奇，延至景德寺，讲会相继不辍。是年，畿至。定向、汝芳规寺隙地，建祠立祀，于今讲会益盛。后知府钟一元扁为“昭代真儒”，遵圣谕也。

四十三年甲子，少师徐阶撰《先生像记》。

记曰：“阳明先生像一幅，水墨写。嘉靖己亥，予督学江西，就士人家摹得先生燕居像二，朝衣冠像一。明年庚子夏，以燕居之一赠吕生，此幅是也。先生在正德间，以都御史巡抚南赣，督兵败宸濠，平定大乱，拜南京兵部尚书，封新建伯。其后以论学为世所忌，竟夺爵。予往来吉、赣，问其父老云，濠之未叛也，先生奉命按事福州，乞归省其亲，乘单舸下南昌。至丰城闻变，将走还幕府，为讨贼计。而吉安太守松月伍公议适合。郡又有积谷可养士，因留吉安。征诸郡兵与濠战湖中，败擒之，其事皆有日月可按覆。而忌者谓先生始赴濠之约，后持两端，遁归。为伍所强，会濠攻安庆不克，乘其沮丧，幸成功。夫人苟有约，其败征未见，必不遁。凡攻讨之事，胜则侯，不胜则族。苟持两端，虽强不必不留。武皇帝之在御也，政由嬖幸。濠悉与结纳，至或许为内应。方其崛起，天下皆不敢意其遽亡。先生引兵而西，留其家吉安之公署，聚薪环之。戒守者曰：‘兵败即纵火，毋为贼辱。’呜乎。此其功岂可谓幸成，而其心事岂不皎然如日月哉？忌者不与其功足矣。又举其心事诬之，甚矣小人之不乐成人善也。自古君子为小人所诬者多矣，要其终必自暴白。乃予所深慨者，今世士大夫，高者谈玄理，其次为柔愿，下者直以贪黩奔竞，谋自利其身。有一人焉，出死力，为国家平定大乱，而以忌厚诬之，其势不尽驱士类入于三者之途不止。凡为治不患无事功，患无赏罚。议论者，赏罚所从出也。今天下渐以多事，庶几得人焉，驰驱其间，而平时所议论者如此，虽在上智，不以赏罚为劝惩，彼其激励中才之具，不已疏乎？此予所深慨也。濠之乱，孙、许二公死于前，先生平定之于后，其迹不同，同有功于名教。江西会城，孙、许皆庙食，而先生无祠。予督学之二年，始祀先生于后圃。未几被召，因摹像以归，将示同志者，而首以赠吕生。予尝见人言，此像于先生极似。以今观之，貌殊不武，然独以武功显于此，见儒者之作用矣。吕生诚有慕乎，尚于其学求之。”

巡按江西监察御史成守节重修洪都王公仰止祠。

大学士李春芳作《碑记》。记曰："阳明先生祠，少师存翁徐公督学江右时所创建也。公二十及第宏词博学，烨然称首词林，一时词林宿学，皆自以为不及。而公则曰：'学岂文词已也。'日与文庄欧阳公穷究心学。闻阳明先生良知之说而深契焉。江右为阳明先生过化，公既阐明其学以训诸生，而又为崇祀无所，不足以击众志，乃于省城营建祠宇，肖先生像祀之。遴选诸生之俊茂者，乐群其中，名曰'龙沙会'。公课艺暇，每以心得开示诸生。而一时诸生多所兴起云。既公召还，洊跻纶阁，为上所亲信，盖去江右几二十年矣。有告以祠宇倾圮者，则愀然动心，捐赐金九十，属新建钱令修葺之。侍御甘斋成君闻之曰：'此予责也。'遂身任其事，鸠工招材，饰其所已敝，增其所未备，堂宇斋舍，焕然改观。不惟妥神允称，而诸生之兴起者，益勃勃不可御矣。噫。公当枢筦之任，受心膂之寄，无论几务丛委，即宸翰咨答，日三四至，而犹之不可以已也。夫致知学发自孔门，而孟子良知之说，则又发所未发。阳明先生合而言之曰‘致良知’，则好善恶恶之意诚，推其极，家国天下可坐而理矣。公笃信先生之学，而日以验之身心，施之政事，秉钧之初，即发私馈，屏贪墨，示以好恶，四海响风。不数年而人心吏治，翕然不变。此岂有异术哉？好善恶恶之意诚于中也。故学非不明之患，患不诚耳。知善知恶，良知具存。譬之大明当天，无微不照，当好当恶，当赏当罚，当进当退，锱铢不爽，各当天则。循其则而应之，则平平荡荡，无有作好，无有作恶，而天下平矣。故诚而自谦，则好人所好，恶人所恶，而为仁；不诚而自欺，则好人所恶，恶人所好，而为不仁。苟为不仁，生于其心，害于其事，蠹治戕民，有不可胜言者矣。公为此惧，又举明道《定性》《识仁》二书发明其义，以示海内学者，而致知之学益明以切。诸生能心惟其义而体诸身，则于阳明先生之学几矣。业新舍者，其尚体公之意，而殚力于诚，以为他日致用之地哉。”

四十五年丙寅，刻先生《文录续编》成。

师《文录》久刻于世。同志又以所遣见寄，汇录得为卷者六。嘉兴府知府徐必进见之曰：“此于师门学术皆有关切，不可不遍行。”同志董生启予征少师存斋公序，命工入梓，名曰《文录续编》，并《家乘》三卷行于世云。

今上皇帝隆庆元年丁卯五月，诏赠新建侯，谥文成。

丁卯五月，诏病故大臣有应得恤典赠谥而未得者，许部院科道官议奏定夺。于是给事中辛自修、岑用宾等，御史王好问、耿定向等上疏：“原任新建伯兵部尚书兼都察院左都御史王守仁，功勋道德，宜膺殊恤。”下吏、礼二部会议，得：“王守仁具文武之全才，阐圣贤之绝学，筮官郎署，而抗疏以犯中珰，甘受炎荒之谪。建台江右，而提兵以平巨逆，亲收社稷之功。伟节奇勋，久见推于舆论。封盟锡典，岂宜遽夺于身终？”疏上，诏赠新建侯，谥文成。制曰：“竭忠尽瘁，固人臣职分之常；崇德报功，实国家激劝之典。矧通侯班爵，崇亚上公，而节惠易名，荣逾华衮。事必待乎论定，恩岂容以久虚？尔故原任新建伯南京兵部尚书，兼都察院左都御史王守仁，维岳降灵，自天佑命。爰从弱冠，屹为宇宙人豪。甫拜省郎，独夺乾坤正论。身濒危而志愈壮；道处困而造弥深。绍尧、孔之心传，微言式阐；倡周、程之道术，来学攸宗。蕴蓄既宏，猷为不著；遗艰投大，随试皆宜；戡乱解纷，无施勿效。闽、粤之箐巢尽扫，而擒纵如神，东南之黎庶举安，而文武足宪。爰及逆藩称乱，尤资仗钺渊谋。旋凯奏功，速于吴、楚之三月；出奇决胜，迈彼淮、蔡之中宵。是嘉社稷之伟勋，申盟带砺之异数。既复抚夷两广，旋至格苗七旬。谤起功高，赏移罚重；爰遵遗诏，兼采公评，续相国之生封；时庸旌伐，追曲江之殊恤，庶以酬劳。兹赠为新建侯，谥文成，锡之诰命。于戏。钟鼎勒铭，嗣美东征之烈；券纶昭锡，世登南国之功。永为一代之宗臣，实耀千年之史册。冥灵不昧，宠命其承。”六月十七日，遣行人司行人赐造坟域，遣浙江布政使司堂上正官参政，与祭七坛。

二年戊辰六月，先生嗣子正亿袭伯爵。

元年三月，给事中辛自修、岑用宾等为开读事上疏，请复伯爵。吏部尚书杨博奉旨移咨江西巡抚都御史任士凭，会同巡按御史苏朝宗查覆征藩实迹，及浙江巡抚都御史赵孔昭、巡按御史王得春奏应复爵荫相同。于是吏部奉钦依会同成国公朱希忠、户部尚书马森等议得："本爵一闻逆濠之变，不以非其职守，急还吉安，倡义勤王。未逾旬朔，而元凶授首，立消东南尾大之忧。不动声色，而奸宄荡平，坐贻宗磐石之固。较之开国佐命，时虽不同，拟之靖远咸宁，其功尤伟。委应补给诰券，容其子孙承袭，以彰与国咸休，永世无穷之报。"议上，诏遵先帝原封伯爵，与世袭。至三年五月，御史傅宠奏议爵荫，吏部复请钦依，会同成国公朱希忠、户部尚书刘体乾议得："诚意伯刘基食粮七百石，乃太祖钦定；靖远伯王骥一千石，新建伯王守仁一千石，系累朝钦定，多寡不同。夫封爵之典，论功有六：曰开国，曰靖难，曰御胡，曰平番，曰征蛮，曰擒反；而守臣死绥，兵枢宣猷，督府剿寇，咸不与焉。盖六功者，关社稷之重轻，系四方之安危，自非茅土之封，不足以报之。至于死绥、宣猷、剿寇，则皆一身一时之事，锡以锦衣之荫则可，概欲剖符，则未可也。窃照新建伯王守仁，乃正德十四年亲捕反贼宸濠之功。南昌、南赣等府，虽同邦域，分土分民，各有专责，提募兵而平邻贼，不可不谓之倡义。南康、九江等处，首罹荼毒，且进且攻，人心摇动，以藩府而叛朝廷，不可不谓之劲敌。出其不意，故俘献于旬月之间。若稍怀迟疑，则贼谋益审，将不知其所终。攻其必救，故绩收乎万全之略。若少有疏虞，则贼党益繁，自难保其必济。肤功本自无前，奇计可以范后。靖远威宁，姑置不论，即如宁夏安化之变，比之江西，难易迥绝。游击仇钺，于时得封咸宁伯，人无间言。同一藩服捕反，何独于新建伯而疑之乎？所据南京各道御史，欲要改荫锦衣卫，于报功之典未尽，激劝攸关，难以轻拟。合无将王守仁男正亿袭新建伯，不必改议，以后子孙仍照臣等先次会题，明旨许其世袭。"诏从之，准照旧世袭。

年谱附录二 年谱旧序至论年谱书

增订年谱刻成，启原检旧谱，得为序者五，得论年谱者二十。乃作而叹曰：谱之成也，非苟然哉。阳明夫子身明其道于天下，绪山、念庵诸先生心阐斯道于后世；上以承百世正学之宗，下以启百世后圣之矩。读是谱者，可忽易哉。乃取叙书汇而录之，以附谱后。使后之志师学者，知诸先生为道之心身，斯谱其无穷乎？

阳明先生年谱序

钱德洪

嘉靖癸亥夏五月，阳明先生年谱成，门人钱德洪稽首叙言曰：昔尧、舜、禹开示学端以相授受，曰：“允执厥中，四海困穷，天禄永终。”噫。此三言者，万世圣学之宗与？“执中”，不离乎四海也。“中”也者，人心之灵，同体万物之仁也。“执中”而离乎四海，则天地万物失其体矣。故尧称峻德，以自亲九族，以至和万邦；舜称玄德，必自定父子以化天下。尧、舜之为帝，禹、汤、文、武之为王，所以致唐虞之隆，成三代之盛治者，谓其能明是学也。后世圣学不明，人失其宗，纷纷役役，疲极四海，不知“中”为何物。伯术兴，假借圣人之似以持世，而不知逐乎外者遗乎内也。佛老出，穷索圣人之隐微以全生，而不知养乎中者遗乎外也。教衰行弛，丧乱无日，天禄亦与之而永终。噫，夫岂无自而然哉。寥寥数千百年，道不在位，孔子出，祖述尧、舜、颜、曾、思、孟、濂溪、明道继之，以推明三圣之旨，斯道灿灿然复明于世。惜其空言无征，百姓不见三代之治，每一传而复晦，寥寥又数百年。

吾师阳明先生出，少有志于圣人之学。求之宋儒不得，穷思物理，卒遇危疾，乃筑室阳明洞天，为养生之术。静摄既久，恍若有悟，蝉脱尘坌，有飘飘遐举之意焉。然即之于心若未安也，复出而用世。谪居龙场，衡困拂郁，万死一生，乃大悟“良知”之旨。始知昔之所求，未极性真，宜其疲神而无得也。盖吾心之灵，彻显微，忘内外，通极四海而无间，即三圣所谓“中”也。本至简也而求之繁，至易也而求之难，不其谬乎？征藩以来，再遭张、许之难，呼吸生死，百炼千摩，而精光焕发，益信此知之良，神变妙应而不流于荡，渊澄静寂而不堕于空，征之千圣莫或纰缪，虽百氏异流，咸于是乎取证焉。噫。亦已微矣。始教学者悟从静入，恐其或病于枯也，揭“明德”、“亲民”之旨，使加“诚意”、“格物”之功，至是而特揭“致良知”三字，一语之下，洞见全体，使人人各得其中。由是以昧入者以明出，以塞入者以通出，以忧愤入者以自得出。四方学者翕然来宗之。噫。亦云兆矣。天不慭遗，野死遐荒，不得终见三代之绩，岂非千古一痛恨也哉。

师既没，吾党学未得止，各执所闻以立教。仪范隔而真意薄，微言隐而口说腾。且喜为新奇谲秘之说，凌猎超顿之见，而不知日远于伦物。甚者认知见为本体，乐疏简为超脱，隐几智于权宜，蔑礼教于任性。未及一传而淆言乱众，甚为吾党忧。迩年以来，亟图合并，以宣明师训，渐有合异统同之端，谓非良知昭晰，师言之尚足征乎？谱之作，所以征师言耳。始谋于薛尚谦，顾三纪未就。同志日且凋落，邹子谦之遗书督之。洪亦大惧湮没，假馆于史恭甫嘉义书院，越五月，草半就。趋谦之，而中途闻讣矣。偕抚君、胡汝茂往哭之。返见罗达夫闭关方严，及读谱，则喟然叹曰:“先生之学,得之患难幽独中,盖三变以至于道。今之谈‘良知’者，何易易也。”遂相与刊正。越明年正月，成于怀玉书院，以复达夫。比归，复与王汝中、张叔谦、王新甫、陈子大宾、黄子国卿、王子健互精校阅，曰：“庶其无背师说乎？”命寿之梓。然其事则核之奏牍，其文则禀之师言，罔或有所增损。若夫力学之次，立教之方，虽因年不同，其旨则一。洪窃有取而三致意焉。噫。后之读谱者，尚其志逆神会，自得于微言之表，则斯道庶乎其不绝矣。僭为之序。

阳明先生年谱考订序

罗洪先

嘉靖戊申，先生门人钱洪甫聚青原，言年谱，佥以先生事业多在江右,而直笔不阿,莫洪先若,遂举丁丑以后五年相属。又十六年，洪甫携年谱稿二三册来，谓之曰：“戊申青原之聚，今几人哉。洪甫惧，始坚怀玉之留。”明年四月，年谱编次成书，求践约，会滁阳。胡汝茂巡抚江右，擢少司马，且行，刻期入梓，敬以旬日毕事。已而即工稍缓，复留月余。自始至卒，手自更正，凡八百数十条。其见闻可据者，删而书之。岁月有稽，务尽情实，微涉扬诩，不敢存一字。大意贵在传信，以俟将来。于是年谱可观。

洪先因订年谱，反覆先生之学，如适途者颠仆沉迷泥淖中，东起西陷，亦既困矣，然卒不为休也。久之，得小蹊径，免于沾途，视昔之险道有异焉。在他人宜若可以已矣，然卒不为休也。久之，得大康庄，视昔之蹊径又有异焉。在他人宜若可以已矣，乃其意则以为出于险道而一旦至是，不可谓非过幸。彼其才力足以特立而困为我者固尚众也，则又极力呼号，冀其偕来以共此乐。而颠迷愈久，呼号愈切。其安焉而弗之悟者，顾视其呶呶，至老死不休，而翻以为笑。不知先生盖有大不得已者恻于中。呜呼。岂不尤异也乎？故善学者竭才为上，解悟次之，听言为下。盖有密证殊资，默持妙契，而不知反躬自求实际，以至不副夙期者，多矣。固未有历涉诸难，深入真境，而触之弗灵，发之弗莹，必有俟于明师面临，至语私授，而后信久远也。洪先谈学三年，而先生卒，未尝一日得及门，然于三者之辨，今已审矣。学先生之学者视此何哉？无亦曰是必有得乎其人，而年谱者固其影也。

刻阳明先生年谱序

王　畿

年谱者何？纂述始生之年，自幼而壮，以至于终，稽其终始之行实而谱焉者也。其事则仿于《孔子家语》，而表其宗传，所以示训也。《家语》出于汉儒之臆说，附会假借，鲜稽其实；致使圣人之学黯而弗明，偏而弗备，驳而弗纯，君子病焉。求其善言德行，不失其宗者，莫要于《中庸》。盖子思子忧道学之失传，发此以诏后世。其言明备而纯，不务臆说；其大旨则在“未发之中”一言，即虞廷道心之微也。本诸心之性情，致谨于隐微显见之几，推诸中和位育之化，极之乎无声无臭，而后为至，盖家学之秘藏也。孟某氏受业子思之门，自附于私淑，以致愿学之诚；于尹、夷、惠则以为不同道；于诸子则以为姑舍是；自生民以来，莫盛于孔子，毅然以见而知之为己任，差等百世之上，若观诸掌中，是岂无自而然哉？所不同者何道，所舍者何物，所愿者何事，端绪毫厘之间，必有能辨之者矣。汉儒不知圣人之学本诸性情，屑屑然取证于商羊萍实，防风之骨，肃慎之矢之迹，以遍物为知，必假知识闻见助而发之，使世之学者不能自信其心，伥伥然求知于其外，渐染积习，其流之弊历千百年而未已也。

我阳明先师崛起绝学之后，生而颖异神灵，自幼即有志于圣人之学。盖尝泛滥于辞章，驰骋于才能，渐渍于老释，已乃折衷于群儒之言，参互演绎，求之有年，而未得其要。及居夷三载，动忍增益，始超然有悟于“良知”之旨：无内外，无精粗，一体浑然，是即所谓“未发之中”也。其说虽出于孟某氏，而端绪实原于孔子。其曰：“吾有知乎哉，无知也。盖有不知而作，我无是也。”言“良知”无知而无不知也。而知识闻见不与焉。此学脉也。师以一人超悟之见，呶呶其间，欲以挽回千百年之染习，盖亦难矣。浸幽浸昌，浸微浸著，风动雷行，使天下靡然而从之，非其有得于人心之同然，安能舍彼取此，确然自信而不惑也哉？虽然，道一而已，学一而已。“良知”不由知识闻见而有，而知识闻见莫非“良知”之用。文辞者，道之华；

才能者，道之干；虚寂者，道之原；群儒之言，道之委也，皆所谓“良知”之用也。有舍有取，是内外精粗之见未忘，犹有二也。无声无臭，散为万有，神奇臭腐，随化屡迁，有无相乘之机，不可得而泥也。是故溺于文辞，则为陋矣。道心之所达，“良知”未尝无文章也。役于才艺，则为鄙矣。天之所降，百姓之所与，“良知”未尝无才能也。老佛之沉守虚寂，则为异端。无思无为，以通天下之故，“良知”未尝无虚寂也。世儒之循守典常，则为拘方。有物有则，以适天下之变，“良知”未尝无典要也。盖得其要则臭腐化为神奇，不得其要则神奇化为臭腐。非天下之至一，何足以与于此？夫儒者之学，务于经世，但患于不得其要耳。昔人谓以至道治身，以土苴治天下，是犹泥于内外精粗之二见也。动而天游，握其机以达中和之化，非有二也。功著社稷而不尸其有，泽究生民而不宰其能，教彰士类而不居其德，周流变动，无为而成，莫非“良知”之妙用，所谓浑然一体者也。如运斗极，如转户枢，列宿万象，经纬阖辟，推荡出入于大化之中，莫知其然而然。信乎儒者有用之学，“良知”之不为空言也。师之缵承绝学，接孔孟之传以上窥姚姒，所谓闻而知之者非耶？

友人钱洪甫氏与吾党二三小子虑学脉之无传而失其宗也，相与稽其行实终始之详，纂述为谱，以示将来。其于师门之秘，未敢谓尽有所发；而假借附会，则不敢自诬，以滋臆说之病。善读者以意逆之，得于言铨之外，圣学之明，庶将有赖，而是谱不为徒作也已。故曰所以示训也。

又

胡　松

人有恒言，真才固难，而全才尤难也。若阳明先生，岂不亶哉其人乎？方先生抗议忤权，投荒万里，处约居贫，困心衡虑，茕然道人尔。及稍迁令尹，渐露锋颖矣。未几内迁，进南太仆若鸿胪，官曹简暇，日与门人学子讲德问业，尚友千古。人皆哗之为禅。后擢佥副都御史至封拜，亦日与门人学子论学不辍。而山贼逆藩之变，一鼓歼之。于是人始服先生之才之美矣。虽服先生之才，而犹疑先生之学，诚不知其何也？

松尝谓先生之学与其教人，大抵无虑三变。始患学者之心纷扰而难定也，则教人静坐反观，专事收敛。学者执一而废百也，偏于静而遗事物，甚至压世恶事，合眼习观，而几于禅矣，则揭言知行合一以省之。其言曰:“知者行之始，行者知之成。”又曰:“知为行主意，行为知工夫。”而要于去人欲而存天理。其后，又恐学者之泥于言诠，而终不得其本心也，则专以“致良知”为作圣为贤之要矣。不知者与未信者，则又病“良知”之不足以尽道，而群然吠焉。岂知“良知”即“良心”之别名。是“知”也，维天高明，维地广博，虽无声臭，万物皆备；古今千圣万贤，天下百虑万事，谁能外此“知”者。而“致”之为言，则笃行固执，允迪实际，服膺弗失，而无所弗用其极，并举之矣。岂专守灵明，用知而自私耶？用智自私，而不能流通著察于伦物云为之感，而或牵引转移于情染伎俩之私，虽名无不周遍，而实难于研虑，虽称莫之信果，而实近于荡恣，甚至藐兢业而病防检，私徒与而挟悻嫉，废人道而群鸟兽，此则禅之所以病道者尔。先生之学则岂其然乎？故其当大事，决大疑，夷大难，不动声色，不丧匕鬯，而措斯民于衽席之安，皆其“良知”之推致而无不足，而非有所袭取于外。

他日读书，窃疑孔子之言，而曰：“我战则克，祭则受福。”夫圣非夸也，未尝习为战与斗也，又非有祝诅厌胜之术也，而云必克与福，得无殆于诬欤？是未知天人之心之理之一也。夫君子斋戒以养心，恐惧而慎事，则与天合德，而聪明睿知，文理密察，溥博渊泉，而时出之矣。则何福之不获，何战之弗克，而又奚疑焉？不然，传何以曰:“明乎郊社之礼，禘尝之义，治国其如视诸掌乎？”夫郊社、禘尝之礼，则何与于治国之事也？夫道一而已矣，通则皆通，塞则皆塞。文岂为文，武岂为武，盖尚父之鹰扬本于敬义，而周公之东征破斧实哀其人而存之。彼依托之徒，呼喝叱咤，豪荡弗检，自诡为道与学，而欲举天下之事，只见其劳而敝矣。

绪山钱子，先生高第弟子也，编有先生年谱旧矣。而犹弗自信，溯钱塘，逾怀玉，道临川，过洪都，适吉安，就正于念庵诸君子。念庵子为之删繁举要，润饰是正，而补其阙轶，信乎其文则省，其事则增矣。计为书七卷，既成，则谓予曰:“君滁人，先生盖尝过化，而今继居其官，且与讨论，君宜叙而刻之。”余谢不敢而又弗克辞也，则以窃所闻于诸有道者论次如左，俾后世知先生之才之全，盖出于其学如此。必就其学而学焉，庶几可以弗畔矣夫。

又

王宗沐

昔者孔子自序其平生得学之年，自十五以至七十，然后能从心所欲，不逾矩。其间大都诣入之深，如浚井者，必欲极底里以成；而修持之渐，如历阶者，不容躐一级而进。至哉粹乎。千古学脉之的也。然宗沐尝仰而思之，使孔子不至七十而没，岂其终不至于从心耶？若再引而未没也，则七十而后，将无复可庸之功耶？嗟呼。此孔子所谓苦心，吾恐及门之徒，自颜、曾而下，有不得而闻者矣。

夫矩，心之体而物之则也。心无定体，以物为体。方其应于物也，而体适呈焉，炯然焕然，无起无作，不以一毫智识意解参于其间，是谓动以天也，而自适于则。加之则涉于安排，减之则阙而不贯。毫厘几微，瞬目万里，途辙倚着，转与则背，此非有如圣人之志，毕余生之力，精研一守，以至于忘体忘物，独用全真，则固未有能凑泊其藩者。而况于横心之所欲，而望其自然不逾于矩哉？此圣学所以别于异端，毙而后已，不知老之将至者也。不逾矩由不惑出。而不惑者，吾心之精明本体，所谓知也。自宋儒濂溪、明道之没，而此学不传。

我朝阳明王先生，盖学圣人之学者。其事功文章，与夫历涉发迹，颇为世所奇，而争传之以为怪。年几六十而没。而其晚岁，始专揭“致良知”为圣学大端，良有功于圣门。予尝览镜其行事，而参读其书，见其每更患难，则愈精明，负重难，则愈坚定；然后知先生英挺之禀虽异于人，而所以能邃于此学，而发挥于作用者，亦不能不待于历岁践悟之渐。而世顾奇其发迹与夫事业文章之余，夫亦未知所本也与？

先生高弟余姚钱洪甫氏以亲受业，乃能谱先生履历始终，编年为书。凡世所语奇事不载，而于先生之学，前后悟入，语次犹详。书成而俾予为之序。

论年谱书

邹守益

浮峰公归浙，托书促聚复真，以了先师年谱，竟不获报。乌泉归，审去岁兄在燕峰馆修年谱，以大水乃旋。今计可脱稿，为之少慰。同门群公如中离、静庵、善山、洛村、南野皆勤勤在念，又作隔世人矣。努力一来，了此公案，师门固不藉此，然后死者之责，将谁执其咎，伫望伫望。归自武夷，劳与暑并，静养寡出，始渐就愈。老年精力，更须爱惜，愿及时励之。风便，早示瑶音，以快悬跂。

论年谱书 凡九首

罗洪先

数年一晤，千里而来，人生几何，几聚散遂已矣，可不悲哉。信宿相对，受益不浅。正通书炉峰问行踪，书扇至矣。好心指摘，感骨肉爱，儿辈何知，辱诲真语，且波其父，两世衔戢，如何为报？计南浦尚有数月留，稍暇裁谢也。年谱自别后即为册事夺去，自朝至暮，不得暇，竟无顷刻相对。期须于岁晚图之，幸无汲汲。所欲语诸公者，面时当不忘。别后见诸友幸语收静之功。居今之世，百务纷纷，中更不回首，宁有生意。不患其不发扬，患不枯槁耳。会语教儿辈者可以语诸友也，如何？

天寒岁暮，孤舟漾漾，不知何日始抵南浦，此心念之。忽思年谱非细事，兄亦非闲人，一番出游，一番岁月，亦无许多闲光阴。须为决计，久留僻地一二月，方可成功。前所言省城内外，终属喧嚣是非之场，断非著书立言之地，又不过终日揖让饮宴而已，何益于久处哉？今为兄计，岁晚可过鲁江公连山堂静处；且须谢绝城中士友，勿复往来。可久则春中始发，不然初正仍鼓怀玉之棹。闲居数月，日间会友，皆立常规。如此，更觉稳便。即使柏泉公有扳留意，亦勿依违。如此，方有定向，不至优游废事矣。弟欲寄语并谱草，亦当觅便风不长远也。深思为画此策，万万俯听，不惑人言，至恳至恳。

玉峡人来，得手书，知兄拳拳谱草。前遇便曾附一简，为公画了谱之计极周悉，幸俯听。且近时人之好尚不同，讹言诮谤，极能败人兴味。纵不之顾，恐于侍坐之愆，不免犯瞽之戒，知公必不忍也。附此不尽。

倏焉改岁，区区者年六十矣。七十古稀，亦止十年间。十年月日，可成何事？前此只转瞬耳，可不惧哉。前连二书，望留兄了谱事。只留鲁江兄宅上，百凡皆便。有朋友相聚者，令寄食于邻。如此，宾主安矣。不然，柏泉公有馆谷之令，则处怀玉为极当，好景好人好日月，最是难得。如不肖弟者，已不得从，可轻视哉。省中万不可留，毋为人言所诳，再嘱再嘱。年谱一卷，反覆三日，稍有更正。前欲书者，乃合叠日事。而观纲上言学，心若未安，今已入目。

于目中诸书揭标，令人触目，亦是提醒人处。入梓日以白黑地别之。二卷、三卷如举“良知”之说，皆可揭标于目中矣，望增入。不识兄今何在，便风示知之。

正月遣使如吴江迎沈君，曾附年谱稿并小简上，想已即达。龙光之聚，言之使人兴动。弟谬以不肖所讲言之诸兄，是执事说假譬以兴发之。在诸君或有自得，在不肖闻之愧耳。供张不烦有司，甚善。只恐往来酬应，亦费时日。兼彼此不便，则何如？诸君之意方专诚，不知何以为去留也？年谱续修者，望寄示。柏泉公为之序，极善，俟人至当促之。来简“精诣力究”四字，真吾辈猛省处；千载圣人不数数，只为欠此四字。近读《击壤》之集，亦觉此老收手太早。若是孔子，直是停脚不得也。愿共勉之。

承别简数百言，反覆于仆之称谓。谓仆心师阳明先生，称后学不称门人，与童时初志不副。称门人于没后，有双江公故事可援，且谬加许可，以为不辱先生门墙。此皆爱仆太过，特为假借推引耳。在仆固有所不敢。窃意古人之称谓，皆据实不苟焉，以著诚也。昔之愿学孔子者莫如孟子。孟子尝曰：“予未得为孔子徒也。”盖叹之也。彼其叹之云者，谓未得亲炙见而知之，以庶几于速肖焉耳，固未始即其愿学而遂自谓之徒也。夫得及门，虽互乡童子亦与其进；不得及门，虽孟子不敢自比于三千。后之师法者，宜如何哉？此仆之所以不敢也。虽然，仆于先生之学，病其未有得耳。如得其门，称谓之门不门，何足轻重？是为仆谋者，在愿学，不在及门也。今之称后学者，恒不易易。必其人有足师焉，然后书之。如是则仆之称谓，实与名应，宜不可易。若故江公与仆两人，一则尝侍坐，一则未纳贽，事体自别，不得引以为例。且使仆有不得及门之叹，将日俯焉跂而及之，亦足以为私淑之助，未惟戚也。惟兄言。

廿六日吐泄大作，医云内有感冒，五日后方云无事。在五六日中，自分与兄永诀。方见门前光景，未能深入，究意亦无奈何。惟此自知耳，虽父子间，不能一语接也。初四日复见正月廿日书，始知廿四之期决不可留，人为怅怅。盖兄在南浦一日未安，则弟不能安松原一日。今离去太远，此心如何。此心如何。见兄论夜坐诗，中间指先天之病，非谓先天也，谓学也。记得白沙夜坐有云："些儿若问天根处，亥子中间得最真。"又云："吾儒自有中和在，谁会求之未发前？"是白沙无心于言也。信口拈来，自与道合。白沙虽欲靳之，有不可得者也。不肖正欲反其意，而言不自达，为之愧愧。然不敢妄言，乃遵兄终身之惠，不敢不敬承。病戒多言，复此喋喋，不任惶恐。附此再呈不次。

前病中承示行期，即力疾具复。未几，王使来，复辱惠以年谱。即日命笔裁请。缘其中有当二三人细心商量者，而执事得先生真传，面对口语，不容不才亿度，比别样叙作用不同，故须再请于执事，务细心端凝，曲尽当时口授大义，使他年无疑于执事可也。自整不妨连下，或至来年总寄来。不肖不敢不尽其愚。此千载之事，非一时草草。然舍今不为，后一辈人更不可望矣。峡江胡君知事者，书来托之，断不稽缓。

八月十一日始得兄六月朔日书，则知弟六月下旬所寄书，未知何日至也。柏泉公七月发年谱来，日夕相对，得尽寸长。平生未尝细览文集，今一一详究，始知先生此学进为始末之序。因之颇有警悟。故于《年谱》中手自披校，凡三四易稿，于兄原本，似失初制，诚为僭妄。弟体兄虚心求益，不复敢有彼我限隔耳。

如己卯十一日始自京口返江西，游匡庐，庚辰正月赴召归，重游匡庐，二月九江还南昌；又乙亥年自陈疏，乃己亥年考察随例进本，不应复有纳忠切谏之语，亦遂举据文集改正之。其原本所载，本稿不敢滥入，岂当时先生有是稿未上欤？愚意此稿只入集，不应遂入《年谱》。不及请正，今已付新建君入梓，惟兄善教之。草草裁复，不尽请正。

得吴尧山公书，知《年谱》已刻成。承陆北川公分惠，可以达鄙意矣。绵竹共四十部，此外寄奉龙溪兄十部，伏惟鉴入。虽然，今所传者，公之影响耳。至于此学精微，则存乎人自得之，固不在有与无多与少也。弟去岁至今，皆在病中，无能复旧。然为学之意，日夕悬悬。始知垂老惟有此事紧要。若得影响，即可还造化，无他欠事也。兄别去一年，此件自觉如何？前辈凋落，双翁已归土。所赖倡明此学者，却在吾辈。吾辈若不努力，稍觉散漫，即此已矣，无复可望矣。得罪千古，非细事也，悲哉悲哉。千里寄言，不尽缱绻。

答论年谱书 凡十首

钱德洪

承兄下榻，信宿对默，感教实多。兄三年闭关，焚舟破釜，一战成功，天下之太宇定矣。斯道属兄，后学之庆也，珍重珍重。更得好心消尽，生死毁誉之念忘，则一体万化之情显，尽乎仁者，如何如何？师谱一经改削，精彩迥别，谢兄点铁成金手也。东去谱草有继上，乞赐留念。外诗扇二柄，寄令郎以昭，并祈赐正。诗曰：

“我昔游怀玉，而翁方闭关。数年论睽合，岂泥形迹间。今日下翁榻，相对无怍颜。月魄入帘白，松标当户闲。我默镜黯黯，翁言玉珊珊。剑神不费解，调古无庸弹。喜尔侍翁侧，倾听屹如山。见影思立圭，植根贵删繁。远求忧得门，况乃生宫闑。毋恃守成易，俯惟创业艰。”又书会语一首：“程门学善静坐，何也？曰：‘其悯人心之不自觉乎？’声利百好，扰扰外驰，不知自性之灵，炯然在独也。稍离奔骛，默悟真百感纷纭，而真体常寂，此极深研几之学也。入圣之几，庶其得于斯乎？”

奉读手诏，感惓惓别后之怀。心同道同，不忘尔我，一语不遗，其彻心髓，真所谓“同心之言，其臭如兰”也，感惕如之何。年来同志凋落，慨师门情事未终，此身怅怅无依。今见兄诞登道岸，此理在天地间，已得人主张，吾身生死短长，乌足为世多寡，不觉脱然无系矣。此番相别，夫岂苟然哉，宜兄之临教益切也。师谱得兄改后，誊清再上，尚祈必尽兄意，无容遗憾，乃可成书。令朗美质，望奋志以圣人为己任，斯不辜此好岁月耳。乡约成册，见兄仁覆一邑，可以推之天下矣。信在言前，不动声色，天载之神也。余惟嗣上不备。

别后沿途阻风，舟弗能前。至除夜，始得到龙光寺。诸友群聚，提兄“丕显待旦”一语为柄，听者莫不耸然反惕。谓兄三年闭关，即与老师居夷处困，动忍熟仁之意同。盖慨古人之学必精诣力究，深造独得，而后可以为得，诚非忽慢可承领也。诸生于是日痛发此意。兄虽在关，示道标的，后学得所趋矣，喜幸喜幸。城中王缉诸生，夙办柴米，为久留计，供应不涉有司。五日一讲会，余时二人轮班，代接宾客，使生得静处了谱。见其志诚恳，姑与维舟信宿以试之。若果如众计，从之；若终涉分心，必难留矣。二书承示周悉，同体之爱也。今虽久暂未定，必行兄意，不敢如前坚执硬主也。柏泉公读兄《年谱》，深喜经手自别，决无可疑，促完其后。昨乞作序冠首，兄有书达，幸督成之。留稿乞付来人，盖欲付人誊真也。

兄于师谱，不称门人，而称后学，谓师存日，未获及门委贽也。兄谓古今称门人，其义止于及门委贽乎。子贡谓："得其门者或寡矣。"孔子之徒三千人，非皆及门委贽者乎。今载籍姓名，七十二人之外无闻焉，岂非委贽而未闻其道者，与未及门者同乎？韩子曰："道之所在，师之所在也。"夫道之所在，吾从而师之，师道也，非师其人也。师之所在，吾从而北面之，北面道也，非北面其人也。兄尝别周龙冈，其序曰："予年十四时，闻阳明先生讲学于赣，慨然有志就业。父母怜恤，不令出户庭。然每见龙冈从赣回，未尝不愤愤也。"是知有志受业，已在童时，而不获通贽及门者，非兄之心也，父母爱护之过也。今服膺其学既三纪矣。匪徒得其门，且升其堂，入其室矣。而又奚歉于称门人耶？昔者方西樵叔贤与师同部曹，僚也；及闻夫子之学，非僚也，师也，遂执弟子礼焉。黄久庵宗贤见师于京师，友也；再闻师学于越，师也，非友也，遂退执弟子礼。聂双江文蔚见先生于存日，晚生也；师没而刻二书于苏，曰："吾昔未称门生，冀再见也，今不可得矣。"时洪与汝中游苏，设香案告师称门生，引予二人以为证。汪周潭尚宁始未信师学，及提督南赣，亲见师遗政，乃顿悟师学，悔未及门而形于梦，遂谒师祠称弟子，遗书于洪、汝中以为证。夫始未有闻，僚也，友也；既得所闻，从而师事之，表所闻也。始而未信师学于存日，晚生也；师没而学明，证于友，形于梦，称弟子焉，表所信也。吾兄初拟吾党承颜本体太易，并疑吾师之教。年来翕聚精神，穷深极微，且闭关三年，而始信古人之学不显待旦，通昼夜，合显微而无间。试与里人定图徭册，终日纷嚣，自谓无异密室。乃见吾师进学次第，每于忧患颠沛，百炼纯钢，而自征三年所得，始洞然无疑。夫始之疑吾师者，非疑吾师也，疑吾党之语而未详也；今信吾师者，非信吾师也，自信所得而征师之先得也。则兄于吾师之门，一启关钥，宗庙百官皆故物矣。称入室弟子，又何疑乎？谱草承兄改削编述，师学惟兄与同，今谱中称门人，以表兄信心，且从童时初志也，其无辞。

南浦之留，见诸友相期恳切，中亦有八九辈，肯向里求入，可与共学矣。亦见其中有一种异说，为不羁少年，助其愚狂，故愿与有志者反覆论正，指明师旨，庶几望其适道。诸生留此，约束颇严，但无端应酬，终不出兄所料。已与柏泉公论别，决二十日发舟登怀玉矣。兄第五简复至，感一体相成之爱，无穷已也，仰谢仰谢。精诣力究，昨据兄独得之功而言，来简揭出四字以示，更觉反惕。谓："康节收手太早，若在孔门，自不容停脚矣。"实际之言，真确有味，闻者能无痛切乎？别简谓："孟子不得为孔子徒，盖叹己不得亲炙，以成速肖也。"诵言及此，尤负惭恐。亲炙而不速肖，此弟为兄罪人也。兄之所执，自有定见，敢不如教。闲中读兄夜坐十诗，词句清绝，造悟精深，珍味入口，令人隽永。比之宋儒感兴诸作，加一等矣，幸教幸教。然中有愿正者，与兄更详之。吾党见得此意，正宜藏蓄，默修默证，未宜轻以示人。恐学者以知解承功未至，而知先及本体，作一景象，非徒无益，是障之也。盖古人立言，皆为学者设法，非以自尽其得也。故引而不发，更觉意味深长。然其所未发者，亦已跃如。何也？至道非以言传，至德非以言入也。故历勘古训，凡为愚夫愚妇立法者，皆圣人之言也。为圣人说道，妙发性真者，皆贤人之言也。与富家翁言，惟闻创业之艰。与富家子弟言，惟闻享用之乐。言享用之乐，非不足以歆听而起动作也，然终不如创业者之言近而实也，此圣贤之辨也。调息杀机亥子诸说，知兄寓言，然亦宜藏默。盖学贵精，最忌驳。道家说“性命”，与圣人所间毫厘耳。圣人于家、国、天下同为一体，岂独自遗其身哉？彼所谓“术”，皆吾修身中之实功，特不以微躯系念，辄起绝俗之想耳。关尹子曰：“圣人知之而不为。”圣人既知矣，又何不为耶？但圣人为道，至易至简，不必别立炉灶，只致良知，人已俱得矣。知而不为者，非不为也，不必如此为也。夫自吾师去后，茫无印正。今幸兄主张斯道，慨同志凋落，四方讲会虽殷，可与言者亦非不多，但炉中火旺，会见有融释时，毫厘滓化未尽，火力一去，滓复凝矣；更望其成金足色，永无变动，难也；而况庸一言之杂其耳乎？兄为后学启口容声，关系匪细，立言之间，不可不慎也。故敢为兄妄言之。幸详述以进我。情关血脉，不避喋喋，惟兄其谅之。

前月二十五日，舟发章江。南昌诸友追送，阻风樵舍。五日入抚州，吊明水兄。又十日而始出境。舟中特喜无事，得安静构思，谱草有可了之期矣。乏人抄写，先录庚辰八月至癸未二月稿奉上。亟祈改润，即付来手。到广信，再续上。出月中旬，计可脱稿也。龙溪兄玉山遗书谓：“初以念庵兄之学偏于枯槁，今极耐心，无有厌烦，可谓得手。但恐不厌烦处落见，略存一毫知解；虽无知解，略着一些影子；尚须有针线可商量处，兄以为何如？”不肖复之曰：“吾党学问，特患不得手；若真得手。‘良知’自能针线，自能商量。苟又依人商量而脱，则恐又落商量知解，终不若‘良知’自照刷之为真也。”云云。昨接兄回书，云：“好心指摘，感骨肉爱。”只此一言，知兄真得手矣；真能尽性尽仁，致践履之实，以务求于自慊矣。沧海处下，尽纳百川，而不自知其深也；泰山盘旋，凌出霄汉，而不自知其高也。“良知”得手，更复奚疑？故不肖不以龙溪之疑而复疑兄也，兄幸教焉何如？舟中诸生问：“如何是知解？如何是影子？”洪应之曰：“念翁悯吉水瑶贼不均，穷民无告，量己之智足与周旋，而又得当道相知，信在言前，势又足以完此，故集一邑贤大夫、贤士友，开局以共成此事。此诚出于万物一体，诚爱恻怛之至情，非有一毫外念参于其中也。若斯时有一毫是非毁誉、利害人我，相参于其中，必不能自信之真而自为之力矣。比非尽性尽仁，‘良知’真自得手，乌足与语。此或有一毫影子，曰：我闭关日久，姑假此以自试，即是不倚静知解。终日与人纷纷，而自觉无异密室，此即是不厌动知解。谓我虽自信，而同事者或未可以尽信，不信在人，于我无污，此即是不污其身之知解。谓我之首事，本以利民，若不耐心，是遗其害矣；我之首事，本以宜民，若不耐心，是不尽人情矣；我之首事，本承当道之托，若不耐心，无以慰知己；此又落在不耐心之知解也。‘良知’自无是非毁誉利害人我之间，自能动静合一，自能人我同过，自能尽人之情，慰知己之遇。特不由外入，起此知解。毫厘影子与‘良知’本体尚隔一尘。一尘之隔，千里之间也。”诸生闻之，俱觉惕然有警。并附以奉陈左右；亦与局中同事诸君一照刷，可以发一笑也。幸教幸教。

连日与水洲兄共榻，见其气定神清，真肯全体脱落，猛火炉煅，有得手矣。自是当无退转也。但中有一种宿惑，信梦为真，未易与破耳。久之当望殊途同归。然窥其微，终有师门遗意在也。师门之学，未有究极根柢者。苟能一路精透，始信圣人之道至广大，至精微，儒、佛、老、庄更无剩语矣。世之学者，逐逐世累，固无足与论。有志者又不能纯然归一，此适道之所以难也。吾师开悟后学，汲汲求人，终未有与之敌体承领者。临别之时，稍承剖悉，但得老师一期望而已，未尝满其心而去也。数十年来，因循岁月，姑负此翁。所幸吾兄得手，今又得水洲共学，师道尚有赖也。但愿简易直截，于人伦日用间无事拣择，便入神圣，师门之嘱也。《大学》一书，此是千古圣学宗要，望兄更加详究；略涉疑议，便易入躐等径约之病也，慎之慎之。即日上怀玉，期完谱尾，以承批教，归日当卜出月终旬也。

谱草苟完，方自怀玉下七盘岭，忽接手教，开缄宛如见兄于少华峰下，清洒殊绝，感赐深也。四卷所批种种皆至意。先师千百年精神，同门逡巡数十年，且日凋落，不肖学非夙悟，安敢辄承。非兄极力主裁，慨然举笔，许与同事，不敢完也。又非柏泉公极力主裁，名山胜地，深居廪食，不能完也。岂先师精神，前此久未就者，时有所待耶？伸理冀元亨一段，如兄数言简而核，后当俱如此下笔也。闻老师遣冀行，为刘养正来致濠殷勤，故冀有此行，答其礼也。兄所闻核，幸即裁之。铺张二字，最切病端，此贫子见金而喜也。平时稍有得，每与师意会，便起赞叹称羡。富家子只作如常茶饭，见金而起喜心者，贫子态也。此非老成持重，如兄巨眼，安能觑破。兄即任意尽削之，不肖得兄举笔，无不快意，决无护持疼痛也，信之信之。教学三变诸处，俱如此例。若不可改，尽削去之。其余所批，要收不可少处。此弟之见正窃比于兄者。

自古圣贤，未有不由忧勤惕励而能成其德业。今之学者，只要说微妙玄通，凌躐超顿，在言语见解上转。殊不知老师与人为善之心，只要实地用功，其言自谦逊卑抑。《大学》“诚意”章：“惟不自欺者，其心自谦，非欲谦也，心常不自足也。”兄所批教处，正见近来实得与师意同也。

舒国裳在师门,《文录》无所见,惟行福建市舶司取至军门一牌。《传习续录》则与陈维濬、夏于中同时在坐问答语颇多。且有一段，持纸乞写“拱把桐梓”一章，欲时读以省。师写至“至于身而不知所以养”之句，因与座中诸友笑曰：“国裳中过状元来，岂尚不知所以养，时读以自警耶？”在座者闻之，皆竦然汗背。此东廓语也。

又丙午年游安福复古书院，诸友说张石盘初不信师学。人有辩者。张曰：“岂有好人及其门耶？”辩者曰：“及门皆好人也。”张曰：“东廓岂及门乎？”辩者曰：“已在赣及门矣。”又曰：“舒国裳岂及门乎？”曰:“国裳在南昌及门矣。”张始默然俯首,后亦及门。

是年，石盘携其子会复古。其子举人□□，至今常在会，未有及门之说。昨南昌闻之诸友，相传因问律吕元声，乃心服而拜，盖其子侄辈叙其及门之端也。昨见兄疑，又检中离《续同志考》，舒芬名在列。则其诸所相传者不诬也。如兄之教，去前“不欲”一段，存后“问元声”语可矣。

徐珊尝为师刻《居夷集》，盖在癸未年，及门则辛巳年九月，非龙场时也。

继后可商量处甚多，兄有所见，任举笔裁之。兹遣徐生时举持全集面正门下。弟心力已竭，虽闻指教，更不能再著思矣。惟兄爱谅之。

不肖五月季旬到舍下，又逾月十日，始接兄二月四日峡江书。一隔千里，片纸之通，遂难若此，感慨又何深也。玉体久平复，在怀玉已得之柏泉兄。兹读来谕，更觉相警之情也。深入究竟，虽父子之间，不能一语接，诚然诚然。此可与千古相感，而不可与对面相传，在有志者自究自竟之耳。天根亥子，白沙诗中亦泄此意。达“性命”之微者，信口拈来，自与道合。但我阳明先师全部文集，无非此意，特无一言搀入者，为圣学立大防也。兄之明教究悉，然于此处幸再详之。兄卧处卑湿，早晚亦须开关，径行登眺，以舒泄蔽郁之气，此亦去病之一端也。徐时举来，师《谱》当已出稿，乞早遣发，远仰远仰。

春来与王敬所为赤城会，归天真，始接兄峡江书，兼读师《谱》考订，感一体相成之心，庆师教之有传也。中间题纲整洁，增录数语，皆师门精义，匪徒庆师教之有传，亦以验兄闭关所得，默与师契，不疑其所行也。

去年归自怀玉，黄沧溪读谱草，与见吾、肖溪二公互相校正，亟谋梓行。未几，沧溪物故，见吾闽去，刻将半矣。六卷已后，尚得证兄考订。然前刻已定，不得尽如所拟，俟番刻，当以兄考订本为正也。中间增采《文录》《外集》《传习续录》数十条，弟前不及录者，是有说，愿兄详之。

先师始学，求之宋儒。不得入，因学养生，而沉酣于二氏，恍若得所入焉。至龙场，再经忧患，而始豁然大悟“良知”之旨。自是出与学者言，皆发“诚意”“格物”之教。病学者未易得所入也，每谈二氏，犹若津津有味。盖将假前日之所入，以为学者入门路径。辛巳以后，经宁藩之变，则独信“良知”，单头直入，虽百家异术，无不具足。自是指发道要，不必假途傍引，无不曲畅旁通。故不肖刻《文录》，取其指发道要者为《正录》，其涉假借者，则厘为《外集》。谱中所载，无非此意。盖欲学者志专归一，而不疑其所往也。

师在越时，同门有用功恳切而泥于旧见，郁而不化者，时出一险语以激之，如水投石于烈焰之中，一击尽碎，纤滓不留，亦千古一大快也。听者于此等处，多好传诵，而不究其发言之端。譬之用药对症，虽芒硝大黄，立见奇效；若不得症，未有不因药杀人者。故圣人立教，只指揭学问大端，使人自证自悟；不欲以峻言隐语，立偏胜之剂，以快一时听闻，防其后之足以杀人也。

师殁后，吾党之教日多歧矣。洪居吴时，见吾党喜为高论，立异说，以为亲得师传，而不本其言之有自。不得已，因其所举而指示言之端。私录数条，未敢示人。不意为好事者窃录。甲午主试广东，其录已久岭表。故归而删正；刻《传习续录》于水西，实以破传者之疑，非好为多述，以耸学者之听也。故谱中俱不采入。而兄今节取而增述焉。然删刻苦心，亦不敢不谓兄一论破也，愿更详之。

室远，书扎往复甚难，何时合并，再图面证，以了未尽之私。德教在思，寤寐如见，惟不惜遐音，仰切仰切。是书复去，念庵隋以计报，竟不及一见，痛哉痛哉。